本书获得中国社会科学院大学中央高校基本科研业务费优秀博士学位论文出版资助项目经费支持，谨以致谢！

中国社会科学院大学文库
优秀博士学位论文系列
UCASS Excellent
Doctoral Dissertation
④

广告法上的民事责任

王绍喜 著

中国社会科学出版社

图书在版编目（CIP）数据

广告法上的民事责任 / 王绍喜著. —北京：中国社会科学出版社，2022.3

（中国社会科学院大学文库. 优秀博士学位论文系列）

ISBN 978-7-5203-9575-5

Ⅰ.①广… Ⅱ.①王… Ⅲ.①广告法—民事责任—研究—中国 Ⅳ.①D922.294.4

中国版本图书馆 CIP 数据核字（2022）第 012664 号

出 版 人	赵剑英
责任编辑	宫京蕾　郭如玥
责任校对	王　龙
责任印制	郝美娜
出　　版	中国社会科学出版社
社　　址	北京鼓楼西大街甲 158 号
邮　　编	100720
网　　址	http://www.csspw.cn
发 行 部	010-84083685
门 市 部	010-84029450
经　　销	新华书店及其他书店
印刷装订	北京君升印刷有限公司
版　　次	2022 年 3 月第 1 版
印　　次	2022 年 3 月第 1 次印刷
开　　本	710×1000　1/16
印　　张	21.5
插　　页	2
字　　数	287 千字
定　　价	118.00 元

凡购买中国社会科学出版社图书，如有质量问题请与本社营销中心联系调换
电话：010-84083683
版权所有　侵权必究

中国社会科学院大学文库
优秀博士学位论文系列
编辑委员会

主　任　张政文　王新清
副主任　林　维　张　波　张　斌
编　委　(按姓氏笔画排序)
　　　　王　炜　向　征　刘　强　刘文瑞　杜智涛
　　　　李　俊　何庆仁　张菀洺　赵　猛　赵一红
　　　　皇　娟　徐　明　高海龙

中国社会科学院大学优秀博士学位论文系列

序　　言

呈现在读者面前的这套中国社会科学院大学（以下简称中国社科大）优秀博士学位论文集，是专门向社会推介中国社科大优秀博士学位论文而设立的出版资助项目，属于中国社会科学院大学文库的重要组成部分。

中国社科大的前身，是中国社会科学院研究生院。中国社会科学院研究生院成立于1978年，是新中国成立最早的研究生院之一。1981年11月3日，国务院批准中国社会科学院研究生院为首批博士和硕士学位授予单位，共批准了22个博士授权学科和29位博士生导师。截至2020年7月，中国社科大（中国社会科学院研究生院）拥有博士学位一级学科17个、硕士学位一级学科16个；博士学位二级学科108个、硕士学位二级学科114个；还有金融、税务、法律、社会工作、文物与博物馆、工商管理、公共管理、汉语国际教育等8个硕士专业学位授权点；共有博士生导师757名、硕士生导师1132名。40多年来共授予科学学位硕士7612人、博士6268人，专业硕士学位6714人。

为鼓励博士研究生潜心治学，作出优秀的科研成果，中国社会科学院研究生院自2004年开始评选优秀博士学位论文。学校为此专门制定了《优秀博士学位论文评选暂行办法》，设置了严格的评选程序。按照"宁缺勿滥"的原则，从每年答辩的数百篇博士学位论文中，评选不超过10篇的论文予以表彰奖励。这些优秀博士学位论文有以下共同特点：一是选题为本学科前沿，有重要理论意义和实践价值；二是理论观点正确，理论或方法有创新，研究成果处于国内领先水平，具有较好的社会效益或应用价值与前景；三是资料翔实，逻辑严谨，文字流畅，表达确当，无学术不端行为。

《易·乾》曰："君子学以聚之，问以辩之。"学术研究要"求真求实求新"。博士研究生已经跨入学术研究的殿堂，是学术研究的生力军，是高水平专家学者的"预备队"，理应按照党和国家的要求，立志为人民做学问，为国家、社会的进步出成果，为建设中国特色社会主义的学术体系、学科体系和话语体系做贡献。

习近平总书记教导我们：学习和研究"要求真，求真学问，练真本领。'玉不琢，不成器；人不学，不知道'。学习就必须求真学问，求真理、悟道理、明事理，不能满足于碎片化的信息、快餐化的知识"。按照习近平总书记的要求，中国社科大研究生的学习和学术研究应该做到以下三点。第一，要实实在在地学习。这里的"学习"不仅是听课，读书，还包括"随时随地的思和想，随时随地的见习，随时随地的体验，随时随地的反省"（南怀瑾先生语）。第二，要读好书，学真知识。即所谓"有益身心书常读，无益成长事莫为"。现在社会上、网络上的"知识"鱼龙混杂，读书、学习一定要有辨别力，要读好书，学真知识。第三，研究问题要真，出成果要实在。不要说假话，说空话，说没用的话。

要想做出实实在在的学术成果，首先要选择真问题进行研究。这里的真问题是指那些为推动国家进步、社会发展、人类文明需要解决的问题，而不是没有理论意义和实践价值的问题，也不是别人已经解决了的问题。其次，论述问题的依据要实在。论证观点依靠的事例、数据、观点是客观存在的，是自己考据清楚的，不能是虚假的，也不能是自以为是的。再次，要作出新结论。这里说的新结论，是超越前人的。别人已经得出的结论，不能作为你研究成果的结论；对解决问题没有意义的结论，也不必在你的成果中提出。要依靠自己的独立思考和研究，从"心"得出结论。做到"我书写我心，我说比人新，我论体现真"。

我希望中国社科大的研究生立志高远，脚踏实地，以优异的学习成绩和学术成果"为国争光、为民造福"。这也是出版本优秀博士学位论文集的初衷。

王新清

2021年12月9日

序

广告之于市场，乃伴生关系，且虽见无市场之广告，未见无广告之市场。但因广告以推销商品或服务为宗旨，示人以功，实为求利，且以艺术助力广告感染力，以策划提升广告诱导性，致使受众对广告虚实难辨，且用且嫌，甚而抑制广告之吁不绝于耳。其实，广告是商业交易之信息介质，是连接供需双方并使供求规律作用显现之重要信息传播形式，是市场选择更为有效之信息基础条件。何况，凡有公开表达，皆是或皆需广告。所异者，直接或间接，显性或隐性，自力或他力，无策或有策，据实或凭虚，诸等而已。法律所为者，并非抑制广告，而是扬利抑弊，以使广告当为其为，其中广告民事责任制度便是法律作用机制之关键。在传统民事法律关系结构与广告市场运行机制之间，以责任平衡利益，以责任约束行为，以责任追究违法，广告活动适当性由此可期。

如今信息时代降临，社会空间信息如潮，人居其中如同荡舟，受众思维因信息潮涌而牵扯起伏；或信息如雷似电，人难遁形，受众频遭信息骤触轰炸而无所屏蔽。本以为在信息泛滥中广告功能衰减，受众自可主动择取海量信息精加处理以供决策，甚而将广告置于可有可无、可用可弃之境地。然而实则相反，信息时代之优缺点被广告发挥到极致，以致广告受众既获广告之益亦受广告之累，而且无论受益抑或受累均在被动态势中招致，受众在信息时代反倒失去广告判断力与选择权。似乎信息愈加通达，广告愈加逞能或曰厉害。因而在信息时代，广告业态日趋更新，广告关系日渐丰富，广告策划日益精巧，广告表达日添新招，广告内容虚实之辨与广告功效利害之计也日加复杂。在此局面中，抑制虚假广告以优化广告市场秩序，实为广告法之艰巨任务，而传统民事法律责任规则却似力有不逮、功效不佳。于是，探究与拓展广告民事责任法理依据及作用机制，便是旨在端正广告功效、优化市场环境之学术任务与学者责任。

广告民事责任究竟应如何建构，对广告法上民事责任制度究竟应如何精准理解和妥当适用，绝非在传统民事责任叙事中添上"广告"二字便可轻易回答。广告民事责任既基于又超于传统民事责任制度，其间制度有新构，法理有新据，适用有新巧，表达有新意，而《广告法上的民事责任》一书已然均有所涉，阐发俱备。

其一，在广告民事责任规则体系中，认定虚假广告是追责前提。然而，广告系实用性与艺术性之结合体，其艺术上之夸张与法律上之虚假应如何区别及处置，向为广告合法性认定之关键。本书深刻剖析法理，广征学界观点，借鉴域外学说，作出自己论断。将虚假广告主客观构成要件系统阐释，为科学合理界定虚假广告提供法理依据与表达示例。

其二，广告法律关系是一种复式关系，由多层次多种类民事法律关系构成，其间法律关系及其性质多有溢出单纯民法关系之外。因此，建构与阐释广告民事责任，绝不能僵其一点而模糊全域，偏重一隅而失衡整体。本书坚持利益平衡理念，针对各类广告法律关系，依其目的、特点与功效，在相互关联中阐发合理性与实用性，以衡平建构合理可用之广告民事责任制度体系。

其三，欲简便达致立法宗旨以迅捷实现市场秩序，设置民事连带责任似乎是当今立法者偏好。然而，传统民事连带责任均据关系结构特点而设，但广告法上民事连带责任却以广告行为损害结果严重与否而设。其法理依据需要深入发掘与深刻阐发，其实施效果需要实践检验与研究实证，而本书作者敏锐发现这一制度创新点与学术生长点，率先对之作出学理分析，其论述颇为深刻而有说服力。

其四，由于广告民事责任制度既有规范内涵创新，又有规范表达独创，因而在法律适用上易造成法官用法犹疑和类案判决不一。本书剖析大量广告案例，阐释广告实务中释法原则与用法技巧，将本书学理性与实用性高度有机结合。

其五，本书突出价值在于广告民事责任理论体系化建构，虽说尚不足够周延完整，但却为今后同领域研究提供了选题基点和延展维度，有助于促发广告民事责任理论与制度乃至整个广告法理论与制度不断深化及优化。

本书达此境界，并非作者轻松偶得，实乃心血凝聚成果。本书作者在职读博，亦工亦学，艰辛非常。其在世界名企主管消费者关系业务，每有广告案件实务，均认真操作并总结经验、升华心得。尤为可贵之处，是在工作之余埋首苦读且笔耕不辍，读博期间连发核心期刊论文，已然在广告法研究领域有所建树，充分彰显其学人素质与学术潜力。我曾畅想，本书作者若事教研，必将成果迭出，成就可期。本书作为博士学位论文，曾屡获嘉许，最终被评为中国社会科学院研究生院优秀博士论文。此次付梓出版，必获读者佳评。

或有人言，此序非广告而何？应曰：然也。有玉在握，何不把以示人？观者愈多，岂非美美与共？本书确属优品，此序愿为广告，对世推销，以飨读者，且甘当其责。

陈 甦

2020 年 12 月 31 日于北京

目　录

导　论 ……………………………………………………………（1）

第一章　广告主虚假陈述的合同责任 ……………………………（15）
　　第一节　虚假陈述的界定 …………………………………（16）
　　第二节　虚假陈述的类型 …………………………………（30）
　　第三节　虚假陈述可否构成合同内容 ……………………（37）
　　第四节　虚假陈述合同责任的比较法考察 ………………（52）
　　第五节　中国法上虚假陈述的合同责任 …………………（61）
　　第六节　责任竞合问题 ……………………………………（69）
　　第七节　本章小结 …………………………………………（78）

第二章　广告主虚假陈述的侵权责任 ……………………………（80）
　　第一节　欺骗和误导的认定 ………………………………（81）
　　第二节　信赖与因果关系 …………………………………（99）
　　第三节　损害赔偿 …………………………………………（111）
　　第四节　免责事由 …………………………………………（123）
　　第五节　广告侵害未成年人身心健康的民事责任 ………（133）

第六节　本章小结 ……………………………………………（151）

第三章　广告经营者的民事责任 ……………………………（153）
　　第一节　广告经营中的法律关系 ……………………………（154）
　　第二节　广告经营者的义务 …………………………………（158）
　　第三节　广告经营者的过错责任 ……………………………（163）
　　第四节　广告经营者的无过错责任 …………………………（168）
　　第五节　本章小结 ……………………………………………（172）

第四章　广告发布者的民事责任 ……………………………（173）
　　第一节　广告发布者的界定 …………………………………（173）
　　第二节　广告发布者的义务 …………………………………（179）
　　第三节　广告发布者承担责任的理论依据 …………………（183）
　　第四节　广告发布者的责任 …………………………………（186）
　　第五节　本章小结 ……………………………………………（199）

第五章　广告代言人的民事责任 ……………………………（201）
　　第一节　广告代言中名人的法律认定 ………………………（201）
　　第二节　广告代言人的界定 …………………………………（212）
　　第三节　广告代言人承担责任的理论依据 …………………（217）
　　第四节　广告代言人的无过错连带责任 ……………………（224）
　　第五节　特殊广告代言的责任问题 …………………………（230）
　　第六节　本章小结 ……………………………………………（241）

第六章　广告民事责任上的利益衡量 ………………………（243）
　　第一节　广告法中的利益类型 ………………………………（243）

第二节　广告法上的利益衡量 …………………………（248）
第三节　民事责任的本质 …………………………………（268）
第四节　广告民事责任与言论自由 ………………………（271）
第五节　对中国广告民事责任的反思 ……………………（280）
第六节　本章小结 …………………………………………（294）

结　论 ………………………………………………………（295）

参考文献 ……………………………………………………（299）

后　记 ………………………………………………………（322）

导　　论

一　问题

法律责任是指，特定主体因违法或特别的法定事由依法而应承担的不利后果或特定义务。① 在民法上，一般认为，民事责任是民事法律关系的构成要素，民事责任是一种特别的债，是连接民事权利与国家公权力的中介。② 也有学者主张民事责任与债的分离，认为民事责任是基于违法行为形成的法律关系，与基于合法行为形成的权利和义务不同，③ 或认为，民事责任不以义务违反为绝对必要，而以受保护权益为前提。④ 在侵权法上，近年来在英美侵权法中影响较大的"民事追偿理论"认为，责任的承担是责任方对于关联性法律规定的、禁止对其他人为特定行为义务的违反，同时授予权利人主张赔偿的权利。⑤ 显然，责任问题是法律研究中的重要问题。对于责任的理解，不仅是理解我们所

---

① 卓泽渊：《法理学》（第二版），法律出版社2016年版，第278页。
② 梁慧星：《民法总论》（第五版），法律出版社2017年版，第84—86页。
③ 魏振瀛：《民事责任与债分离研究》，北京大学出版社2013年版，第230页以下。
④ 张家勇：《合同法与侵权法中间领域调整模式研究——以制度互动的实证分析为中心》，北京大学出版社2016年版，第528页。
⑤ John C. P. Goldberg and Benjamin C. Zipursky, *Recognizing Wrongs*, Cambridge, Massachusetts: Harvard University Press, 2020, pp. 112-113.

负责任的含义,也是理解我们对于什么负责以及我们预期的责任是什么。①

民事责任作为一项重要的民法制度建构,几乎显现于所有的民商事立法中。"私法最突出的特点是,它通过责任的现象直接将双方当事人联系了起来。"②而且由于立法目的与适用范围的特殊性,在一些民商事立法中,对民事责任制度的特别规定往往突破既有构成模式,如证券法上对虚假陈述行为归责原则的特别规定,以及对内幕交易行为与损害结果之间因果关系推定的特别规定。在我国广告法上,民事责任制度的建构很有特色,突破了既有民事责任理论的解释框架,值得在理论上深入探讨与在实践上反复检验。

我国《广告法》制定于1994年,在经历了二十年之后重新修订,并于2015年9月1日起施行。从立法过程来看,法律责任是本次广告法修改的重点关注问题。正如立法说明所指出的,提高法律责任的可操作性和震慑力是立法修订的主要内容之一。具体而言,修订的《广告法》加大惩处力度,增加广告推荐者的法律责任,并补充规定民事责任。③从立法规定来看,修订后的《广告法》共有19个条款涉及法律责任,其中14个条款涉及行政责任,3个条款涉及刑事责任,2个条款涉及民事责任。关于民事责任的条款分别规定在第56条和第69条。第56条规定广告主对于消费者的侵权责任,对于广告经营者、广告发布者、广告代言人,则依据所涉及的虚假广告是否关系消费者生命健康而确立了无过错连带责任和过错连带责任。第69条则规定了损害未成年人或残疾人的身心健康、假冒他人专利、贬低其他生产经营者以及在广

---

① [澳]皮特·凯恩:《法律与道德中的责任》,罗李华译,商务印书馆2008年版,第84页。
② [加拿大]欧内斯特·J. 温里布:《私法的理念》,徐爱国译,北京大学出版社2007年版,第1页。
③ 朗胜主编:《中华人民共和国广告法释义》,法律出版社2015年版,第189页。

告中未经同意使用他人名义或形象的侵权责任。

客观地看，广告法律责任的增加一方面是为了满足广告执法的需要，另一方面则是为了强化对消费者的保护。在执法中，广告执法机关越来越重视广告误导消费者这一现象，通过执法来保护消费者的利益成为执法者的一个重要目标。与此相关，在实践中出现了以行政责任（行政处罚）来替代民事责任的做法。在理论上，也有学者断言，广告法确立了消费者保护优先的价值和精神，新广告法中的最高利益是人民作为消费者所享有的利益。① 类似的观点在有关其他广告经营主体法律责任的理论探讨中也不少见。例如，有观点认为，广告经营者承担的是专家鉴证责任（见本书第三章），广告发布者承担的是类似缺陷产品的责任（见本书第四章）。由于广告是一种营销手段，虚假广告可能引发《广告法》与《产品质量法》《食品安全法》《消费者权益保护法》以及《反不正当竞争法》的适用协调问题。在《广告法》与这些法律的交叉或重合中，有一个共有的领域是民事责任。换言之，在民事责任方面，《广告法》与这些法律规定的民事责任是否有重合或冲突，是一个值得研究的问题。

具体到民事责任上，当消费者因广告宣传而订立合同，广告宣传中的陈述（以下称为"广告性陈述"）是否构成合同的内容？当构成虚假广告或违法广告时，消费者如何追究广告主的法律责任？是依据《消费者权益保护法》主张其承担欺诈的民事责任，还是依据《民法典》的相关规定要求其承担侵权责任？抑或，消费者对于广告的信赖，能否导致广告主承担民事责任？进言之，广告主对于广告应承担何种责任，是过错责任还是严格责任？广告主承担民事责任的构成要件是什么？是否与民法上的责任构成要件有差异？再者，如何认定广告性陈述是否构

---

① 左亦鲁：《公共对话外的言论与表达：从新〈广告法〉切入》，《中外法学》2016年第4期。

成欺骗或误导？《广告法》第56条规定广告主之外的其他经营主体在虚假广告损害消费者生命健康时要承担无过错连带责任，如何认定是否关系消费者的生命健康？认定的标准是什么？广告经营者、广告发布者和广告代言人承担民事责任的法理依据是什么？他们是否有免责事由？这些问题均值得认真地探讨。

因此，本书的目的，是通过研究各国的法学理论、民商事立法和司法实践，采用比较法、实证分析、法解释学和利益衡量的方法，对我国广告法上的民事责任问题进行深入的探讨，为我国《广告法》的立法完善和理论研究提供有价值的参考。

二 研究现状

在英美等普通法系国家，很少有学者专门就广告的民事责任进行研究，但是，学者对作为广告上位概念的虚假陈述有较为深入和全面的研究。对于虚假陈述，英美的法学教科书均有专门的探讨。在合同责任方面，如特雷特尔（Treitel）和皮尔（Peel）的《合同法》和比特森（Beatson）、伯罗（Burrows）和卡特赖特（Cartwright）合著的《安森论合同法》。在侵权责任方面，如基顿（Keeton）等人合著的《普罗瑟和基顿论侵权法》，墨菲（Murphy）等人合编的《斯特里特论侵权》。在专著方面，牛津大学卡特赖特（Cartwright）教授的《虚假陈述、错误与禁止披露》，汉德利（Handley）的《鲍尔和汉德利论可诉性虚假陈述》，对欺诈性虚假陈述、过失虚假陈述和法定虚假陈述的责任进行了深入的研究。瓦德罗（Wadlow）教授的《假冒行为法：关于虚假陈述的不当竞争》对包括虚假陈述在内的相关问题作了细致的研究。卡蒂（Carty）教授的《对经济性侵权的分析》，对经济性侵权有深入的研究。David Tan 的《名望的商业利用》基于文化的视角对名人的法律保护进行了研究。在加拿大，麦克杜格尔（MacDougall）教授的《虚假陈述》一书对虚假陈述与相关合同制度和救济方式进行了研究。在美国，威廉（William）律师的著作《虚假广告和兰哈姆法：围绕第43（a）（1）（b）条的诉讼》，对《兰哈姆法》第43（a）条进行有专门的研究。在澳大利亚，则有洛克哈特（Lockhart）的《欺骗和误导行为法》一书，对澳大利亚法作了详细的研究。上述这些学术著述，构成了本书研究的重要基础。

在论文方面，普通法系国家对于虚假广告的责任有一定的讨论。例如，弗莱明（Fleming）和奥斯卡（Oscar）教授发表了《虚假陈述》，分两部分发表在了《现代法律评论》上。对美国法上的虚假陈述进行了研究。克拉斯韦尔（Craswell）教授发表了《对欺诈性广告的解释》，对美国法上的虚假广告进行了深入的研究。对于虚假广告的责任是否类似于产品责任以及广告是否构成合同上的保证，有重要的相关论文，如《对麦迪逊大道的治理：广告和产品责任理论》和《迈向严格的"宣称"责任理论：对广告性陈述的法律救济》。在民事责任基础方面，比尔斯（Beales）、克拉斯韦尔（Craswell）和萨洛普（Salop）在《对消费者信息进行有效率的管制》一文，从成本—收益的角度分析广告责任的基础。《认真对待信息：合同法和其他法域的虚假陈述和禁止披露》一文对信息披露的成本和收益进行了分析。在广告责任的范围上，澳大利亚学者马歇尔（Marshall）发表的论文《让广告为误导性陈述担责：〈联邦公平贸易法〉下的主要责任或附属责任?》，对广告侵权责任是否适用于广告经营者展开了探讨。学者科根（Kogan）发表的论文《名人代言：一种新的义务》，探讨广告代言人承担责任的基础和范围。诺贝尔经济学奖获得者科斯（Coase）教授的论文《广告与自由言论》则对广告与言论自由做了颇有见地的分析。综合性的归纳，可参见《哈佛大学法律评论》1967年第80期的《欺骗广告的法律发展》和《斯坦福大学法律评论》1960年第2期的《广告代言人的责任》。

在大陆法系国家，一般是通过民法典下的侵权责任和《公平交易法》的规定对消费者进行保护。前者如荷兰，将广告规定在《荷兰民法典》中，广告侵权适用民法典的规定。后者如德国，德国的《反不正当竞争法》规定了禁令和赔偿等方式。对于德国广告方面的研究可参考维里（Very）博士的《迈向欧洲反不正当竞争法：法系之间的冲突》和博德维希（Bodewig）教授的《反不正当竞争法、欧盟和成员国》。此外，博德维希教授主编的《全球反不正当法指引》对世界各国的竞争法规定（含广告）进行了广泛的比较，具有重要的参考价值。

从整体而言，上述这些研究局限于某个国家，选题与论域显得较为分散。考虑到大多数国家将虚假广告作为《反不正当竞争法》或《公平交易法》的一部分，据此考察各国对广告民事责任的一般法和特别法的规定，从理论层面进行系统的梳理和研究显得很有必要。

与民商法其他领域相比，我国广告法的理论研究较为薄弱：一方面，从发表在核心期刊的论文来看，属于广告法研究的数量较为有限，不足百篇，有分量的研究更少；另一方面，对于国外的相关理论研究深入阐释与引申不多，多停留于表面的介绍。从有关广告法选题的研究生毕业论文情况看，存在着选题重复、水平不高的现象。例如，关于广告代言人或广告荐证者的法律责任的论文就有85篇之多。从我国当前关于广告法的理论研究来看，主要侧重于虚假广告和广告代言人的法律责任。从博士论文来看，截止到本书写作时，关于广告的法学博士论文总共有三篇，分别是中国政法大学张世鹏博士的《虚假广告民事责任研究》、西南政法大学于林洋博士的《广告荐证的法律规制研究》以及中国人民大学新闻学院李新颖博士的《植入式广告的法律规制研究》。这三篇论文分别写于2009年、2011年和2012年，均在2015年《广告法》修订之前。

在《虚假广告民事责任研究》中，张世鹏博士探讨了虚假广告的契约责任和侵权责任。在契约责任上，张世鹏博士提出将广告作为要约条款纳入合同调整的范围。在侵权责任上，张世鹏博士对广告侵权责任的构成要件进行了研究。然而，张世鹏博士的拓展性研究仍有待进一步深入而尽完备。例如，该论文虽然指出广告可作为要约条款，但并未指出广告陈述究竟一概作为合同条款，还是在何种情况下可以作为合同条款；再如，虽然分析了广告侵权责任，但对广告侵权特殊之处的论证仍有待充实。于林洋博士的论文对广告代言进行了较为深入的研究，提出广告代言人的责任归责基础是由信赖利益保护导出的对消费者保护的注意义务。[①] 然而，此种义务无法解释广告主为何要承担法律责任的问题，而且，该论文并没有充分考虑名人对于广告代言认定的重要性和特殊广告代言的责任问题。在广告法一般著作方面，主要有应飞虎教授的《信息、权利与交易安全：消费者保护研究》、宋亚辉教授的《虚假广告的法律治理》以及陈柳裕、唐明良先生的《广告监管中的法与理》。这些著作侧重于从法律规制的角度展开讨论，对于民事责任的探讨不多。

在法学论文方面，李昊教授对于虚假陈述的民事责任进行了较为全面的理论梳理，[②] 但该文对于广告性虚假陈述的探讨不多。贺剑博士对美国法上广告推荐人的责任展开了探讨。[③] 在法学界，有关虚假陈述的研究更多地集中于证券虚假陈述的民事责任。[④] 就广告民事法律责任的研究而言，较为重要的论文有：姚辉等著的《论虚假广告的侵权责任承

[①] 于林洋：《广告荐证的行为规范与责任解构》，中国书籍出版社2013年版，第127页。
[②] 李昊：《不实陈述行为的民事责任研究》，载梁慧星主编《民商法论丛》第31卷，法律出版社2004年版。
[③] 贺剑：《美国法上的广告推荐人责任》，载梁慧星主编《民商法论丛》第45卷，法律出版社2010年版。
[④] 代表性的研究有陈洁：《证券欺诈侵权损害赔偿研究》，北京大学出版社2002年版；邢会强：《证券欺诈规制的实证研究》，中国法制出版社2016年版。

担》和《产品代言人侵权责任研究》、杨立新的《论产品代言连带责任及法律适用规则——以〈食品安全法〉第55条为中心》和《我国虚假广告责任的演进及责任承担》、张世鹏的《论虚假广告侵权责任立法国际趋势及对我国的借鉴》、曹登润的《虚假广告经营者责任初探》、于林洋的《广告荐证连带责任的证成与反思》、宋亚辉的《广告代言的法律解释论》、张保红的《虚假广告发布者侵权责任》、于剑华的《商业广告中出演者的民事责任问题——来自日本法的启示》、王发强的《对广告经营者、广告发布者应确立无过错连带责任》以及冯海波、赵克的《媒体在广告侵权中的责任探析——以重庆市第五中级人民法院审理的广告侵权案件为切入点》，等等。这些研究对于广告法律责任问题，都结合立法与司法实践进行了研究。但这些研究具有这样的共同点：一是在时间上绝大多数发表在2015年《广告法》修订之前；二是在选题上较多地关注代言人的法律责任，对于广告经营者和广告发布者的法律责任则研究很少；三是较多地涉及民事侵权责任，对于其他民事责任则论述较少。这意味着，对于广告法上民事责任的进一步深入而系统的研究很有必要。

三　意义与方法

如上所述，虽然我国民商法研究在整体上已卓有成就，但与之相比，广告法的理论研究相对较为薄弱。虽然《广告法》对于民事责任仅设置两个条款，但却是广告法最有理论价值和实践意义的制度创新。可是，迄今为止的相关研究却未能展示法学界对之的足够关注，未能从这两个条款充分展开应有的研究，未能充分体现立法创新提供给法学研究理论创新的可能性，这基本上反映了广告法理论研究的现状。止步于条款释义的广告法研究，不能为广告法的制度创新提供足够的理论阐释,也不能有效地实现广告法的法治目标。因此,深入而系统地研究广告法上的民事责任制度,不仅能够使广告法的制度创新切实而有效地转化为合乎广告法宗旨的法律秩序,亦能为民事责任理论创新提供有中国特色的知识内容。

在广告民事责任范畴,存在深刻的理论问题待解。广告民事法律责任具体包括虚假广告的民事责任和违法广告的民事责任。就虚假广告而言,广告相关主体承担的究竟是合同责任还是侵权责任,理论上有不同的看法。如果是合同责任,如何解释其责任对象的不特定性?如果是侵权责任,是否适用民法典与侵权责任相关的规定处理即可,还是另有与之不同的构成要件?广而言之,广告法与广义上的民法的适用关系如何处理?广告经营者是否应承担无过错连带责任?该责任的性质为何?广告发布者是否应承担无过错连带责任?如何认定广告发布者的"明知"或"应知"?广告发布者是否有免责事由?广告代言人承担责任的理论依据是什么?广告代言人承担无过错连带责任的理论依据是什么?对于特殊广告代言的责任如何确定?如此等等。科学回答这些理论问题,不仅对于广告法理论的深入研究具有重要的意义,对于适当处理广告法和其他法律的民事责任关系问题同样具有重要的理论意义。

在实践方面,本书也具有以下重要的现实意义。

第一,我国《广告法》规定了虚假广告,并规定了广告主的民事责任。但在实践中,虚假广告和广告创意之间的界限究竟在哪里,广告创意的艺术感染力与广告受众的务实理解力之间的差异,能否以虚假二字予以描述,值得探讨。对于虚假广告,广告性虚假陈述可否构成合同的内容,其认定的标准是什么,广告主承担的是合同责任还是侵权责任,该民事责任的构成要件是什么,在合同责任、缔约过失责任和侵权责任竞合时应当如何适用,广告主是否具有免责事由,有必要对上述内容进行深入研究以完备其责任体系结构。在确定广告主民事责任时,往往涉及《广告法》《反不正当竞争法》《消费者权益保护法》《食品安全法》和《民法典》与侵权责任相关的规定，它们之间的关系究竟如何，也需要澄清；而且在理论上可以提出这样的追问：在不同的法律中沿袭同一法律规定（可能条款文字表述稍有不同）的做法是否有合理性，不同立法宗旨下的同一法律规定是否应有适用上的侧重与调谐，这对于法律体系的协调运行和法律制度的良性发展是否有利。广告侵害未成年人身心健康的侵权责任是否具有特殊性。如此等等，均值得探讨。在此方面，借鉴其他国家的立法和司法实践进行研究，具有重要的参考价值和现实意义。

第二，我国《广告法》规定了广告经营者的民事责任，但对于广告经营者民事责任的研究较少。在广告实践中，广告经营者的重要义务是进行广告审查，其审查的标准是什么，对于过错责任的性质是否类似于商品瑕疵责任，广告经营者是否要承担举证责任，广告经营者承担无过错连带责任的法理依据是什么，现行法的规定是否合理，这些问题的澄清无论对理论和实践均有意义。

第三，我国《广告法》规定了广告发布者对于关系消费者生命健康的虚假广告承担无过错的责任。广告发布者作为一个市场主体，依其审查责任与能力，要求其在此情形下承担无过错民事责任是否合理，其承担无过错连带责任的法理依据是什么？在立法例上，是否有其他国家的规制模式或司法实践作为参照？这些问题之所以重要，不仅在于我国的广告发布者有很多特殊之处（例如，相当部分的广告发布者为事业单位），要求其承担无过错连带责任是否可以实现，而且还需要明确其承担责任的范围和免责事由。

第四，就广告代言人的民事责任而言，在法律实践中出现的问题是，如何区分广告代言和广告表演，这涉及如何认定广告代言，名人作为广告表演者是否一定就是在广告代言，进一步地，还具体涉及"名人"在法律上如何认定。广告代言人承担无过错连带责任的法理依据是什么，如何认定是否构成"生命健康"，未成年侵权责任的范围是什么，以及广告代言人是否应有免责事由等，这些都是实践中需要解决的问题。另外，对于未成年人的广告代言、集体广告代言、特型演员的广告代言等，这些特殊主体的民事责任承担条件、方式与程度等，也有待澄清。

第五，在广告民事责任的设定，如何衡量涉及的各种利益，广告法所保护的最高利益是否仅为消费者的利益还是应兼顾其他的利益，如何对各种利益进行衡量，依据何种标准进行衡量，广告与言论自由之间的关系如何，我国广告民事责任制度在未来应如何进行完善，这些问题无疑具有重要的现实意义，值得探讨。

为了有效地对以上问题进行研究，本书主要采用了以下研究方法：

（1）比较法的研究方法。本书选取了英国、美国、加拿大和澳大利亚作为普通法系的代表，选取德国、法国、荷兰和日本作为大陆法系的代表，运用比较的方法，对各国的广告民事责任制度及其理论研究进行分析。在本书中，比较法的方法贯穿始终。比较的意义在于，通过观察成熟的法治文化如何对本国习以为常的制度作出全然不同的安排，从而获得一种批判的视角和在制度演变的过程中将本国的传统制度调整至适应实际生活需求的能力。[①] 在某种意义上，可以将本书看作是对广告民事法律责任制度的比较研究。在比较时，本书不仅注重制度上的规定，而且努力探讨背后的形成因素或影响因素。[②] 对于本书而言，比较

[①] Karl Llewellyn, *The Case Law System in America*, trans. Michael Ansaldi, Chicago: The University of Chicago Press, 1989, p.1.

[②] 本观点受到与朱广新老师讨论的启发，特此致谢。朱老师认为，美国法上赋予行政机关起诉权去保护受害人的利益，而我国则更侧重于直接追究行政责任，广告执法机关在实践中也以直接保护受害人的权益为自己的职责。这种制度安排与执法理念，类似某种"法律父爱主义"。对法律父爱主义的研究，可参见孙笑侠、郭春镇《法律父爱主义在中国的适用》，《中国社会科学》2016年第1期。

研究的目的是借鉴其他国家的合理做法，为我国的理论提升和实践问题的解决提供参考方案，并不是为了比较而进行比较。

（2）实证研究的方法。法律的研究应根植于本国的实践。广告法是具体部门法，对于广告法的理论研究，不能脱离某个国家的立法规定和司法实践。在本书中，针对各国的具体情况而采取不同的侧重。例如，在虚假陈述的合同责任上，本书讨论了英国法的很多判例。对于美国法，除了分析《兰姆法》的规定，还研究了不同的判例。对于加拿大法，也从理论和司法判例的角度讨论合同责任与侵权责任的竞合问题。对于澳大利亚法，则侧重于判例中的误导认定和损害赔偿问题。本书尤其侧重对于我国司法实践和执法实践案例的分析，涉及很多民事判决书和行政处罚决定。通过对这些案例进行实证的研究，不仅能够展现广告法在司法机制中得以实现的实态，而且相关结论也有助于提升我国的司法裁判水平和执法水平。

（3）民法解释学的方法。广告民事责任的研究不能脱离民法原理。民法原理是广告民事责任研究的基础，其中最主要的是民法解释学方法，[①] 即在分析广告民事责任和其他广告法问题时，通过民法解释学的方法对其展开分析。例如，对于禁止不满十周岁的未成年人做广告代言和广告代言人承担无过错连带责任问题，应当基于民法解释学的理论来剖析并协调现有的法律规定，对于广告侵害未成年人身心健康的责任也应考虑到民事责任的一般性和特殊性。本书的观点是，基于民法解释学进行的研究，不仅能保证学术讨论的严谨性，而且保证法学研究的方向正确性。本书的研究表明，广告法的某些规定具有现实应对性，并且因为急于满足应对性而导致一定的规则随意性，其并无坚固的法理依据作为支撑。有些规定涵盖过窄，需要通过扩大解释的方法予以扩张。有的规定涵盖过宽，需要通过限缩解释的方法进行限制。因此，以广告法研

[①] 梁慧星：《民法解释学》，中国政法大学出版社1995年版。

究的学理性弥补立法建构的随意性，贯彻适用民法解释学的方法显得尤为必要。

（4）利益衡量的方法。广告法中各种规定是立法者对于各种利益衡量的结果。广告法修订过程中对于各方意见的征询和考虑即为明证。立法者坚持利益衡量是正确的，但衡量尺度、方法及结论是否妥当，则需要进行斟酌、分析和讨论。本书对于广告民事责任的探讨，并不拘泥于现有法律规定，而是通过利益衡量的分析方法，对于规定的合理性和理论基础进行探讨。例如，《广告法》第1条规定的目的是优先保护消费者的利益还是同时保护广告业发展的利益？《广告法》第9条禁止广告绝对化用语涉及哪些利益？禁止未满十周岁的未成年人进行广告代言，又涉及哪些利益？根据发布的广告是否涉及生命健康而要求广告发布者承担无过错连带责任，涉及哪种利益？在各种利益发生冲突时，依据何种标准进行利益衡量？可以说，这些由利益衡量产生的规范及其问题，均需要再运用利益衡量的方法予以分析解决。

四　结构

除导论和结论外，本书共分为六章。

第一章讨论广告主虚假陈述的合同责任，包括虚假陈述的界定、虚假陈述的类型与区分意义。本章从比较法的角度探讨虚假陈述的合同责任并就我国法上虚假陈述的合同责任展开讨论。本章侧重于从广告性虚假陈述的角度，去探讨广告主应承担的合同责任，结合立法过程中对《民法典合同编草案》第281条的争议，进一步提出一些思考。本章还对广告主合同责任、缔约过失责任和侵权责任的竞合问题展开研究。

第二章探讨广告主虚假陈述的侵权责任。在比较法的基础上，本章对包括欺骗和误导的认定，虚假陈述中的信赖和因果关系问题，损害赔偿问题以及广告主的免责事由等在内的问题展开深入讨论。在本章中，突出了信赖和因果关系在广告性陈述中的特殊性，并从理论上对广告主的免责事由进行探讨。本章还对广告侵害未成年人身心健康的侵权责任进行探讨。

第三章探讨广告经营者的民事责任。首先分析广告经营中的各种法律关系，包括广告经营者与广告主、广告经营者与广告发布者以及广告经营者和广告代言人的法律关系，然后分析广告经营者的过错责任，对过错责任的用语调整、责任性质和举证责任进行讨论，最后探讨广告经营者的无过错连带责任。

第四章讨论广告发布者的民事责任。本章结合我国实践中出现的案例，对互联网广告中广告发布者的界定，广告发布者的义务，广告发布者的先行赔偿责任、无过错连带责任、过错连带责任以及免责事由等，进行了深入研究。

第五章探讨广告代言人的民事责任。首先分析广告代言中名人的法律认定，其次探讨广告代言人承担民事责任的理论基础，并对我国法上规定的广告代言人承担无过错连带责任展开剖析，最后探讨特殊代言的法律责任问题，诸如未成年人的广告代言、集体名人的广告代言、特型演员的广告代言以及网络评论类广告代言的法律责任。

第六章探讨我国广告民事责任上的利益衡量。首先分析广告法上的利益类型，然后从比较法的角度探讨广告法上的利益衡量，讨论民事责任的本质，分析广告民事责任与言论自由的关系，最后基于利益衡量的方法对广告法上的民事责任提出若干思考，包括责任基础、举证责任、损害赔偿、因果关系以及免责事由。

第 一 章

广告主虚假陈述的合同责任

信息在现代经济生活中发挥着十分重要的作用。在某种意义上，现代市场经济是信息经济。从功能上看，信息具有积极的一面。例如，企业通过广告可用向消费者传递产品质量的信号，使消费者容易辨别产品，并作出购买选择。[①] 同时，信息又具有消极的一面。如果信息本身是不真实或不准确的，则构成虚假陈述，不仅会导致其他的企业受损，而且会误导消费者。虚假陈述是一个广泛的概念，在不同的法律领域中，均闪烁着虚假陈述的身影。例如，在证券法中，虚假陈述即为一个重要的概念，围绕证券虚假陈述的民事责任问题也引起了关注。[②] 在会计法上，会计师的民事责任也与虚假陈述有关。[③]

在广告法上，虚假陈述是一个十分重要的概念。一方面，虚假陈述是认定虚假广告的重要前提。某一广告是否构成虚假广告，首先要分析有无虚假陈述，如果没有，则不存在虚假广告。由于广告传播的受众数量巨大和传播速度快，通过广告媒介，虚假陈述会带来广泛的影响。因

[①] ［美］曼昆：《经济学原理：微观经济学分册》（第6版），梁小民、梁砾译，北京大学出版社2012年版，第347—348页。

[②] 陈洁：《证券欺诈侵权损害赔偿研究》，北京大学出版社2002年版；邢会强：《证券欺诈规制的实证研究》，中国法制出版社2016年版。

[③] 刘燕：《会计师民事责任研究：公众利益与职业利益的平衡》，北京大学出版社2004年版，第三章。

此，许多国家在不同程度上均对虚假广告均进行规制。另一方面，虚假陈述与广告创意之间的界限不容易区分，虚假陈述与广告创意存在反相关的关系。如果虚假广告的范围扩张，则广告创意的空间会被压缩，反之亦然。因此，对于虚假陈述的规制不能不考虑其对作为广告核心的广告创意的影响。本章前两节将分别探讨虚假陈述的界定和类型，第三节对虚假陈述可否构成合同内容进行探讨，第四节讨论比较法上虚假陈述的合同责任，第五节讨论我国法上虚假陈述的合同责任，第六节探讨虚假陈述引发的合同责任、缔约过失责任和侵权责任的竞合，最后是小结。

第一节　虚假陈述的界定

虚假陈述，英文的相应表述是 Misrepresentation。在我国，有学者也将它翻译为"错误陈述（不正确陈述）""虚伪意思表示或陈述"或"不实陈述行为"①。在中文的语境里，"虚假"是形容词，指的是"跟实际不符合"，"陈述"是动词，指的是"有条有理地说出"②。虚假陈述与真实陈述相对，真实陈述是陈述合乎事实，陈述违背事实则为虚假陈述。③ 在法律上，虚假陈述是一个上位概念，包括证券虚假陈述、广告虚假陈述和其他类型的虚假陈述。由于国外法尤其是英美法通常使用虚假陈述的表述，而且我国证券法的相关司法解释采用了虚假陈述的表

---

① 李永军教授将之称为"错误陈述（不正确陈述）"，见李永军《合同法》（第三版），法律出版社 2010 年版，第 296 页；杨桢教授将之称为"虚伪意思表示或陈述"，见杨桢《英美契约法》，北京大学出版社 1997 年版，第 220—221 页；李昊教授称作"不实陈述行为"，见李昊《不实陈述行为的民事责任研究》，载梁慧星主编《民商法论丛》第 31 卷，法律出版社 2004 年版，第 55 页。

② 中国社会科学院语言研究所编辑室编：《现代汉语词典》（第 7 版），商务印书馆 2016 年版，第 161、1478 页。

③ 胡范涛：《真实陈述虚假陈述事实所指》，《徐州师范学院学报》（哲学社会科学版）1990 年第 1 期。

述，为了便于进行比较，本书也使用虚假陈述的概念，但需要提前说明的是，本书所要研究的对象是广告虚假陈述，不包括其他类型的虚假陈述。

总体而言，对于虚假陈述主要有两种规制方式：一是英美法中的直接规制虚假陈述的法律制度，另一是大陆法系通过欺诈和误解来建构的法律制度。无论是普通法系还是大陆法系，均有特别法对虚假陈述进行规制。例如，英国1967年的《虚假陈述法案》、美国的《兰哈姆法》，以及德国的《反不正当竞争法》。这些特别法规定对于研究广告虚假陈述是极为重要的。

一 英国法上的相关规定

在英国法上，虚假陈述指的是，对于事实的虚假描述（false statement）。[1] 此定义似乎是语义循环，却表明了虚假陈述的核心特征，即在虚假陈述中对于事实的描述与实际不相符。正如学者所指出的，尽管对于"虚假"的含义是相当直接明了的，但"对事实的陈述"的含义并非看起来的那样简单。[2] 要理解虚假陈述，需要先回到陈述的概念。陈述是对于事实的描述，而不是对于意图或意见的描述。[3] 围绕着某项虚假陈述是否针对事实，英国法上积累了许多判例。这些判例对于认定虚假广告具有重要的意义。如上所述，虚假陈述针对的是事实，问题在于，如何理解事实。事实指的是过去发生的或现在的情况。在英国法上，无论是在理论上还是实践中，都认为事实不同于意见。例如，

---

[1] Stephen A. Smith, *Atiyah's Introduction to the Law of Contract* (6th Edition), New York: Oxford University Press, 2006, p. 254.

[2] Janet O'Sullivan and Jonathan Hillard, *The Law of Contract* (7th Edition), New York: Oxford University Press, 2014, p. 227.

[3] Michael Furmston, *Cheshire, Fifoot & Furmston's Law of Contract* (17th Edition), New York: Oxford University Press, 2017, p. 346.

对于卖家的自卖自夸，普通消费者是不相信的，自卖自夸属于意见。

然而，在实践中，不容易区分哪些是事实哪些是意见。例如，在 Bisset v. Wikinson 案中，被告将其位于新西兰的一块土地出让给原告，在订立合同前被告所作的该土地可以养殖 2000 只羊的陈述只是主观意见，法官认定不构成事实陈述。然而，在 1884 年的 Smith v. Land and House Property Corporation 案中，被告向权利人出让一家酒店，被告宣称该酒店已被出租给"最理想不过的租户"。事实上，在被告作出该陈述时，承租人在租约到期六个月后才支付上一期的房租，而在合同订立后产权转移前承租人已经破产。对于被告提出的该表述是否属于意见的抗辩，法官认为，如果双方对于事实的了解是不对等的，一方作出的关于意见的陈述暗示其了解事实。在著名的 Esso Petroleum Co., Ltd. 案中，法官认为，被告作为出让方宣称其加油站一年的销售量为 20 万加仑，但事实上远远没有那么多，法官认定被告的宣称构成了虚假陈述。有学者认为，如果关于意见的陈述不是善意的，陈述的作出没有合理的依据或者为合同的条件，则关于意见的陈述是可诉的。[1]

虚假陈述针对的不是主观意图或者未来的承诺。对于主观意图，一般认为不构成对事实的陈述。然而，对此不可绝对化。如果陈述人作出了表述，但不打算去实施，则构成对事实的虚假陈述。[2] 在 Edginton v. Fitzmaurice 案中，被告的董事以改善厂房为理由向银行贷款，而该贷款实际上是用来偿还债务的，被告被判定应当承担责任。对于未来的承诺，一般认为不同于事实陈述。然而，如果陈述人在作出陈述时并不相信该承诺，则构成虚假陈述。如果陈述人善意地相信其作出的陈述，则

---

[1] Mindy Chen-Wishart, *Contract Law* (5th Edition), New York: Oxford University Press, 2015, pp. 213-214.

[2] Treitel & Peel, *The Law of Contract* (14th Edition), London: Sweet & Maxwell, 2015, p. 408.

不构成虚假陈述。① 在 1889 年发生的 Derry v. Peek 案中，被告的董事在公司招股说明书中宣称，其所在公司获得了使用不同于传统畜力动力的电力形式的许可。事实上，被告的确向英国贸易委员会提交了申请，被告自认为其能获得许可，但最终未获得该许可。在对证据进行查明后，英国上诉法院认定被告应当承担欺诈责任。英国上议院推翻了上诉法院的判决，理由是被告善意信赖该陈述是真实的，由于被告不存在主观故意，故驳回原告的起诉。② 这一判例确立了被告的善意相信不构成欺诈的基本原则，成为英国法早期的一个重要的判例。

对于针对法律的陈述，英国传统的观点认为不构成虚假陈述。但这一观点正在发生变化。已经有判例认为，故意地对法律进行陈述能导致衡平法上的救济。然而，有学者认为，得出事实和法律的区分对认定虚假陈述无关紧要的结论仍为时过早。③ 谨慎地说，尚无法得出事实和法律的区分与虚假陈述无关的结论。

在不作为是否构成虚假陈述问题上，英国法通常认为不作为不构成虚假陈述。然而，如果一方知悉某些事实而另一方并不知晓，则有可能导致不公平的结果。在 Smith v. Land and House Property Corporation 案中，被告对于所谓的理想的租户缴付租金的情况是清楚的，而原告对此并不知晓。被告主张其陈述是主观意见。Bowen 法官在该案中指出："如果双方对于事实并未同样知悉，则较了解事实的一方作出的关于意见的陈述通常是涉及重要事实，因为这暗示着他了解作出意见的事

---

① Janet O'Sullivan and Jonathan Hillard, *The Law of Contract* (7th Edition), New York: Oxford University Press, 2014, pp. 228-229.
② W. Page Keeton, Dan B. Dobbs, Robert E. Keeton, David G. Owen, *Prosser and Keeton on the Law of Torts* (5th Edition), St. Panl, Minnesota: West Publishing Group, 1984, p. 742.
③ Treitel & Peel, *The Law of Contract* (14th Edition), London: Sweet & Maxwell, 2015, p. 410.

实。"① 在 With V. O'Flanagan 案中，被告作为卖方在转让其医疗诊所时宣称诊所每年的收入为 2000 英镑，但后来因被告生病，该诊所每周的收入仅为五英镑，原告请求撤销合同。Wright 法官认为，如果某一陈述在作出时是真实的，但在合同协商中变为虚假，则知悉该事实的一方应当向对方披露变化的情况。② 英国学者对如何认定一个陈述构成虚假陈述做了归纳，如果能证明存在以下任何一种情形，该陈述构成虚假陈述：（一）作出一方不相信所说的意见；（二）一个持有陈述人知识的合理的人不能善意地相信其意见；（三）他自己处于一个知悉意见所依据的事实的地位。③

二 德国法上的相关规定

英国学者阿蒂亚曾指出，英国虚假陈述法与其他法律制度中的诚信原则与错误原则大致相当。④ 这一说法大体上适用于德国法。在德国法上，虚假陈述涉及欺诈和错误。欺诈指的是有意引起某种错误。如果存在说明义务，则维持存在的错误也构成欺诈。⑤ 或者说，欺诈是指通过夸耀虚假事实或隐瞒真实事实，有意引起或维持某种错误，以达到影响被决策者的目的。⑥ 德国学者对于错误很少进行定义。史尚宽认为，错

---

① Andrew Burrows, *A Casebook on Contract* (5th Edition), Portland, Oregon: Hart Publishing, p. 611.
② Andrew Burrows, *A Casebook on Contract* (5th Edition), Portland, Oregon: Hart Publishing, p. 616.
③ Michael Furmston, *Cheshire, Fifoot & Furmston's Law of Contract* (17th Edition), New York: Oxford University Press, p. 347.
④ Stephen A. Smith, *Atiyah's Introduction to the Law of Contract* (6th Edition), New York: Oxford University Press, 2006, p. 254.
⑤ [德] 迪特尔·梅迪库斯：《德国民法总论》，邵建东译，法律出版社 2000 年版，第 594 页。
⑥ [德] 卡尔·拉伦茨：《德国民法通论》（下册），王晓晔等译，法律出版社 2003 年版，第 542 页。

误是指对象与认识之龃龉,即观念与认识之不一致。① 在德国法上,错误的范畴包括动机错误、内容错误、表示错误、传达错误、法律后果错误、性质错误和计算错误等。欺诈和错误的不同在于,在发出错误的情形,意思受干扰因素大多数是表意人自身的范围,而在欺诈的场合,表意人本身就是其行为相对人或第三人实施的非法行为的牺牲品。②

除了《德国民法典》的规定,尚需注意《德国反不正当竞争法》的规定。与英国法不同,《德国反不正当竞争法》并未对虚假陈述进行界定,而是遵循欧盟的《不正当商业行为指令》(第 2005/29/EC 号),该指令将不正当商业行为区分为误导性行为和误导性不作为。如果一个商业行为含有不真实的导致欺骗的信息或其他信息,则该行为属于误导性行为。这里的信息指的是含有可核实的任何宣称。是否构成欺诈,要以一个充分知情、谨慎和有经验的普通消费者的角度来认定。③ 如果广告主宣称降价,而原价(更高的价格)仅仅在不合理的短暂时间内存在,则构成误导广告。④

根据《德国反不正当竞争法》第 5 条第 1 段,对于事实的遗漏会构成误导性不作为。德国案例认为,对于相关事实的遗漏会构成误导性广告,但只有存在披露的义务时,对事实的掩盖才是不正当的。⑤ 在 BGH WM 1979, 548 案中,原告在 1970 年年底寻找盈利的投资机会,他的金融经纪人向他推荐由 U 投资建立的 P 酒店。为了修建酒店,U 向包括被告在内的多人进行贷款融资 250 万马克,并以地上权作为担保。U 还

---

① 史尚宽:《民法总论》,中国政法大学出版社 2000 年版,第 394 页。
② [德] 卡尔·拉伦茨:《德国民法通论》(下册),王晓晔等译,法律出版社 2003 年版,第 542 页。
③ Frauke Henning-Bodewig, *Unfair Competition Law: European Union and Member States*, The Hague, The Netherlands: Kluwer Law International, 2006, p. 244.
④ R. W. de Very, *Towards a European Unfair Competition Law: A Clash Between Legal Families*, Leiden, The Netherlands: Martinus Nijhoff Publishers, 2006, p. 175.
⑤ R. W. de Very, *Towards a European Unfair Competition Law: A Clash Between Legal Families*, Leiden, The Netherlands: Martinus Nijhoff Publishers, 2006, pp. 245-246.

需要融资 350 万马克。在经纪人的帮助下，U 通过广告向个人投资者筹集资金，承诺贷款投资的利息回报率为 12%。U 以被告为受益人，对该地上权做了登记。经纪人 L 在一种有被告信头的纸上对该项目进行宣传，宣传该酒店有 440 张床，并与很多的国际旅行机构进行了长期合作，宣称 U 是其客户，是一个值得信赖的商人，任何项目筹集的资金将存放在酒店的封存银行账户。1971 年 2 月 17 日，原告投资了 13 万马克，而在投资三天前被告已要求 U 偿还二月份到期的债务。后 U 陷入财务困难，进入破产程序。原告认为，被告信上陈述的信息是虚假的，导致其投资损失。一审法院基于共同过失理由，判决被告赔偿 32500 马克，被告提起上诉。德国上诉法院认为，被告的信息是针对潜在个人投资者所做的广告，被告所提供的信息在应披露而未披露的范围内是虚假的，被告应当承担责任，因此驳回被告的上诉。[1]

三　中国法上的相关规定

在我国，《证券法》《反不正当竞争法》《民法典》以及最高人民法院关于证券市场虚假陈述的司法解释和关于反不正当竞争的司法解释等，其中都有涉及虚假陈述或虚假宣传的规定。根据《最高人民法院关于审理证券市场因虚假陈述引发的民事赔偿案件的若干规定》（以下称《证券虚假陈述规定》）第 17 条的规定，如果信息披露人在证券发行或者交易过程中违反证券法律规定，对重大事件作出与事实相违背的虚假记载或误导性陈述，或者在披露信息时有重大遗漏或不当披露的行为，则构成证券市场虚假陈述。从形式上看，证券市场虚假陈述包括：（一）虚假记载；（二）误导性陈述；（三）重大遗漏；（四）不当披

---

[1] B. S. Markesinis and Hannes Unberath, *The German Law of Torts: A Comparative Treatise* (4th Edition), Portland, Oregon: Hart Publishing, 2002, pp. 265-269.

露。第17条同时将误导性陈述界定为，行为人通过媒体所作的导致投资人对其投资行为发生错误判断并产生重大影响的陈述。2017年修订的《反不正当竞争法》第8条对欺骗和误导行为作了原则性规定，禁止经营者对其商品的性能、功能、质量、销售状况、用户评价、曾获荣誉等作虚假或者引人误解的商业宣传，欺骗、误导消费者，并禁止经营者通过组织虚假交易等方式，帮助其他经营者进行虚假或者引人误解的商业宣传。根据《民法典》第147条的规定，基于重大误解实施的民事法律行为，行为人有权请求撤销。《民法典》第148条规定了一方欺诈时另一方有权请求撤销的权利，第149条对第三方实施欺诈行为的情况作出了规定。

《广告法》第28条规定了构成虚假广告的情形。根据立法解读，《广告法》上的虚假广告具有两个特征：一是在形式上广告的内容虚假或者引人误解，二是效果上造成了欺骗或误导消费者的客观后果或者有欺骗、误导消费者的可能性。① 此种特征描述看似直截了当，但对于何为虚假广告并未予以科学的界定。理论上对于广告领域的虚假陈述鲜有研究，导致对于虚假广告的认定具有泛化的趋向。例如，在实践中不区分意见和事实，凡是涉及意见而未能加以证明的，均可能被认定为虚假广告。②

在杭州方林富炒货店案中，③ 当事人在店内外和产品包装上做了不同的宣称：（一）店内西侧墙上印有两块牌匾"方林富炒货店，杭州最优秀的炒货特色店铺""方林富，杭州最优秀的炒货店"；（二）店内西侧柱子印有一块"杭州最优炒货店"的广告；（三）展示柜内有两块手

---

① 朗胜主编：《中华人民共和国广告法释义》，法律出版社2015年版，第52页。
② 在实践中，执法机关的逻辑是，如果某一行为涉及广告法的某个条文，例如第11条关于引用出处的规定，则按该规定处理，如果无法证明第11条是存在的，则按虚假广告处理。
③ 杭西市管罚处字〔2015〕第534号。

写的商品介绍板，上面写着"中国最好最优品质荔枝干"和"2015年新鲜出炉的中国最好最香最优品质燕山栗子"，展示板外侧下方贴有"本店的栗子，不仅是中国最好吃的，也是世界上最高端的栗子"；（四）栗子销售包装袋上印有"杭州最好吃的栗子"和"杭州最特色炒货店铺"的内容。杭州市西湖区市场监督管理局认定，方林富炒货店上述（一）至（四）事实构成在经营场所内外和产品包装袋上发表广告，其使用"最好""最优秀""最香""最好吃""最特色""最高端"等绝对化用语，违反了《广告法》第9条第3项的规定，根据《广告法》第57条第1项和《杭州市规范行政处罚自由裁量权的规定》第9条的规定，责令当事人停止发布使用绝对化用语的广告，并处罚款20万元。

  对于方林富炒货店案，很多的评论是针对绝对化用语本身，但没有从事实和意见进行区分的角度来探讨。像该案执法实践中认为的禁止绝对化用语的做法，实际上是没有充分的理论依据的。尽管《广告法》的表述没有提出例外的情形，但可以通过论理解释来阐释。在理论上，应当看到判断性思维和情感性思维的不同。"只有判断性思维才是以真实性为目标的，情感性思维则不然。"[①] 因此，在对广告绝对化用语进行是否合法认定时，应当区分主观意见和事实。[②] 这一区分的意义在于，事实是可以查证的，而主观意见是难以验证的。由于广告主有义务证明广告宣称是真实的，如果没有证据支持，则可以认定为虚假广告。遵循主观意见的思路，这几类广告宣称应当是允许的：第一，主观意见。主观意见不大可能构成虚假广告，是因为其在很多情况下是夸大，

  [①] ［德］卡尔·拉伦茨：《法律行为解释之方法——兼论意思表示理论》，范雪飞、吴训祥译，法律出版社2003年版，第67页。
  [②] 这一区分在民法人格权利益的衡量上也是十分重要的，例如，对构成名誉权的侵害还是言论自由的认定上，见王泽鉴《人格权法：法释义学、比较法、案例研究》，北京大学出版社2013年版，第340页以下。

且属于言论自由的保护范围。① 例如，对于口感或口味的宣称。在我国，向来有着众口难调的说法，说明人们对于口味或口感是有不同的主观判断的。如果宣称的是口感或口味，一般情况下不应予以禁止，例如"最好吃""最香"的宣传。但如果涉及贬低其他经营者，应当按照《反不正当竞争法》来处理。如果主观意见涉及特定事实，则广告主有证实的义务。第二，对于一些理念诉求或企业愿景，例如，某公司致力于成为某行业的龙头，或者如该案中的致力于成为"杭州最特色炒货店铺"，应当是允许的，因为它所描述的不是事实，而是对于未来的一种期盼，这是难以用事实来证明的。

基于事实宣称的思路，应当明确的是，并不是所有的事实宣称都是违法的。笔者认为，应当有几个例外：第一，对于客观事实的描述是允许的。例如，某公司是某行业第一家上市的公司，某公司是第一家采用某技术的公司，如果广告主能够提供事实证明，则应当允许，不认为违反《广告法》的规定。第二，对于非描述商品或服务的绝对化用语，应当允许。例如，关于产品包装上最佳储存温度的说明。第三，对于一些合法取得的荣誉或约定俗成的名称，如国家科技成果奖、国家5A级景区、最高人民法院、最高人民检察院等，不应当认为违反《广告法》的规定。在广告创意的艺术感染力与广告受众的务实理解力（包括所谓的科学证明）之间的差异，能否都能以"虚假"二字予以描述？显然，当前的理论对此并没有确定性结论。

在本质上，虚假陈述的界定涉及广告创意和虚假广告的区分。有观点认为，虚和假是不同的范畴，虚与实相对应，假与真相对应，"实广告"的特征是客观、理性和量化的诉求，而"虚广告"以主观、情感、艺术的诉求为特征。基于此，应对两者进行区分，不要将"虚"误判

---

① R. W. de Very, *Towards a European Unfair Competition Law: A Clash Between Legal Families*, Leiden, The Netherlands: Martinus Nijhoff Publishers, 2006, pp. 174-175.

为"假",抹杀适度夸张的广告创意。① 此种观点值得重视。如果将虚假广告的范围无限扩大,则广告创意的空间将被极度压缩,而最后的广告效果将大打折扣。创意本身就是要打破常规。在广告创意中,不仅有事实型的思维方法,还有形象思维方法、垂直型与水平型思维方法、发射性思维方法等思维方法。② 在涉及事实时,应当考虑广告法的规定。在哲学层面,命题(即陈述)并不是非真必假的,"非真即假"要求命题表达得如此准确,以至对它的检验能得出清晰的结论,但逻辑中的或真或假的命题只存在于天堂之中。③ 实际上,不仅指称具有模糊性,例如什么样的水属于"浑浊的水"、什么样的泥称为"湿泥"难以确定,而且还具有包括词的多义、句法和范围上的歧义,如 big European butterfly 究竟是指比一般蝴蝶要大的欧洲蝴蝶还是指欧洲蝴蝶中比较大的那些蝴蝶,语义不清。④ 而且,在广告中,文字不能保证内容的真实性,而是通过文字形成语境,让人们可以问其为真或假。⑤ 在法学理论上,有学者指出,确认被告的广告陈述是真实的还是虚假的是非常困难的,因为生活中的大多数领域不具有数学的精确性,对于单个、不变的、确定的"真实"的探求近乎不可能。⑥ 因此,对广告创意和虚假广告的界分在一定程度上涉及法律政策问题。从比较法的角度来看,美国赋予广告创意(艺术性夸张)更多的空间,允许艺术性夸张的表现形式,艺术性夸张指的是那些具有泛泛且模糊、陈述无法计算或不可证明、陈述具有主观性以及消费者不会信赖的特征的艺术表现形式,非事

---

① 刘云峰整理:《主题:广告法》,《现代传播(北京广播学院学报)》1995年第3期。
② 秦雪冰、蒋倩编:《广告文案》,上海人民美术出版社2020年版,第54页以下。
③ [丹麦]阿尔夫·罗斯:《指令与规范》,雷磊译,中国法制出版社2013年版,第6、24页。
④ [美]W. V. O. 蒯因:《词语和对象》,陈启伟、朱锐、张学广译,中国人民大学出版社2012年版,第127页以下。
⑤ [美]尼尔·波兹曼:《娱乐至死》,章艳译,中信出版社2015年版,第73页。
⑥ Jean W. Burns, Confused Jurisprudence: False Advertising under the Lanham Act, *B. U. L. Rev.*, No. 79, 1999, p. 864.

实陈述不会被认为误导消费者。①

在中文的语境下，也存在语言的歧义问题，例如，对于"一辆乳黄和深色的电车飞驰过去"的表述，究竟是指一辆车还是两辆车，容易让人产生误会；而"分乘两辆深蓝的和银灰的小汽车疾驰而去"的表述，既可以解释为两辆颜色一样的汽车，也可以解释为一辆深蓝的汽车和一辆银灰的汽车。② 我国法律也允许广告创意，但在《广告法》的框架下广告创意的范围受到了过多的限制。在现实生活中，由于《广告法》的规定，我们看到北京味多美面包店宣称"北京更受欢迎的面包坊"，多少让人感到莫名其妙。与此同时，我们也看到一些颇有创意的广告，例如，"怕上火，喝王老吉"。该广告并没有说喝王老吉就能下火，宣称两者之间有必然的关联，但广告效果极佳。广告语"经常用脑，多喝六个核桃"也被认为不属于虚假广告。一些广告，例如，"唯一的不同，是处处不同"，"钻石恒久远，一颗永流传"，"身未动，心已远"，显示了广告创意的重要性。

尽管《广告法》第28条对虚假广告做了规定，但是，在执法实践中仍然存在一些不确定性。例如，广告执法机关基本上不接受调研机构（如尼尔森公司）出具的数据，理由在于认为其与广告主存在利益关系，并且其数据不一定是全面的。这导致广告主无法做相应的广告宣称。在实践中，如果某一宣称无法在科学上得到证明，广告执法机关即认为该宣称构成虚假广告。从有关执法人员的非正式解释来看，这同样适用于新《广告法》第28条对于无法验证的认定，因为不真实、不科学的信息从发布之日起就可能欺骗或误导消费者。③ 问题在于，是否所有的广告宣称都能在科学上加以证明？是否所有在科学上无法证明的宣

---

① 黄武双：《不正当比较广告的法律规制》，《中外法学》2017年第6期。
② 吕叔湘、朱德熙：《语法修辞讲话》，商务印书馆2013年版，第232页以下。
③ 史新章编著：《广告监管执法常见疑难问题精解》，中国工商出版社2019年版，第39—40页。

称都构成虚假广告？如果这样理解虚假广告，那么广告创意的空间将大大压缩，因为所谓的验证或证明仅仅对事实才适用。例如，某空调广告宣称"一晚低至1度电""18分贝超静音"，某饮品宣称"一年卖出十多亿杯，杯子连起来可绕地球三圈"，这些事实是需要广告主来证明的。而对于一些宣称，如广告语"今年二十，明年十八"，是合理的夸张，不属于虚假广告。丰田汽车的广告"车到山前必有路，有路必有丰田车"，白丽香皂的广告"使头发根根柔软，令肌肤寸寸滑嫩"，百达翡丽的广告"没人能拥有百达翡丽，只不过为下一代保管而已"，也是合理的夸张。在比较法上，瑞典的执法机关认为某公司宣称其能提供"所有世界语言"翻译的说法是合理的夸张，不会对受众的决策产生影响。[1]

在我国的司法实践中，法院一般会考虑事实和意见的区分。在梁化赢与小米科技有限责任公司买卖合同纠纷案中，小米公司在其官方网站宣称产品的CPU为全球首发的APQ8064，带来极致的运行速度；PPI比顶尖更顶尖；机体握感坚持亚洲人的最佳手持体验；前置摄像头全面革新自拍画质，能够带来从未有过的自拍体验；智能天线实现了前所未有的突破，比主流的天线传播速度快一倍；它所配置的MIUI是当今最好的Android定制系统；等等。原告认为，小米公司对消费者构成欺诈，因此请求赔偿损失。广东省高级人民法院则认为，小米公司在对小米2手机宣传中使用"最佳""前所未有"等带有主观色彩的用语，没有客观评判标准，不应认定为与事实不符的描述。[2] 笔者认为，广东省高级人民法院的认定值得赞同，表现出司法理性再次走在了立法与执法的前面。在对虚假陈述进行解释时，可以考虑借鉴英美法上对于事实与意见、承诺、意图和法律的区分，结合案件的事实和解释方法，对是否

---

[1] Frauke Henning-Bodewig, *International Handbook on Unfair Competition*, München, Germany: Verlag C. H. Beck oHG, 2013, p. 528.

[2] （2016）粤民申3192号。

构成虚假广告进行认定（见本书第二章）。

需要明确的是虚假广告与违法广告的区分。在公布的违法案件中，虚假广告不仅包括使用绝对化用语，夸大产品的效用或性能，并使用他人名义、形象保证效用效果的广告，也包括含有不科学的表示功效的断言和保证，并利用专家、患者的名义和形象作证明的广告。[①] 在我国广告实践中，执法机关通常将虚假广告作为违法广告的下级范畴，但从民事责任的角度来看，两者是有区别的。按照《广告法》第56条的规定，只有涉及虚假广告时，广告主、广告经营者、广告发布者或广告代言人才承担民事责任。因此，如何处理虚假广告和违法广告两者的关系就显得特别重要。对此需要进行具体分析：首先，使用"最佳"等绝对化用语的违法广告是否构成虚假广告？事实上，这是司法实践中较为突出的问题，即消费者以经营者违反《广告法》第9条第3项的规定为由要求其承担欺诈的民事责任。[②] 有观点认为，使用"最佳"等绝对化用语构成虚假广告。[③] 笔者认为，这里需要区分两种情况，一是广告声称的"最佳"是真实的，但由于违反了法律的规定，此时应认定为违法广告，而不是虚假广告。二是广告声称的"最佳"是虚构的，此时可认定为虚假广告。其次，如何认识比较广告的民事责任？有观点认为比较广告不同于虚假广告，因为虚假广告涉及民事责任，而比较广告只涉及行政责任。[④] 笔者认为，此种观点是不正确的。一方面，无论1994年的《广告法》还是2015年的《广告法》均明确规定了贬低其他经营者的商品或服务的，商品经营者或服务提供者应当承担民事责任。

[①] 《国家工商行政管理总局违法广告公告》，工商广公字〔2013〕11号。

[②] （2017）京02民终10555号；（2015）沪一中民一（民）终字第4077号；（2016）粤民申3192号。

[③] 应飞虎：《信息、权利与交易安全：消费者保护研究》，北京大学出版社2008年版，第162页。

[④] 应飞虎：《信息、权利与交易安全：消费者保护研究》，北京大学出版社2008年版，第163页。

在 2015 年《广告法》下，第 28 条规定的虚假广告可以涵盖比较广告。对于其他的违法广告，则需要按照法条背后的目的来判断是否构成虚假广告，例如第 9 条第 3 项之外的各项原则上不构成虚假广告，因为其目的是保护国家利益和社会公共利益，而对于第 11 条，如果广告引证的内容不真实、准确，可能误导消费者，从而构成虚假广告。

第二节　虚假陈述的类型

我国《广告法》第 28 条规定了构成虚假广告的五种情形。归纳起来，我国虚假广告的类型包括：(1) 商品或者服务不存在型；(2) 商品信息、服务信息和允诺信息与实际情况不符型；(3) 使用虚构、伪造或者无法验证的资料型；(4) 虚构使用商品或者接受服务效果型。(5) 以虚假或引人误解的内容欺骗、误导消费者的其他情形。如果抽象地归纳，则可以认为包括虚构型和与事实不符型两大类。这一分类与我国原国家工商行政管理总局关于虚假广告的批复是一脉相承的，即"……凡利用广告捏造事实，以并不存在的产品和服务进行欺诈宣传，或广告所宣传的产品和服务的主要内容与事实不符的，均应认定为虚假广告"[①]。

值得指出的是，在捏造事实的虚假宣传的情形中，增加了"欺诈"的字样，表明执法机关对于捏造事实型虚假宣传是有限定条件的。在广告法的修订过程中，社会各界对于虚假广告的界定提出了很多建议。除立法最终确认的情形外，还有人建议涵盖广告主不具备相关资质或能力、使用虚构的认证标志和检验合格，以及虚构商品脱销等情形。[②] 在理论上对虚假广告的分类进行探讨，有助于通过类型化研究对虚假广告

[①] 《国家工商行政管理总局关于认定处理虚假广告问题的批复》，工商广字〔1993〕第 185 号。

[②] 朗胜主编：《中华人民共和国广告法释义》，法律出版社 2015 年版，第 52 页。

的范围进行扩大或限缩。

一 积极的虚假陈述和消极的虚假陈述

以虚假陈述人行为的表现形式为标准，可以将虚假陈述划分为积极的虚假陈述和消极的虚假陈述。积极的虚假陈述也即作为的虚假陈述，即当事人积极地从事并追求虚假陈述的效果。积极的虚假陈述是典型的虚假陈述。消极的虚假陈述是指法律规定应作为而未作为的虚假陈述。消极的虚假陈述经历了从无到有的发展过程。在不作为是否构成虚假陈述的问题上，英国法通常认为不构成虚假陈述。这是因为，如果要求陈述人主动作出披露，从经济的角度来看，就剥夺了占有信息的一方追求自身利益的权利。在现实经济生活中，占有信息的一方利用信息谋求自身利益的例子比比皆是，利用合法占有的信息进行股票交易即为示例。然而，在现代社会中，消费者处于弱势地位，法律对其利益不能置之不理。因此，在英国司法实践中，对于不予以披露不构成虚假陈述设置若干的例外情形：第一，在特定关系中，披露人对于已知或应知的事实负有披露的义务；第二，对于订立合同前告知的虚假事实有披露的义务；第三，在谈判中关于主观意图的变更，有判例认为应予以披露，但对此有争议；第四，字面上真实但具有误导性的陈述，应予以披露；第五，根据惯例应予披露；第六，最大诚信合同需要予以披露。[1]

在法国法上，也存在积极的欺诈和消极的欺诈。与英国类似，法国判例早期不承认沉默可以构成欺诈，因为道德规范不强迫人们做不利于自己的事。尽管如此，随后的判例认定，在法定应予以披露的情形和合同相对方不能了解合同某一事实时，沉默将构成欺诈。[2] 在广告违法行

---

[1] Treitel & Peel, *The Law of Contract* (14th Edition), Lodon: Sweet & Maxwell, 2015, pp. 479-483.

[2] 尹田编著：《法国现代合同法》，法律出版社 1995 年版，第 87—88 页。

为的认定上，不仅包括存在故意过错的情形，也包括具有疏忽大意或懈怠的情形，即包括掩盖真实意图的虚假广告和提供不准确信息的广告。①

在德国法上，欺诈包括积极作为的欺诈，也包括因沉默而引起的欺诈。在沉默的情形，指的是对方的过失不在于引起错误，而是使故意持续存在下去。在德国法上，沉默一般不构成欺诈，但如果根据合同的性质、合同成立时的环境或当事人一方有披露义务时，未披露构成欺诈。② 换而言之，只有他人基于合同关系有权期待行为人进行披露时，行为人对他人的错误有意识地保持沉默才构成欺诈，而是否存在告知的义务，应依据公平交易的理念来判断。③

区分积极的虚假陈述和消极的虚假陈述意义在于：第一，确定是否应承担法律责任。如果没有法定的披露义务，消极的虚假陈述不引发法律责任，而对于积极的虚假陈述，虚假陈述人应承担法律责任。第二，对于被欺诈人的赔偿范围不同。在积极的虚假陈述的场合，由于陈述人是有意的，被欺诈人主观上是否有过失，不影响其责任范围。④ 在消极的虚假陈述的场合，被欺诈人如果有不可原谅的疏忽或过失，不仅可以影响到行为人是否构成欺诈，而且可以构成欺诈行为人的免责抗辩。⑤

---

① [法] 伊夫·居荣：《法国商法》第 1 卷，罗结珍、赵海峰译，法律出版社 2004 年版，第 990—991 页。
② 沈达明、梁仁洁编著：《德意志法上的法律行为》，对外贸易教育出版社 1992 年版，第 145 页。
③ [德] 维尔纳·弗卢梅：《法律行为论》，迟颖译，法律出版社 2013 年版，第 644—645 页。
④ Andrew Burrows, *A Casebook on Contract* (5th Edition), Portland, Oregon: Hant Publishing, 2016, p.620.
⑤ 尹田编著：《法国现代合同法》，法律出版社 1995 年版，第 88 页。

二 合同法上的虚假陈述和侵权法上的虚假陈述

依据虚假陈述所依据的请求权基础,可以将虚假陈述分为合同法上的虚假陈述和侵权法上的虚假陈述。这一分类无论是在英美法系还是大陆法系都是认可的。在英美法上,权利人可以基于合同提起虚假陈述诉讼,也可以基于侵权法主张行为人构成侵权。然而,需要指出的是,在英美法早期,并无现代形式的合同和侵权的区分。[1] 英国法允许合同责任和侵权责任的并存,一项陈述既可以成为合同法上的意思表示,也可以成为侵权法上的虚假陈述,对此没有必要限制权利人选择救济的方式。[2] 在德国法上,与虚假陈述基本对应的欺诈可以导致合同责任,恶意欺诈通常构成缔约过错,欺诈人应承担损害赔偿责任。[3] 同时,受欺诈人可以基于《德国民法典》第123条提起侵权诉讼。在我国法上,权利人可以基于《民法典》第500条提起合同诉讼,在因欺诈而构成侵权时,当事人有权基于《反不正当竞争法》《消费者权益保护法》等特别法的规定提起侵权诉讼。

区分合同法上的虚假陈述和侵权法上的虚假陈述实际意义在于,对损失的认定不同。合同法上的虚假陈述造成的损失,通常是如果合同履行其所应获得的利益(如购买物的价格与如陈述是真实时的价格的差额);而在侵权场合,则是如不发生侵权回复到原来地位所受到的损失(如物的实际价格与购买价格的差额)。[4] 由于合同责任不要求实际的损

---

[1] A. W. B. Simpson, *A History of the Common Law of Contract*, New York: Oxford University Press, 1975, p. 235.

[2] Stephen A. Smith, *Atiyah's Introduction to the Law of Contract* (6th Edition), New York: Oxford University Press, 2006, p. 260.

[3] [德]迪特尔·梅迪库斯:《德国民法总论》,邵建东译,法律出版社2000年版,第608页。

[4] Treitel & Peel, *The Law of Contract* (14th Edition), London: Sweet & Maxwell, 2015, p. 438.

失，通常对权利人比较有利。但对于损失的请求根据交易对权利人有利或不利而不同，在交易有利时主张合同责任，不利时主张侵权责任。① 不过，也有学者认为，尽管理论依据不同，两者的实际效果大致相同。②

三 欺诈性虚假陈述、过失虚假陈述和无意虚假陈述

根据陈述人的主观状态，可以将虚假陈述区分为欺诈性虚假陈述、过失虚假陈述和无意虚假陈述（innocent misrepresentation）。在英美法上，原先主要的虚假陈述是欺诈侵权（the tort action of deceit）诉讼，后来，由于诉讼大多数与交易过程中的虚假陈述有关，因此导致其进一步的细分。③ 在英国法上，1967 年之前，普通法上只有欺诈性虚假陈述和无意虚假陈述两种类型。1963 年的 Hedley Byrne &Co., Ltd. V. Heller & Partners Ltd. 案首次确认了过失侵权。在该案中，原告赫德利·伯恩等人是打算与一位顾客签合同的广告商，他们向银行要一份关于那位顾客的资料。该银行将此要求转给由银行家组成的一家公司。银行家的报告显示，那位顾客在一般商业事宜上享有较高的声誉，原告根据这份报告借给那位顾客 17000 英镑，遭受了损失。法院判决银行家就提供报告的过失承担责任。④ 1967 年的《虚假陈述法案》在立法上首次规定了过失虚假陈述。自此，无意虚假陈述一般是指欺诈性虚假陈述和过失虚假

---

① Mindy Chen-Wishart, *Contract Law* (5th Edition), New York: Oxford University Press, 2015, pp. 208-209.

② Stephen A. Smith, *Atiyah's Introduction to the Law of Contract* (6th Edition), New York: Oxford University Press, 2006, p. 265.

③ W. Page Keeton, Dan B. Dobbs, Robert E. Keeton, David G. Owen, *Prosser and Keeton on the Law of Torts* (5th Edition), St. Paul, Minnesota: West Publishing Group, 1984, p. 726.

④ ［英］丹宁勋爵：《法律的训诫》，杨百揆、刘庸安、丁健译，法律出版社 2011 年版，第 293 页。

陈述之外的一类虚假陈述。① 可以说，此种分类主要是英国法对虚假陈述所做的区分。

作以上区分的意义在于法律提供的救济不同。在英国法上，对于欺诈性虚假陈述，权利人可以要求法院撤销合同，并可以就欺诈行为提起损害赔偿之诉，而对于无意虚假陈述则只能请求撤销合同。根据1967年的《虚假陈述法案》，因过失虚假陈述受损害的权利方可以根据该法案第2（2）条请求撤销，要求法院判定赔偿损失，但法官具有以赔偿代替撤销的自由裁量权。权利人也可以根据第2（1）条主张赔偿，但是对于赔偿的依据是合同还是侵权有争议。有学者认为，第2（1）条依据的不是"拟制的欺诈"，而是侵权法上的过失规则。②

四 作为合同条件的虚假陈述和不作为合同条件的虚假陈述

根据虚假陈述是否为合同的条件，可以将虚假陈述区分为作为合同条件的虚假陈述和不作为合同条件的虚假陈述。如果一方当事人依赖陈述人的虚假陈述而订立合同，该陈述是合同的一个条件还是仅仅是一项陈述，至关重要。在广告领域更是如此。英国法上围绕着虚假陈述是否为合同的条件形成了许多的判例。基于对判例的归纳，有学者认为应从这几个方面进行判断：第一，陈述的重要性，如果该项陈述对陈述的接受方是否订立合同产生影响，则为合同条件，反之，则不是合同条件；第二，陈述人是否要求接受方自行验证，如果要求，则有可能不是合同条件；第三，一方是否具有特殊的知识，即哪一方更有能力确认陈述是

---

① J. Beatson, A. Burrows & J. Cartwright, *Anson's Law of Contract* (30th Edition), New York: Oxford University Press, 2016, pp. 330-331.

② Michael Furmston, *Cheshire, Fifoot & Furmston's Law of Contract* (17th Edition), New York: Oxford University Press, 2017, p. 347.

不是事实；第四，陈述是不是构成意见，模糊不清的意见陈述不构成合同条件，但陈述事实的意见则可能成为合同的一个条件。[1]

区分作为合同条件的虚假陈述和不作为合同条件的虚假陈述有实际的意义。如果一个陈述构成合同条件，则当一方违反该陈述时，守约方可以要求特定履行，也可以在严重违约的情形终止合同，并要求赔偿损失。需要指出的是，作为合同条件（a term）的虚假陈述具有"向前看"的特征。与此不同，陈述（representation）是"向后看的"，是对某一特定事实的真实性的描述，并不保证描述的真实性。权利人为了恢复到信赖陈述之前的地位可以撤销合同，并要求赔偿。[2] 但是，对于构成合同条件的虚假陈述，尽管权利人可以终止合同并要求赔偿损失，但他不能既撤销合同又主张替代撤销的损失，也就是说不能同时主张两者。

五　订立合同前作出的虚假陈述和履行合同中作出的虚假陈述

根据虚假陈述作出的阶段，可以将虚假陈述区分为订立合同前作出的虚假陈述和在履行合同中作出的虚假陈述。通常而言，在我们表达合同法上的虚假陈述时，指的是在当事人签订合同之前的虚假陈述。如上所述，此种虚假陈述可能构成合同条件，也可能不构成合同条件。有学者认为，除了订立合同前的虚假陈述，还存在履约过程中作出的虚假陈述，其适用的责任原则是完全不同的。在履约过程中作出的虚假陈述，与订立合同前作出的虚假陈述的某些法律规则是不同的，例如，关于事

---

[1] Treitel & Peel, *The Law of Contract* (14th Edition), London: Sweet & Maxwell, 2015, pp. 429-433.

[2] Mindy Chen-Wishart, *Contract Law* (5th Edition), New York: Oxford University Press, 2015, p. 208.

实陈述和意见或法律陈述的区分，对于履约过程中的虚假陈述不产生影响。[1] 在法国法理论上，有学者也认为欺诈可以发生在合同订立之时，也可以发生在履行合同之际。[2] 此种类型尽管明确地指出了虚假陈述在不同阶段所起的作用不同，但鉴于在订立合同前的虚假陈述有可能构成合同条件，会引发违约责任或缔约过失责任，与履约过程中的虚假陈述的后果相似，因此，这两者的区分意义不是很大。

第三节 虚假陈述可否构成合同内容

对于广告能否构成合同，我国《民法典》第 473 条第 1 款（原《合同法》第 15 条第 1 款）做了规定。按照该款，价目表、招股说明书、商业广告和宣传等，均属于要约邀请。第 2 款同时规定，如果商业广告和宣传的内容符合要约条件，则构成要约。可见，《民法典》从要约和要约邀请区分的角度，对于各种文件在合同法上的性质进行了分类。这一分类具有容易识别的特征。然而，该规定有两个不足之处：第一，从广告的角度来看，价目表、招股说明书在一定条件下都可以构成商业广告。如果这一判断可以成立，那么它们和广告是否有区别？在因广告引起的合同责任上，是否有必要对其进行区分？第二，对于第 2 款的规定，尽管立法者认为内容确定的广告是要约，但正如立法者所承认的，如何认定一个广告的内容是确定的以及依据什么原则去认定，的确是个问题。[3] 故而有学者认为，《合同法》第 15 条的规定使得广告很难

---

[1] Stephen A. Smith, *Atiyah's Introduction to the Law of Contract* (6th Edition), New York: Oxford University Press, 2006, p. 266.
[2] 尹田编著：《法国现代合同法》，法律出版社 1995 年版，第 85 页。
[3] 胡康生主编：《中华人民共和国合同法释义》（第 3 版），法律出版社 2013 年版，第 44 页。

成为要约。① 有学者对依据效力和内容是否确定来区分要约和要约邀请的做法提出质疑，认为要约邀请可以发生实质拘束力和形式拘束力，要约邀请也可能是内容具体确定的，并可以因当事人的意志进入合同。②

在广告性陈述中，确定哪些属于构成合同条款的陈述，哪些是合同条款之外的陈述，是一个极为重要的需用深厚理论解说的实践问题。③ 在现实生活中，我们随时可以看到各种各样的广告。例如，食品广告"溶血栓、降三高、远离心脑血管病"，化妆品广告"一次净白，永不变黑""24 小时排油脂，擦到哪里哪里瘦""国家唯一权威机构高效保证"，医疗广告"采用光动力疗法的新技术""基因接种排毒疗法"，等等。面对内容如此五花八门的广告，如何界定其中一个广告是否为合同内容，是立法者所关注的。在实践中，该问题更是具有重要的意义，因为广告是否为合同内容会影响到具体的救济方式。

一 最高人民法院的司法解释

对于广告能否成为要约的问题，最高人民法院的司法解释有所涉及。根据《最高人民法院关于审理商品房买卖合同纠纷案件适用法律若干问题的解释》（以下称"商品房买卖合同司法解释"）第 3 条，原则上商品房广告和宣传资料属于要约邀请，但在特定情形下，该类广告和宣传材料可视为要约：出卖人所做的说明和允诺内容具体确定，该说明和允诺指向商品房开发规划范围内的房屋及相关设施，并且对商品房买卖合同的订立和房屋价格的确定有重大影响。即使该说明和允诺未载入

---

① 张士鹏：《虚假广告民事责任研究》，博士学位论文，中国政法大学，2009 年。
② 隋彭生：《论要约邀请的效力及容纳规则》，《政法论坛（中国政法大学学报）》2004 年第 1 期。
③ 隋彭生教授认为，我国《合同法》没有对要约邀请和要约在内容上的承继、容纳关系作出规定，而理论上忽视这一问题，将对我国的审判实践产生深刻的影响。隋彭生：《论要约邀请的效力及容纳规则》，《政法论坛（中国政法大学学报）》2004 年第 1 期。

商品房买卖合同，也应视为合同内容。

从该条可以推出三层含义：第一，原则上，商品房的销售广告和宣传资料属于要约邀请，就此而言，与《合同法》第 15 条第 1 款的规定是相一致的。第二，如果出卖人对于房屋及其设施的规划作出了具体、确定的承诺和说明，而且该承诺和说明对买卖合同的订立和房屋的确定有重大影响的，应当认为构成要约。所谓"具体"，指的是承诺和说明不是抽象、概括的描述，而是非常清晰、详细的表述，例如，交通便利不构成具体，而在小区开设公交车站点的承诺是具体的。所谓"确定"则是肯定的表述，而不是含糊不清的表述，例如，"力争达到环境一流"不是确定的，而"保证居住环境达到当地最佳标准"，则是确定的。① 第三，即使以上说明和允诺未载入合同，可以推定该说明和承诺为合同的内容。换而言之，这里的"视为合同内容"是法律上的推定，不能由建设单位通过举证来推翻或通过约定来排除。② 可见，"商品房买卖合同司法解释"第 3 条对《合同法》第 15 条做了一些突破。

有学者指出，采用有利于广告受众和商品房买受人一方的解释原则，是该司法解释原则的独特之处。③ 然而，正如有的研究者所指出的，该司法解释具有三方面的不足：一是使用范围有限，仅限于商品房买卖合同；二是不能明确地界定要约和要约的组成；三是缺乏可操作性的标准。④ 针对该等不足，该研究者认为应当基于瑕疵担保责任，将广告作为要约的条款纳入合同调整的范围，"……将广告对于产品品质的陈述纳入了瑕疵考量标准，对于提供这种意义上的瑕疵产品也要承担违

---

① 王利明：《合同法研究》（第四卷第二版），中国人民大学出版社 2017 年版，第 52 页。
② 王利明：《合同法研究》（第四卷第二版），中国人民大学出版社 2017 年版，第 54 页。
③ 张士鹏：《虚假广告民事责任研究》，博士学位论文，中国政法大学，2009 年。
④ 张士鹏：《虚假广告民事责任研究》，博士学位论文，中国政法大学，2009 年。

约责任"①。

不可否认，该建议为完善我国广告性陈述的合同责任提供了一种思路。然而，在笔者看来，该建议亦存在若干问题有待回答：第一，是否所有的广告性陈述都纳入合同内容，还是仅仅是关于品质的描述纳入合同内容？如果是前者，则所有的广告都可以成为合同内容，显然与《民法典》第473条第1款相冲突；如果是后者，则其范围又太过于狭窄。也就是说，仅仅是与瑕疵有关的广告才可以构成合同内容。即使如此，也不得不面临这样的疑问：为什么只是与瑕疵有关的广告才纳入合同内容？关于产品的功能的陈述是否可以纳入合同内容？可见该建议并不周全。第二，考虑到我国有单独的《广告法》，在考察广告性陈述是否可以纳入合同内容时，应当考虑《广告法》的特别规定。尽管《广告法》在民事责任方面对于《民法总则》《合同法》和《侵权责任法》的突破不多，但在考虑广告性陈述时，我们不能对《广告法》的规定置之不顾。例如，《广告法》第26条禁止以规划或建设中的设施和其他市政条件做误导宣传，如果广告中有此表述，因违反《广告法》，该内容能否纳入合同内容？类似地，《广告法》第16条禁止在医疗广告中作出保证性承诺，该广告内容能否纳入合同内容？

二 关于《合同编草案》第281条的争论

在《民法典》颁布之前，《民法典合同编草案》（一审稿）（简称《合同编草案》）第281条规定，"当事人一方在订立合同前向对方所作的允诺内容具体确定，对合同的订立有重大影响，对方有理由相信其为合同内容的，该允诺视为合同条款"。对于此条款，社会各界有不同的意见。否定的观点认为，该条在法律逻辑和规范内容上有非常大的歧

---

① 张士鹏：《虚假广告民事责任研究》，博士学位论文，中国政法大学，2009年。

义性和不确定性，难以操作。① 王利明教授认为，应删除该条款，理由在于：第一，该条款将最高法院关于房地产买卖合同的司法解释扩大至所有的合同，不当地扩大了适用范围；第二，如果以缔约期间的承诺来推翻正式签约的文本，徒增纠纷，影响合同的严肃性；第三，书面证据具有优先性。② 肯定的观点包括完全肯定的观点和部分肯定的观点。完全肯定的观点认为，在合同编中对构成合同内容的特定允诺进行明确规定有重要的现实意义，类似的单方允诺在商业实践中十分普遍。③ 部分肯定的观点则认为，将第281条提升到合同法总则，跨度过大，建议将其放在买卖合同中，限于对商品的品质或特性的说明。④ 可能是由于学者存在不同的意见，该条款在二审稿中被删除，未被最终通过的《民法典》所采纳。尽管立法上已经有定论，但笔者认为从学术的角度出发，删除第281条的理由不充分。我们应当对其进行完善，而不是完全删除。

首先，在理论上，我国学者过于强调要约邀请和要约的区别，而忽视了它们之间的承继关系。这种忽视不仅导致要约邀请可否被纳入合同这一问题被回避了，⑤ 而且导致其可能产生的法律后果未被加以充分的探讨（见本章第六节）。在认定标准上，通说以内容是否具体确定和发出邀请的一方是否有受约束的意思来区分要约和要约邀请。然而，内容是否具体确定，并不是要约和要约邀请的根本区别，要约邀请的内容也

---

① 《地方人大、中央有关部门和单位以及有关方面对民法典各分编（草案）合同编的意见》，载《民法典立法背景与观点全集》编写组《民法典立法背景与观点全集》，法律出版社2020年版，第278页。

② 王利明：《关于民法典分编（草案）·合同编的意见》，http://www.civillaw.com.cn/zt/t/? id=34837，访问日期：2018年11月4日。

③ 刘承韪：《民法典合同编（草案）二审稿的修改建议》，《法治研究》2019年第3期。

④ 韩世远：《民法典合同编一般规定与合同订立的立法问题》，《法学杂志》2019年第3期。

⑤ 有学者认为，合同缔约前陈述内容的合同化、法律化在我国尚未引起足够的重视，这与我国的大陆法学传统有关，而对于整个大陆法系，这方面还缺乏深入的研究。刘道远、王晓锦：《招股说明书要约性质研究》，《时代法学》2007年第6期。

可能是具体明确的，可能包含了部分的交易条件。①在约束力方面，要约邀请如果承诺交易条件或其他条件不变的，则具有实质拘束力，并且具有不得取消要约邀请的形式拘束力。② 在比较法上，如前所述，在理论上，英国法是承认陈述可以进入合同的。

其次，在实践中，订立合同前的允诺是较为普遍的，"商品房买卖合同司法解释"的适用范围只是一个起点，不应当是终点。有学者指出，该司法解释仅限于商品房买卖，导致其使用范围有限。③ 鉴于实践中允诺的普遍性，没有理由将允诺仅仅限定于商品房买卖。④ 在比较法上，英国早在 1893 年的 Carlill v. Carbolic Smoke Ball Co. 案中确认广告主的承诺可以构成合同的内容。在该案中，被告向原告承诺按照指示使用其名为"烟球"的药丸不会得感冒，并承诺向使用该药丸后得感冒的用户支付 100 英镑。原告在使用该药丸后患感冒，于是向被告提起支付赔偿的诉讼，法院认定被告的广告构成有效的承诺。之所以法院会将广告认定为承诺，是为了回应当时对夸大或不实广告的压制。⑤ 这提示我们，我国应当根据现实的需要采取多种方式对虚假广告进行管制，包括将特定的广告纳入合同内容。我国出台"商品房买卖合同司法解释"，正是对于房地产虚假广告所作的必要回应。在理论上，我国也有观点认为将广告纳入合同内容有利于打击虚假广告。⑥

再次，肯定允诺进入合同内容，并不意味着所有订约前的允诺都可

---

① 隋彭生：《论要约邀请的效力及容纳规则》，《政法论坛（中国政法大学学报）》2004 年第 1 期。

② 隋彭生：《论要约邀请的效力及容纳规则》，《政法论坛（中国政法大学学报）》2004 年第 1 期。

③ 张世鹏：《虚假广告民事责任研究》，博士学位论文，中国政法大学，2009 年。

④ 事实上，除了商品房买卖，我国民法典确认了电子合同和物业服务合同中的特定承诺可以构成合同内容，实践中涵盖的类型则更多。由于篇幅所限，笔者拟另撰文探讨。

⑤ P. S. Atiyah, *The Rise and Fall of Freedom of Contract*, New York: Oxford University Press, 1979, p. 771.

⑥ 宋亚辉：《虚假广告的法律治理》，北京大学出版社 2019 年版，第 76—77 页。

以构成合同内容。对于吹牛或玩笑显然无法导致合同义务。① 只有那些明确的、对订立合同有重大影响的允诺，并且对方有理由相信的内容，才可以构成合同内容。换而言之，允诺进入合同是有严格的限定条件的。有学者将广告进入合同内容的构成要件归纳为广告内容足以为消费者信赖，并足以使消费者作为缔约的基础。② 在实践中，何为重要影响需要法院通过具体案件的情况来加以判定。主张对合同订立有重要影响的一方当事人应就有理由相信提供证据。在袁某某与北京广盈房地产开发有限公司房屋买卖合同纠纷案中，尽管当事人之间的合同没有明确约定房屋下沉庭院的尺寸，但北京市第三中级人民法院结合上诉人提供的证据和工程质量分户验收总表附图及备案的竣工图，认定开发商的承诺构成合同内容。③

复次，肯定广告性陈述可以成为合同内容的同时，如果当事人之间明确约定排除广告成为合同内容，该约定应当有效。在陈某商品房销售合同纠纷再审案件中，④ 针对补充协议关于出卖人的展示模型、样板房、广告和宣传资料不得作为交房标准和商品房买卖合同的组成部分，双方之间的权利以《商品房买卖合同》及补充协议为准的表述，最高人民法院认为双方明确约定广告不能作为合同组成部分，陈某以此作为违约事由无合同依据。可见，广告主可以通过明确约定来排除，以平衡相关方的利益。

最后，主张书面证据（所指为书面合同）具有优先性的观点，忽略了出卖人在广告中所做的允诺相当一部分就是书面的。例如，商家所做的一些海报或网上的电商页面等广告，这些广告显然不是采用口头形

---

① Stephen A. Smith, *Atiyah's Introduction to the Law of Contract* (6th Edition), New York: Oxford University Press, 2006, p.99.
② 宋亚辉：《虚假广告的法律治理》，北京大学出版社2019年版，第74页。
③ （2018）京03民终3112号。
④ （2017）最高法民申3886号。

式。在我国的司法审判实践中，法院也不仅只限于审查合同的约定，对于合同订立前的一些证据（如备忘录等）也是予以考虑的。① 即使是在英美合同法中，最终的合同文本并未排除其他资料，法院也会考虑该证据。②

因此，《合同编草案》第281条应当予以保留，但该条款仍然有改进的余地。第一，该条款并未区分允诺和陈述，两者是有区别的。在立法的过程中，有意见认为应将允诺修改为"承诺或者表述"③。从广告法的角度看，只有针对事实的陈述才可以构成虚假广告，对于意见、未来的允诺等原则上不属于广告法上的陈述。因此，可以将本条的"允诺"扩大至"允诺或者事实的陈述"。第二，该条款中的"对方有理由相信其为合同内容的"需要修改，理由是"有理由相信"是主观感受，不容易加以证明。建议修改为"并且对方基于该承诺而订立合同的"，要求订立合同和相信允诺或事实表述两者之间具有因果关系。第三，根据《〈欧洲示范民法典草案〉示范规则》第2—9：102条第1款，"一方当事人在合同订立前所作的陈述，在对方当事人合理地理解该陈述的作出是基于合同如订立该陈述即构成其中一部分时，视为合同条款"④。在符合该款的条件时，一个表述可以构成合同内容。基于上述理由，可以考虑将整个第281条修改为："当事人一方在订立合同前向对方所作的允诺或事实陈述内容具体确定，对合同的订立有重大影响，并且对方基于此而订立合同的，该允诺或事实陈述视为合同条款。"

遗憾的是，最终通过的《民法典》删除了第281条。但与此同时，

---

① （2015）京知民终字第1147号。

② E. Allan Farnsworth, *Contracts* (4th Edition), New York: Aspen Publishers, 2004, p. 453.

③ 《地方人大、中央有关部门和单位以及有关方面对民法典各分编（草案）合同编的意见》，载《民法典立法背景与观点全集》编写组编《民法典立法背景与观点全集》，法律出版社2020年版，第278页。

④ 欧洲民法典研究组、欧洲现行私法研究组编著：《欧洲示范民法典草案：欧洲司法的原则、定义和示范规则》，高圣平译，中国人民大学出版社2012年版，第182—183页。

《民法典》第 938 条第 2 款却规定物业服务人公开作出的有利于业主的服务承诺为物业服务合同的组成部分。这一立法的逻辑和理由令人费解。一方面，立法上未对允诺或陈述构成合同内容作出一般性的规定；另一方面，它采用的是选择性的、零售式的立法方式，未明确承认"商品房买卖合同司法解释"关于允诺可以构成合同内容的部分，与此同时，却又确认物业服务人所作的承诺可以构成合同内容。因此，尽管《民法典》删除了《合同编草案》第 281 条，但不意味着学理上不可以将广告性允诺或事实陈述并入合同。或许有观点认为《民法典》第 473 条第 2 款足以应对此问题，但如同下文所要展开阐述的，在商业广告场合，区分要约邀请和要约难度很大。笔者认为，基于实践的需求，可以由最高人民法院通过司法解释来对此作出回应。

三 司法实践

在我国的司法实践中，法院对于广告性陈述纳入合同条款持谨慎的态度。在梁某某诉小米科技有限公司案[①]中，原告称其在相关媒体看到被告小米科技有限责任公司（下称"小米公司"）的小米手机广告宣传后，登录小米公司的官网看到小米手机 2 及相关配件在售，小米公司对其配置作出以下宣传：CPU 为全球首发的 APQ8064，带来极致的运行速度；PPI 比顶尖更顶尖；机体握感秉承亚洲人的最佳手持体验；IPS 视网膜大屏展现前所未有的清晰和平滑；前置摄像头全面革新自拍画质，能够呈现从未有过的自拍体验；智能天线实现了前所未有的突破，比主流的天线快一倍；所配置的 MIUI 操作系统是当今最好的 Android 定制系统。梁某某自称他对此信以为真，于是在 2013 年 1 月 17 日向小米公司购买了一台小米手机 2（32G）和一张 MI2 极清高透贴

[①] （2015）穗中法民二终字第 346 号。

膜,总共支付了货款人民币 2329 元。梁某某认为,小米公司在其官网上的宣传构成虚假宣传行为,涉嫌欺诈消费者,侵犯了消费者的合法权益。因此,梁某某向广州市天河区人民法院("天河区法院")提起诉讼。天河区法院认为,由于原告没有举证证明被告向其交付的商品与官网列明的配置不相符,也没有证明被告存在交付瑕疵商品的行为,应承担举证不能的结果,因此驳回原告的诉讼请求。二审法院广州市中级人民法院认为,不当的广告宣传行为并不当然是欺诈行为,从情节上看,广告违法与广告欺诈是有轻重之分的。在本案中,小米公司夸大其产品效果确有不妥,但该宣称尚不足于认定为虚构事实或隐瞒真相,故二审法院维持原判。可以看出,在本案中,法院并不认为广告宣称构成买卖合同的内容。

在广东省广州市添乐企业管理有限公司诉三七互娱(上海)科技有限公司合同纠纷案中,2015 年 4 月 17 日广州市添乐企业管理有限公司(简称"添乐公司")和三七互娱(上海)科技有限公司(简称"三七互娱公司")订立《徒步拓展合同》,约定由添乐公司提供徒步拓展服务,三七互娱公司参与活动 1350 人,活动地点为广州市从化明村通天蜡烛山,活动费用为 20 万元,费用包括开幕式筹备与执行、闭幕式筹备与执行、线路设计与布置、物资与资料和添乐公司团队设备等。合同签订后,三七互娱公司向添乐公司支付了 8 万元前期服务费用,添乐公司按照合同约定履行了全部义务。活动结束后,添乐公司请求三七互娱公司支付约定的余款。三七互娱公司认为,添乐公司没有履行全部合同义务,因添乐公司曾向三七互娱公司承诺"不满意退全款,让您零风险"。一审法院广州市天河区人民法院判决三七互娱公司向添乐公司支付 8 万元,驳回添乐公司的其他诉讼请求和三七互娱公司的反诉请求。二审法院广州市中级人民法院认为,添乐公司网站宣称"不满意退全款,让您零风险",但对于何为"不满意"以及如何退全款并不具体和确定，不构成合同内容。①

在孙某某与北京世纪卓越信息技术有限公司买卖合同纠纷案中，② 原告诉称其于 2013 年 11 月 26 日在被告北京世纪卓越信息技术有限公司（以下简称"世纪卓越公司"）经营的亚马逊网站（www.amazon.com）购买了一台 LED32538 型号的 32 英寸电视机，该商品的详细信息如商品名称、型号、价款等均展示在网站之上，内容具体明确。孙某某通过网站操作确认了订单并完成了支付。11 月 28 日，孙某某收到世纪卓越公司的电子邮件，告知由于世纪卓越公司的原因订单取消，并无法提供所购的商品。在经多次沟通无法解决后，孙某某提起诉讼要求被告继续履行原订单并交付商品，并赔偿公证保全费 1500 元、律师费 4000 元，承担本案的诉讼费用。针对原告的诉求，世纪卓越公司提出了抗辩，其中重要的一点涉及买卖合同是否成立。世纪卓越公司辩称，亚马逊网站上展示的商品根据法律规定是要约邀请，消费者提交订单才构成要约，订单经世纪卓越公司确认后才能生效。而且亚马逊网站已经向消费者公示了网站交易规则"使用条件"，该条件既明确了消费者同意接受使用条件，也明确了展示商品和价格的信息仅仅是要约邀请，消费者提交的订单才构成要约，世纪卓越公司主张该使用条件构成合同的内容。北京市朝阳区人民法院认为，世纪卓越公司在网站上展示商品的名称、型号、价款等内容具体明确，与商品标价陈列出售具有同一意义，依据法律规定和一般交易观念符合要约的特性，合同已经成立。对于世纪卓越公司提出的使用条件构成合同内容，法院不予支持，因为世纪卓越公司没有以合理方式提醒消费者注意，特别是没有在消费者提交订单之前明确予以提示。一审判决后世纪卓越公司提起上诉，二审法院北京市第三中级人民法院维

---

① 杨佩霞：《广东省广州市添乐企业管理有限公司诉三七互娱（上海）科技有限公司合同纠纷案》，《人民法院案例选》2018 年第 6 辑，第 120—127 页。

② （2014）朝民初字第 7461 号。

持一审法院的认定，认为在孙某某提交订单并付款后，视为进行了承诺，亚马逊网站的"使用条件"对孙某某没有约束力，且在双方无特殊约定的情况下，合同已经成立。①

从以上案例可以看出，在司法实践中法院没有轻易认定被告的承诺为合同的内容。但是，在实践中也有将广告视为合同约定内容的。在周某诉南京翼超装饰公司履行广告承诺"预算等于决算"装修合同纠纷中，②南京市中级人民法院认定，被告在《南京晨报》上刊登的"南京家装老字号企业、江苏省优秀施工企业、南京市家装20强企业，130平方米精装398万元"的广告构成合同的约定内容，当事人另有约定的除外。应当说，法院的谨慎是有一定道理的。如果将所有的广告均作为合同内容，将导致广告主面临非常严重的后果，他们在设计广告时将如履薄冰。因此，需要回到基础的问题：如果主张将广告纳入合同，法理依据是什么？

有一种观点认为，诚实信用原则和信赖原则的普遍确立，为广告进入契约提供了私法上的理论依据，而广告法关于真实性的要求，则为广告进入契约提供了公法依据。③另一种观点认为，将广告纳入合同可以保护消费者，促进诚信社会的构建。④第一种观点认为诚信原则和信赖原则是将广告纳入契约的私法基础，然而，能否认为这些原则要求必须将广告纳入合同呢？笔者认为，并非如此。因为在诚信原则和信赖原则下，法律也不会保护所有的陈述，法律必须对于何种陈述值得保护作出评价。从信息传播自由的观点来看，消费者保护并不始终具有优先性。对于第二种观点，如果认为将广告纳入合同是为了保护消费者的利益，那么，对于经营者之间的允诺是否就不需要保护呢？由于我国合同法采

---

① （2014）三中民终字第09382号。
② （2012）宁民终字第437号。
③ 綦俊：《论广告进入契约的可能性及其实现》，《法商研究》2005年第1期。
④ 朱宁宁：《合同订立前的允诺应否值千金》，《法制日报》2019年1月8日第5版。

用的是民商合一的立法方式，此种观点在立法上会产生不协调。有学者认为，可考虑限于消费者买卖，在体系上应回归到买卖法中。① 笔者认为，是否将广告纳入合同或者将何种广告纳入合同，涉及消费者保护和社会交易安全的衡量。支持的观点是基于消费者权益的保护，而反对的观点则是基于交易的严肃性。还有观点认为，承认要约邀请可以进入合同，是历史解释规则的运用，要求在解释合同时不仅要考虑条款之间的关系，也要考虑条款的来源和背景。② 笔者认为，从历史的角度来解释合同具有一定的合理性，但要求法院在解释合同时对其来源和背景进行考虑恐怕难度很大，在操作上可能难以实现。

四　广告构成合同内容的条件

根据《民法典》第472条，如果一个意思表示的内容具体确定，并且表明要约人受该意思表示的约束，则该意思表示构成要约。这被认为是认定一个广告是构成要约还是要约邀请的标准。但是，如何认定一个广告的内容是确定的以及依据什么原则去认定，的确是个问题。③ 在理论上，学者对如何认定广告构成合同内容有不同的看法。有一种观点认为，需要根据实际情况来认定一项商业广告是否符合要约的条件。④ 此种观点提出要结合实际的情况，值得肯定，但由于它未提供考虑的相关因素，过于模糊，无法提供明确的认定标准。另一种观点认为，广告进入合同的条件有三：一是广告主单方意思表示理论的确立；二是广告内

---

① 韩世远：《民法典合同编一般规定与合同订立的立法问题》，《法学杂志》2019年第3期。
② 隋彭生：《论要约邀请的效力及容纳规则》，《政法论坛（中国政法大学学报）》2004年第1期。
③ 胡康生主编：《中华人民共和国合同法释义》（第3版），法律出版社2013年版，第44页。
④ 黄薇主编：《中华人民共和国民法典释义》（中），法律出版社2020年版，第914页。

容具体确定;三是广告与契约内容具有关联性。① 第二项和第三项条件在某种程度上揭示了广告和合同的关系,但仍不够具体,而且,在理论上并不是所有的允诺均构成单方意思表示。还有一种观点为,在判断某意思表示是否构成要约,应综合考虑:(1)表示内容是否详尽;(2)是否注重相对人的性质;(3)要约是向一人还是多人发出;(4)当事人之间的磋商过程;(5)交易惯例。② 此种观点考虑较为全面,考虑到内容的详尽性和相对人的性质,但对于广告自身特征的考虑稍显不足。借鉴我国和国外的司法实践,笔者认为,可以通过以下要素,来确定广告构成合同内容的条件。

第一,重要性。重要性的意义在于它可能对一方当事人订立合同造成重要的影响。根据《〈欧洲示范民法典草案〉示范规则》第2—9:102条,在确定对方当事人是否合理地理解陈述时,应考虑该陈述对于对方当事人的重要性。草案第281条也强调了陈述对合同的订立造成重要的影响,值得肯定。对于重要性的判断,可以参照《广告法》第28条。该条规定了构成重要性的各项要素,例如,商品的性能、功能、产地、质量、规格、销售状况等,但解释上应认为不仅包括这些,还可以涵盖其他的要素,例如,广告主宣称与某著名的金融机构存在合作关系。在判断上,如果广告只是泛泛地说商品或服务好,而没有涉及具体的特征,则可认为其不具有重要性。

第二,明确性。只有广告的内容是明确的,才可以构成要约,因为对于不明确的条件无法要求履行。如果广告的内容清楚、确定,足以使相对人知道其对待给付义务的,则构成要约。③ 例如,超市在做海报宣传时宣称"限时促销商品,先到先得",可认定构成合同内容。如果海

---

① 綦俊:《论广告进入契约的可能性及其实现》,《法商研究》2005年第1期。
② 王泽鉴:《债法原理》(第二版),北京大学出版社2013年版,第175—176页。
③ 崔建远:《合同法总论》(第二版上卷),中国人民大学出版社2011年版,第130页。

报只是宣称"优惠大促销,不容错过",它就不是要约。实际上,这也是区别于要约邀请的一个要素。

第三,相对人有理由相信广告构成合同的内容。要求相对人信赖,是为了平衡经营者和相对方的利益。由于广告通常具有夸大的特征,其用语可能被给予不同的解读,如果无论是否有理由均认为构成合同内容,显然对经营者提出了不合理的过高要求。因此,广告相对人的确信是有一定依据的,不能将广告的任何内容都作为合同的内容。

第四,一方是否具有特殊的知识或技能。根据《〈欧洲示范民法典草案〉示范规则》第2—9:102条第1款,在确定对方当事人是否合理地理解陈述时,应考虑其是否具有相关专业知识。因此,如果出卖方对于销售的商品具有特殊的知识,而买受人对此不具有相应的知识或技能,法院可以根据案件的特定情况(如一方是否是专业经销商,一方是消费者)认定广告构成合同内容。例如,出售二手车的经销商对于销售的车比普通的消费者更具有专业知识和技能。这对消费者的保护是有利的。

第五,广告陈述是否可以证实。这里涉及广告表述本身是否针对事实,是否可以加以证实。如果只是一般的意见,如宣称所卖的西瓜保甜,所卖的水果是新鲜的,则不构成合同内容。但是,如果广告宣称销售的水果是今天刚进的货,或者宣称是中国台湾地区产的凤梨,由于表述的是事实,则可以构成合同内容。于此,关键的是广告陈述是事实还是意见。

第六,其他因素。例如,合同订立与陈述的作出时间是否有间隔。尽管在合同订立之前作出的承诺可以构成合同的内容,但无疑在合同订立时作出的陈述更容易构成合同的内容。[1] 值得指出的是,除了可以通

---

[1] J. Cartwright, *Misrepresentation*, *Mistake and Non-Disclosure* (4th Edition), London: Thomson Reuters (Professional) UK Limited, 2017, p.333.

过法律解释来认定某一陈述是否构成合同内容,根据法律的规定合同订立前的某些陈述也可以构成合同的内容,例如,英国2015年的《消费者权利法案》和1979年的《货物销售法案》就广告陈述在消费者合同和非消费者合同中可构成合同内容做了规定。[1]

第四节 虚假陈述合同责任的比较法考察

无论虚假陈述作为合同的条件还是不作为合同的条件,其均可以引发缔约过失责任或违约责任。从比较法的观点考察,对外国法的借鉴既可能是通盘的借鉴,也可能是仅对个别制度进行有选择性地吸收。[2] 在虚假陈述的合同责任上,借鉴其他国家的理论研究、立法和司法实践,有助于检视我国在此问题上的现状,可为我国广告法中虚假陈述的理论研究和立法改进提供一个有价值的视角。

一 英国法上的相关规定

在英国法上,虚假陈述可以引发不同的法律责任:既可以引起普通法下的合同责任,也可以因欺诈或过失而引起侵权责任。此外,虚假陈述还违反了1967年的《虚假陈述法案》。因此,针对虚假陈述的请求权基础包括:(1)欺诈侵权;(2)过失侵权;(3)1967年的《虚假陈述法案》第2.1条;(4)合同性陈述。(1)和(2)属于普通法依据,(3)属于特别法依据,(4)属于合同法依据。[3] 鉴于本章的主题是合同

---

[1] J. Cartwright, *Misrepresentation, Mistake and Non-Disclosure* (4th Edition), London: Thomson Reuters (Professional) UK Limited, 2017, below 335.

[2] [意]罗道尔夫·萨科:《比较法导论》,费安玲、刘家安、贾婉婷译,商务印书馆2014年版,第24—25页。

[3] Treitel & Peel, *The Law of Contract* (14th Edition), London: Sweet & Maxwell, 2015, pp. 420-435.

责任，故主要探讨合同法依据。同时，由于1967年的《虚假陈述法案》第2.1条也涉及合同，于此一并予以讨论。

在英国合同法上，虚假陈述有两个构成要件：一为虚假陈述是重要的（material），二是诱使陈述接受方订立合同。前者为客观的问题，后者则涉及因果关系，即陈述对陈述接受方产生的影响。对于因果关系，判断的标准是，如无不当陈述，陈述接受方将如何作为，而不是如被告知时将如何作为。而且，在因果关系的判断上，只有主要的因素才构成因果关系，次要的因素不构成因果关系。[1] 有学者认为，在认定是否构成合同法上的虚假陈述时，有两个要素是极其重要的：一是诱使要素（inducement），二是实质性要素。对于前者，权利人要证明虚假陈述促使其订立合同。需要指出的是，法院对于诱使的认定标准是很低的，只要是一个诱使要素即可，不必是唯一的或实质的要素。正如杰塞尔（Jessel）法官在 Matthias v. Yetts 案中所说的："如果一个人向他作出了一个重要的虚假陈述，其性质是促使他订立合同，则可以推定他因该陈述而订立合同，你无须积极地对此予以证明。"对于后者，则有两种不同的理解，一种认为重要的只是诱使发生的证据，另一种观点则认为是独立于诱使要素的要件。[2] 对于这两种观点，笔者认为后者更为合理。

英国对于虚假陈述的法律救济作了较为细致的规定。首先，区分作为合同条款的虚假陈述和不作为合同条款的虚假陈述，并对两者赋予不同的救济手段。如果某一项虚假陈述不构成合同条款，权利人可以主张撤销合同，请求赔偿损失。如果构成合同条款，则一方可以予以确认，请求特定履行，也可以基于违约而主张撤销合同。这里应当区分两种不同的撤销。如果虚假陈述不是合同的条款，则构成"基于虚假陈述的撤

---

[1] Janet O'Sullivan and Jonathan Hillard, *The Law of Contract* (7th Edition), New York: Oxford University Press, 2014, p. 231.

[2] Mindy Chen-Wishart, *Contract Law* (5th Edition), New York: Oxford University Press, 2015, pp. 222-223.

销"，相当于撤销整个合同，将当事人的地位回复到订立合同之前。而如果虚假陈述构成合同的条款，则构成"基于违约的撤销"，同样会导致当事人的地位回复到订立合同前。但是，这两者是有重大不同的。基于虚假陈述的撤销导致合同不曾存在的法律后果，权利人无权要求违约赔偿，而基于违约的撤销的权利人可以主张损害赔偿。[1] 其次，在虚假陈述构成合同条款时，又需进一步区分是条件还是保证。对于合同条件，可以请求解除，而对于保证通常只是请求赔偿。[2] 最后，1967年的《虚假陈述法案》对虚假陈述的法律责任也作了规定。根据该法案第2.1条，如果一方在收到另一方向其作出的虚假陈述之后订立合同并因此遭受损失，即使不存在欺诈，他也有权撤销合同。第2.2条赋予法院宣告合同成立的权力，并以判给损失赔偿金的方式代替撤销。但不清楚的是，在权利人撤销合同时，他能否主张违约赔偿。换而言之，在违反并入合同的虚假陈述的情形，陈述接受方是否还有基于违约终止合同的权利，英国学者认为这一点不甚明确。[3]

二 德国法上的相关规定

德国法区分虚假陈述人是故意还是过失而适用不同的法律规定。对于故意行为，则适用《德国民法典》关于欺诈的规定。对于过失行为，则适用缔约过失理论及《德国民法典》的相关规定。在德国法理论上，欺诈是指通过夸耀虚假事实或隐瞒真实事实，故意引起或维持某种错

---

[1] Treitel & Peel, *The Law of Contract* (14th Edition), London: Sweet & Maxwell, 2015, pp. 450-451.

[2] Stephen A. Smith, *Atiyah's Introduction to the Law of Contract* (6th Edition), New York: Oxford University Press, 2006, p. 480.

[3] Treitel & Peel, *The Law of Contract* (14th Edition), London: Sweet & Maxwell, 2015, pp. 457-458.

误，以达到影响被欺诈人决策的目的。① 在现代社会中，由于产品通常是由生产者进行生产和销售商进行销售的，这样会产生三个问题：一是广告性陈述是否具有法律约束力，二是广告主是否应就广告性陈述承担合同责任，三是销售者能否因为传递广告主的广告信息而承担责任。对于第一点，德国有学者认为，应当区分不同类型的出卖人，如果出卖人只是商品从生产者转向消费者环节中的一个商人，广告性陈述不具有约束力，而在出卖人对生产者的产品进行制作或安装的场合，则需要承担担保的义务。② 针对第二点，尽管生产者和消费者有法律行为上的接触，但很难因为广告而认定在双方之间设定了告知合同。也就是说，很难认定生产者和消费者之间存在合同关系，也很难通过生产者和出卖人的合同推定出保护消费者的理论。③ 而对于销售者，除非具有例外的情形，消费者可以基于《德国产品质量法》第4条第1款和第2款，要求其对生产者的广告性陈述承担责任。④

《德国民法典》第123条第1款规定，因受恶意欺诈而为意思表示的，一方当事人可以撤销其意思表示。换而言之，如果合同一方当事人基于另一方的恶意欺诈而作出订立合同的意思表示，其可以撤销订立合同的意思表示。第123条第2款规定，因第三人欺诈而向相对人所为的意思表示，以相对人明知其欺诈或应知者为限，可以撤销其意思表示。由于德国法是将欺诈作为当事人作出表示的手段，导致其第119条和第123条的情形难以区分，尤其第119条第2款和第123条的适用问题。

---

① ［德］卡尔·拉伦茨：《德国民法通论》（下册），王晓晔等译，法律出版社2003年版，第542页。
② ［德］迪特尔·梅迪库斯：《德国债法分论》，杜景林、卢谌译，法律出版社2007年版，第48—51页。
③ ［德］迪特尔·梅迪库斯：《德国债法分论》，杜景林、卢谌译，法律出版社2007年版，第78—79页。
④ ［德］迪特尔·梅迪库斯：《德国债法分论》，杜景林、卢谌译，法律出版社2007年版，第40页。

第 119 条是因错误而撤销的规定，该条第 1 款规定，"意思表示之内容有错误，或不欲为该内容之表示，如表意人知其情形，且依合理之判断，即可认为其不欲为该表示者，得撤销之"。第 2 款规定，"关于人或物之性质，交易上认为重要者，其错误视为意思表示内容之错误"。有学者认为，只有在不属于第 119 条第 2 款的情形，才可以适用第 123 条第 2 款，才需要证明欺诈情事。[1] 笔者认为，如果按照此种观点，则欺诈的存在空间将十分有限。实际上，在构成欺诈的情形，往往涉及交易上重要的内容，似乎没有理由将其排除在外。根据第 123 条第 2 款，如果因第三人的欺诈而向相对人为意思表示，则只有在相对人明知或应知欺诈者，受欺诈者才可以撤销。需要指出的是，这里的第三人应作狭义解释，不包括订约人的代理人和辅助人。[2] 从法律效果来看，对因欺诈而为意思的撤销自始无效。在德国法上，除撤销意思表示外，受欺诈人还可以要求欺诈人承担损害赔偿责任。

如果虚假陈述的作出人具有过失，则适用由德国法学家耶林创立的缔约过失理论。缔约过失理论认为，当事人在进入缔约阶段时，就产生了一种特别的义务，违反这种特别的义务，就应当承担损害赔偿责任。正如拉伦茨教授所言，"缔约上过失责任，与其说建立在民法现行规定之上，毋宁认为系判例学说为促进法律进步，所创造之制度，经长久反复之适用，已为一般法律意识之适用，具有习惯法的效力"[3]。在德国法上，经过司法判例的发展，缔约过失理论的适用不限于合同未成立或无效的情形，而扩大到违反说明义务、中断缔约以及违反保护义务而对

---

[1] 沈达明、梁仁洁：《德意志法上的法律行为》，对外贸易教育出版社 1992 年版，第 144—145 页。

[2] [德] 迪特尔·梅迪库斯：《德国民法总论》，邵建东译，法律出版社 2000 年版，第 604 页。

[3] Larenz, Schudrecht, I, S. 92, 转引自王泽鉴《民法学说与判例研究》（第 1 册），中国政法大学出版社 1998 年版，第 92 页。

身体、健康构成损害等类型。① 缔约过失理论不仅适用于身体损害，也适用于财产损害，例如一方当事人信赖另一方不正确的陈述而订立合同。② 根据德国民法通说，在缔约阶段违反义务的一方，应当向合同相对方承担解除合同以及赔偿已给付的责任。在司法判决中也认为合同相对方可以要求降低价金。③

除《德国民法典》之外，尚需注意的是德国特别法的规定。根据德国《反不正当竞争法》第13a条第1款第1句，如果商品或服务的购买人因为不真实和误解的广告内容而订立合同，其有权解除合同。在现代社会中，由于广告通常是由作为制造商的广告主发出的，因此存在一个问题：销售者为什么要承担责任？有人认为销售者是制造商的履行辅助人，但这难以自圆其说。德国《反不正当竞争法》第13a条第1款第2句做了规定，即在零售商明知或应知他人广告具有引人误解的不真实性，或者通过某种措施使它成为自己的广告，购买人有权解除合同。可以看出，销售商之所以承担责任，是因为他对于广告的传播具有过错。然而，对于此条款，有学者认为似乎还没有发挥重要的作用。④

三 法国法上的相关规定

在法国法上，欺诈是指使用狡猾的手段以使他人发生认识错误从而决定订立合同。《法国民法典》第1116条对欺诈作了规定，如果一方当事人的欺诈行为导致他方当事人缔约，则该欺诈将导致契约无效。由于

---

① 王泽鉴：《债法原理》（第二版），北京大学出版社2013年版，第234—235页。
② ［德］迪特尔·梅迪库斯：《德国债法总论》，杜景林、卢谌译，法律出版社2004年版，第96页以下。
③ ［德］迪特尔·梅迪库斯：《德国民法总论》，邵建东译，法律出版社2000年版，第343页。
④ ［德］迪特尔·梅迪库斯：《德国民法总论》，邵建东译，法律出版社2000年版，第610页。

欺诈也会导致认识错误，欺诈和误解之间可能存在重合。然而，由于《法国民法典》第1110条对于误解做了规定，应当认为关于误解的规定不应适用于同一事实。而且，在举证责任上，欺诈比误解要容易举证。①

要构成欺诈，需要具备欺诈的构成要件：首先，存在欺诈的行为。在法国法理论上，欺诈行为包括物质因素、精神因素和不公正性。② 就物质因素而言，要求当事人具有着手实现欺诈的计划。尽管传统上认为沉默不构成欺诈，但在法院判例中沉默欺诈成为普遍的欺诈类型。精神因素指欺诈人具有欺诈的故意。不公正性则要求欺诈具有一定的严重性，违反了商业的习惯，但也要考虑欺诈的特点，如果其是赤裸裸的，被欺诈人不应被允许解除合同。其次，欺诈行为是由一方当事人所实施。由于合同具有相对性，法国法认为，只有欺诈是由当事人一方实施的，才可以导致合同无效。如果欺诈是由第三方实施的，则不构成欺诈。但是，严格要求欺诈行为是一方当事人实施的会导致不公正，因此在解释上认为，《法国民法典》第1116条不适用于单方法律行为，但适用于单务合同，而且，在一方当事人与第三人恶意串通时，第三人欺诈应导致合同无效。③ 再次，欺诈行为对合同的订立起决定性作用。传统理论上严格要求欺诈必须具有决定性作用，如果欺诈不起决定性作用，并不导致合同无效。但在现代法上，有学者认为区分"主要性欺诈"和"次要性欺诈"是毫无必要的。④ 在法律后果上，根据《法国民法典》第1117条，受欺诈订立的合同无效。被欺诈人可以要求确认合同无效，也可以不确认合同无效而请求欺诈人赔偿损失。⑤

---

① 尹田编：《法国现代合同法》，法律出版社1995年版，第88页。
② 尹田编：《法国现代合同法》，法律出版社1995年版，第86—88页。
③ 尹田编：《法国现代合同法》，法律出版社1995年版，第89页。
④ 尹田编：《法国现代合同法》，法律出版社1995年版，第90页。
⑤ 尹田编：《法国现代合同法》，法律出版社1995年版，第90页。

需要指出的是，除了《法国民法典》的规定，《法国消费法典》为了保护消费者的权益对于发布不真实广告也作出了规定。这种保护从两方面予以展开，一是从保护消费者不受误导的角度扩大违法广告行为的定义，例如包括足以产生误导的广告，在此不要求行为人有恶意，不要求不准确的广告对消费者产生实际的误导。① 二是强化在订立合同之前提供信息的义务，职业人员违反这一义务会导致"合意瑕疵"的推定，消费者可以获准撤销合同或获得损害赔偿。② 然而，如学者所指出的，对消费者的保护很难与债的一般理论协调一致，产生了某种不连贯性。③

四 日本法上的相关规定

《日本民法典》第 96 条对欺诈和胁迫做了规定。根据《日本民法典》第 96 条，因欺诈或胁迫作出的意思表示可以撤销，如果某个意思表示是由于第三人的欺诈行为造成的，则在相对人知悉时可以撤销。在欺诈造成意思表示撤销的情形，不能对抗善意第三人。④ 在日本民法理论上，欺诈是指欺骗表意人，使其陷入错误状态从而作出意思表示的行为。要构成欺诈行为，须有四个要件：首先，需要欺诈人（1）故意地、实施了（2）违法的欺骗行为。就欺诈的故意而言，需要有引发错误的故意和使其因错误而作出意思表示的故意。就违法的欺骗行为，包括欺骗行为和违法性两个因素。其次，由于以上的欺诈行为，（3）表

---

① ［法］伊夫·居荣：《法国商法》（第 1 卷），罗结珍、赵海峰译，法律出版社 2004 年版，第 990—992 页。
② ［法］伊夫·居荣：《法国商法》（第 1 卷），罗结珍、赵海峰译，法律出版社 2004 年版，第 994 页。
③ ［法］伊夫·居荣：《法国商法》（第 1 卷），罗结珍、赵海峰译，法律出版社 2004 年版，第 997 页。
④ 《日本民法典》，王书江译，中国人民公安大学出版社 1999 年版，第 20 页。表

意人陷入错误状态，并（4）因错误而作出违反其真意的意思表示。①

在日本法上，如果构成民法上的欺诈，则表意人可以作出撤销的意思表示，一旦作出撤销的意思表示，则该意思表示视为自始无效。此外，默示欺诈因为欠缺故意的要素，不构成民法上的欺诈。② 需要指出的是，除了民法典，日本的《消费者契约法》对于在缔约过程中的不当劝诱做了特别的规定。第 4 条规定，如果受到劝诱，因经营者的一定行为而产生误认，并因此作出要约或承诺的意思表示，消费者可以撤销该契约。基于误认撤销契约，需要满足以下条件：③ 第一，发生在劝诱时；第二，经营者存在导致误认的行为，引发了对事实误认的行为；第三，事实上劝诱人的行为导致了消费者的误认；第四，消费者向经营者作出了基于误认的意思表示。对于针对不特定多数人的宣称是否构成劝诱，理论上有不构成劝诱和构成劝诱两种对立的观点。④ 在理论上，能够撤销的误认行为仅限于引发对事实误认的行为，具体包括不实告知和不利益事实的不告知。不实告知是指，就"重要事项告知与事实不符的内容"；不利益事实的不告知是指，就重要事项不告诉消费者不利的事实。这里的重要事项，包括契约客体的内容和获取契约客体的交易条件。⑤ 此外，在日本法上，类似于英国法上对于未来事项的陈述，断定性判断的提供也是引发判断误认的行为，尽管理论上对于将来的、变动

---

① ［日］山本敬三：《民法讲义 I 总则》（第三版），解亘译，北京大学出版社 2004 年版，第 181—182 页。
② ［日］山本敬三：《民法讲义 I 总则》（第三版），解亘译，北京大学出版社 2004 年版，第 185 页。
③ ［日］山本敬三：《民法讲义 I 总则》（第三版），解亘译，北京大学出版社 2004 年版，第 228—229 页。
④ ［日］山本敬三：《民法讲义 I 总则》（第三版），解亘译，北京大学出版社 2004 年版，第 228 页。
⑤ ［日］山本敬三：《民法讲义 I 总则》（第三版），解亘译，北京大学出版社 2004 年版，第 229—231 页。

不确定事项是否限定，而有限定说和扩张说的争论。①

基于以上分析，可以得出三点结论：第一，在对虚假陈述的规范上，各国不仅有一般法的保护，还有特别法的保护。在加强消费者权益保护的趋势下，给予消费者更多的倾斜保护。第二，在具体的保护方式上，各国均有自己的特点。如德国更多是通过特别法进行保护，并对民法上的责任进行了部分的修正。英国则是通过1967年的《虚假陈述法案》对普通法进行了修正。日本和法国则通过民法典和《消费法典》《消费者契约法》共同予以规范。第三，对于虚假陈述的合同责任，英国、德国和法国都提供了多种的救济方式，除了撤销合同，还允许权利人请求损害赔偿。但由于请求权性质的特殊性，通常认为，在合同撤销的情况下，不再允许主张违约责任。

第五节　中国法上虚假陈述的合同责任

在出现广告虚假陈述时，广告主应否承担合同责任？如果答案是肯定的，其应承担何种责任，构成要件为何，责任性质是什么。如果广告虚假陈述含有免责条款，其是否具法律效力。在合同法上，虚假陈述是否有免责事由。本节拟就这些问题展开探讨。

一　构成要件

在民法理论上，我国学者对于虚假陈述的研究主要是围绕民法上的欺诈展开的。在欺诈的构成要件上，主流的观点是认为有四个构成要件：一是存在欺诈的故意；二是有欺诈行为；三是被欺诈人因受欺诈而

---

① ［日］山本敬三：《民法讲义Ⅰ总则》（第三版），解亘译，北京大学出版社2004年版，第232—233页。

陷于错误判断；四是被欺诈人基于判断错误而为意思表示。① 也有学者认为，除了前述要件，还需要考虑是否违反法律、违反诚实信用原则；② 或认为违反交易上的诚信原则或在社会生活中达到不能容许的程度。③ 李永军教授从虚假陈述的角度论述了欺诈的构成要件，认为包括：一是欺诈的事实；二是欺诈的手段超出法律、道德或交易习惯所能允许的限度；三是欺诈必须成立于订约前；四是欺诈必须使对方当事人产生合理的信赖；五是欺诈人具有主观故意。④

可以看出，我国民法理论上对于欺诈构成要件的归纳，基本上是基于《民法通则》解释意见的规定。应当说，这一规定有其合理性，特别是在民法的框架下。在实践中，对于欺诈的构成要件是否严格遵循民法的规定，理论界与实务界有不同的意见。例如，在价格欺诈的情形，出卖人是不是故意一般是不予以考虑的。基于消费者保护的视角，在因果关系的认定上是否不同于民法理论，也有探讨的空间。有学者认为，在欺诈行为的认定上，如果没有特别约定，应依一般法及相关司法解释的规定。⑤ 从解释论的角度，这一观点有其合理性。但是，由于立法和相关司法解释并不周延，探讨此问题是有意义的。而且，广告中的虚假陈述有其自身的特点，如果不考虑其特征，也难以为实践提供明确的指导。

需要指出的是，虚假陈述除了构成欺诈，也可以导致缔约过失责任。一个虚假误导广告，可以构成合同法上的缔约过失责任。⑥ 我国

---

① 梁慧星：《民法总论》，法律出版社 2017 年第 5 版，第 185 页。王利明、崔建远：《合同法新论总则》，中国政法大学出版社 1996 年版，第 250—254 页。
② 崔建远：《合同法》，法律出版社 1998 年版，第 84 页。
③ 韩世远：《合同法总论》（第四版），法律出版社 2018 年版，第 257 页。
④ 李永军：《合同法》（第三版），法律出版社 2010 年版，第 299—307 页。
⑤ 韩世远：《合同法总论》（第四版），法律出版社 2018 年版，第 256 页。
⑥ 隋彭生：《论要约邀请的效力及容纳规则》，《政法论坛（中国政法大学学报）》2004 年第 1 期。

《合同法》第 42 条规定，"当事人在订立合同过程中有下列情形之一，给对方造成损失的，应当承担损害赔偿责任：（一）假借订立合同，恶意进行磋商；（二）故意隐瞒与订立合同有关的重要事实或者提供虚假情况；（三）有其他违背诚实信用原则的行为"。问题是，如何对《合同法》第 42 条进行解释。一种观点认为，《合同法》第 42 条第 1 项、第 2 项确立了故意责任，在解释上，第 3 项也应当解释为故意责任。[①] 另一种观点则认为，《合同法》第 42 条中的"恶意"或"故意"并非归责意义上与"过失"相对的"故意"，参照《国际商事合同通则》第 2.15 条，应当将"恶意"或"故意"解释为当事人对于不当行为的认知要求或对客观诚信的违背，而第 3 项则作为缔约过失责任的一般性条款。[②] 笔者认为，第二种观点更妥当，因为缔约过失责任是因违反诚信原则而导致的责任，在责任构成要素上不以故意为必要，将第 42 条解释限于故意将导致其适用范围过窄，而且无法兼顾体系上的协调。

从广告法的角度来看，广告中的虚假陈述的构成要件有：第一，存在虚假陈述。在此点上，应当强调虚假陈述是对于事实的陈述，也就是说，只有在对事实作出虚假陈述时，才有可能引发民事责任。对于一般的见解或意见，原则上不引发民事责任，只有在该见解或意见可能引起某种误导时，才有引发民事责任的可能性。第二，虚假陈述具有重要性，促使一方当事人订立合同。重要性要素在广告法中十分重要，因为只有重要的陈述才可能影响一方订立合同。对于细微的要素，通常认为不影响合同的订立。例如，广告主关于举行店庆促销的周年描述不会对

[①] 参见张家勇《合同法与侵权法中间领域调整模式研究——以制度互动的实证分析为中心》，北京大学出版社 2016 年版，第 132 页。

[②] 张家勇：《合同法与侵权法中间领域调整模式研究——以制度互动的实证分析为中心》，北京大学出版社 2016 年版，第 126 页以下。朱广新：《合同法总则研究》（下册），中国人民大学出版社 2018 年版，第 210 页以下。

消费者是否订立合同构成影响,因为后者更关心的是具体的优惠折扣。由于广告的传播具有渗透性,如果对此不作限定,任何广告性陈述都要承担责任,则无疑过于严厉。是否需要对陈述人的主观状态做要求?笔者认为,无此必要。一方面,在广告主发布广告的情形,其有提供证明的义务,而在销售者的场合,按照法律规定,明知或应知即可构成。另一方面,如果陈述接受方不知悉或不信赖所作的虚假陈述,则不应认为虚假陈述与订立合同两者之间具有因果关系。通过这样的解释,可以在广告主、销售者和消费者之间达成利益平衡。

二 责任性质

在构成虚假陈述时,陈述人应当承担何种责任,是违约责任还是缔约过失责任?我国《合同法》第52条第1项规定,当事人一方以欺诈、胁迫手段订立合同,损害国家利益的,合同无效。第54条第2款规定,一方以欺诈手段使对方在违背真实意思的情况下订立的合同,受损方有权请求人民法院或仲裁机构变更或撤销。可见,我国《合同法》区分合同是损害国家利益还是当事人利益,而在法律效果上对两者做不同的处理,这种做法被认为是不合理的。[①]《民法典》删除了以胁迫、欺诈手段损害国家利益的合同无效的规定。《民法典》第148条对欺诈作了规定,如果一方以欺诈手段,使对方在违背真实意思的情况下实施民事法律行为,则受欺诈方可以请求人民法院或者仲裁机构予以撤销。《民法典》第149条还对第三人欺诈进行了规定。根据该条,第三人实施的欺诈行为,致使一方违背真实意思作出民事行为,对方知道或应当知道该欺诈行为的,受欺诈人有权请求人民法院或仲裁机构予以撤销。可见,对于欺诈行为,如果是由合同一方当事人作出的,则合同另一方当

---

① 崔建远:《合同法》(第五版),法律出版社2010年版,第111页。

事人有撤销的权利。如果欺诈是由第三方作出的,则只有在合同另一方知道或应知是欺诈时,受欺诈方才享有撤销权。撤销行为属于形成权,一经当事人撤销,合同自始无效。① 根据《合同法》第 42 条,欺诈人应当就欺诈行为向受欺诈人承担损害赔偿责任。该赔偿以受损失方的损失为限,包括直接利益的减少和丧失合同订立机会的损失。②《合同法》第 58 条也规定合同被撤销后发生返还财产的结果,有过错的一方应赔偿对方所受的损失。

从我国法律的现有规定来看,因欺诈而订立合同所导致的法律后果是合同撤销。从性质上看,欺诈人承担的属于缔约过失责任。由于《民法典》第 473 条将广告视为要约邀请,除"商品房买卖合同司法解释"第 3 条的规定外,广告性陈述无法构成合同的内容。如果广告性陈述构成合同的内容,则当事人可以根据《民法典》第 584 条主张违约责任,要求欺诈方支付履行合同所获得的利益。值得探讨的是,在广告性陈述构成合同内容的情形,因欺诈而导致的违约责任能否与瑕疵担保责任并存?对此,有两种不同的观点:一种是主张排他的观点,认为应当优先适用瑕疵担保的责任;另一种是主张竞合的观点,认为允许受欺诈方选择撤销合同或主张瑕疵担保责任。③ 笔者认为,在广告性陈述构成合同内容时,应当允许受欺诈方进行选择。如果撤销合同对其更加有利,其可以撤销合同;如果主张瑕疵担保责任对受欺诈人更有利,也应当准许。但是,如果广告性陈述不构成合同内容,受欺诈人可以要求欺诈人承担缔约过失责任,但他不可以主张违约责任或瑕疵担保责任,因为后者属于违约责任,以广告性陈述构成合同内容为前提。

---

① 《民法典》第 155 条。
② 胡康生主编:《中华人民共和国合同法释义》(第 3 版),法律出版社 2013 年版,第 82 页。
③ 冉克平:《意思表示瑕疵:学说与规范》,法律出版社 2018 年版,第 314—315 页。

三 免责条款的效力

值得探讨的是，有关广告虚假陈述的免责条款的法律效力。免责条款既包括由格式条款构成的免责条款，也包括由格式条款之外的其他条款构成的免责条款。我国《合同法》从形式上和内容上对格式条款进行了规制。《合同法》第 39 条第 1 款要求，提供格式条款的一方遵循公平原则确定当事人之间的权利和义务，采取合理的方式提请对方注意免除或者限制其责任的条款，并按照对方的要求对该条款予以说明。《合同法》第 40 条规定，如果提供格式条款一方免除其责任、加重对方责任、排除对方主要权利，则该条款无效。《民法典》对于格式条款做了更为完善的规定：一方面，第 496 条规定提供格式条款一方未对格式条款履行提示或说明义务的，致使对方没有注意或理解与其有重大关系的条款的，对方可以主张该条款不纳入合同内容；另一方面，第 497 条将格式条款提供方不合理地减轻其责任也纳入无效的范围。根据《民法典》第 506 条，如果造成对方人身伤害的或因故意或者重大过失导致对方遭受财产损失的，免责条款无效。因此，我国《民法典》对于免责条款进行区分处理：一是不纳入合同内容，一是无效。那么，是否所有的免责条款都无效？有一种观点认为，如果格式合同事先提示对方，并经对方同意，如果属于商业合同，应承认其效力，如果是消费者合同，则免责条款无效。[①] 也有观点认为，如果免责条款为企业合理化经营所需，或免除的是过失责任或者轻微违约的责任，则免责条款有效。[②] 不过，该学者后来指出，不可认为一方因疏忽导致的民事责任一律得以免

[①] 李永军：《合同法》（第三版），法律出版社 2010 年版，第 255 页。
[②] 崔建远：《合同法总论》（第二版上卷），中国人民大学出版社 2011 年版，第 340 页。

除，有些因疏忽而导致的责任仍不可免除。①

在广告法上，是否应当遵循同样的解释？笔者认为，在判断虚假陈述是否有效时，首先需要考虑广告自身的特征。应当看到，广告性陈述具有不同于一般性陈述的特征：其一，与合同性陈述通常限定于合同当事人相比，广告性陈述的受众范围更为庞大；其二，不是所有的广告性陈述都构成合同内容，如果广告性陈述明确其自身只是要约邀请，不构成合同内容，不存在其是否有效的问题；其三，广告法对于广告性陈述有特别的规定，例如，广告主需要证明其广告声称的真实性，广告引证的内容应当真实、准确，并注明出处，等等。为了符合《广告法》的要求，广告主不得不对某个陈述作出限定或进一步的说明。例如，广告中"本广告纯粹为创意，不得被依赖""图片仅供示意，请以实物为准"，等等。不过，一概否认其效力是不明智的，也是不现实的。

笔者认为，对于虚假陈述的免责声明，应当区别对待：

第一，从免责条款约定的内容来判断。在内容上，免责条款可以包括合同责任和侵权责任。原则上，无论是对于合同责任还是侵权责任，免责条款约定的内容应限于一般过失，而不包括故意或重大过失。② 值得探讨的是，如果合同当事人约定在合同中不作出任何陈述或合同一方不得信赖任何陈述，这些约定是否具有法律效力？在比较法上，如果合同当事人具有同等谈判能力，则该等约定有效。③ 在我国，基于合同法原理，应做类似的解释。

第二，从合同主体上进行区分。如果合同一方属于消费者，则应适用《消费者权益保护法》第 24 条规定，免责条款原则上无效。例如，

---

① 崔建远：《合同解释论：规范、学说与案例的交互思考》，中国人民大学出版社 2020 年版，第 281—282 页。
② 崔建远：《免责条款论》，《中国法学》1991 年第 6 期。
③ Bruce MacDougall, *Misrepresentation*, Toronto, Ontario: LexisNexis Canada Inc., 2016, pp. 37-38.

在孙某某与北京世纪卓越信息技术有限公司买卖合同纠纷案中（见本章第三节），对于被告世纪卓越公司"使用条件"约定的主张，北京朝阳区人民法院认为该约定排除了其商品陈列系要约和消费者基于要约进行承诺的权利，赋予世纪卓越公司单方决定是否发货的权利和免除其不发货的违约责任，亚马逊网站应做合理、充分的提示，在未尽到上述义务时不对消费者发生效力。同时，应根据具体情况承认个别免责条款的效力，例如消费者作为具有专业知识的人士，应受相关投资业务免责条款的约束。如果合同双方均为商业主体，除违反法律规定的情形外，该等约定原则上应有效。

四 免责事由

对于广告性虚假陈述，在合同法上是否应有免责事由？在合同法上，免责事由包括约定的免责事由和法定的免责事由。由于约定事由涉及免责条款，对此上文已有探讨，这里主要讨论法定的免责事由。从各国的规定来看，合同法上的法定免责事由包括不可抗力、意外事件、情势变更和债权人的过错。[1] 就虚假陈述而言，一般不涉及不可抗力、意外事件和情势变更，但债权人的过错可以作为免责事由。例如，根据我国《民法典》第541条，"撤销权自债权人知道或者应当知道撤销事由之日起一年内行使。自债务人的行为发生之日起五年内没有行使撤销权的，该撤销权消灭"。如果受欺诈方在知道或应当知道欺诈事由之日起没有在一年内行使撤销权，则欺诈方可以此作为免责事由。在虚假陈述构成合同内容的情形，如果受欺诈方确认合同效力，主张违约责任，则不得撤销合同。根据我国的司法实践，并结合英国的司法实践，笔者认为，虚假陈述的抗辩事由还包括：（1）受欺诈方不知道欺诈的存在；

---

[1] 李永军：《合同法》（第三版），法律出版社2010年版，第584页。

（2）该陈述未对受欺诈方订立合同产生影响；（3）受欺诈方不知道陈述是虚假的。[1] 这三个免责事由可以证明受欺诈人订立合同与欺诈行为之间不存在因果关系。可见，这些免责事由是从因果关系的角度进行的归纳。

第六节　责任竞合问题

本章探讨广告主对于虚假陈述的合同责任，下一章将讨论广告主对于虚假陈述的侵权责任。广告在以下情形可以引发合同责任：（1）广告主明确将其作为合同条款而构成合同内容，而广告主未履行其合同承诺；（2）广告主提供的信息虚假或不准确而导致合同未成立，致使受害人遭受损失。在广告主故意提供不准确信息构成欺诈时，还会产生侵权责任。因此会发生合同法和侵权法的重合，有学者将此称为合同法和侵权法的中间领域。[2] 本节的目的就是要探讨，在广告主发布广告信息而导致受害人遭受损害，发生责任竞合时，应当采用何种救济方式来保护受害人。

一　加拿大法上的相关规定

与英国法相似，在加拿大法上，虚假陈述可以构成合同责任，也可以构成侵权责任。有学者认为，从救济的方式来看，包括合同上的违约责任、恢复原状以及侵权责任。[3] 恢复原状不同于合同违约责任，因为

---

[1] Michael Furmston, *Cheshire, Fifoot & Furmston's Law of Contract* (17th Edition), New York: Oxford University Press, p. 351.
[2] 张家勇：《合同法与侵权法中间领域调整模式研究——以制度互动的实证分析为中心》，北京大学出版社2016年版，第1页。
[3] Bruce MacDougall, *Misrepresentation*, Toronto, Ontario: LexisNexis Canada Inc., 2016, p. 3.

被告是否有过错不影响该责任的构成。而要认定构成何种责任，需要判断虚假陈述是否仅仅是陈述、是否构成合同内容或构成侵权事由。在早期，法院判定的标准是当事人的意图，但后来更关注虚假陈述是否对于当事人订立合同有重要影响。

在加拿大法上，虚假陈述是否可以同时构成合同责任和侵权责任？早期的判例认为，对于一项虚假陈述，除非构成欺诈性虚假陈述，否则原告不能主张侵权责任。因此，问题转化为对于过失性虚假陈述是否可以提起侵权诉讼。[1] 直到1986年的Central Trust Co. v. Rafuse案，法院才接受侵权责任与合同责任并存。在该案中，Le Dain法官提出了合同责任和侵权责任并存的五点结论，其中重要的两点是：作为侵权责任基础的合理注意义务并不取决于合同明示条款设定的义务，若侵权责任并存将产生原告绕过或规避合同责任的排除或限制的效果，而该作为或不作为构成侵权，则不准许侵权责任的并存。[2] 在后续的案件中，加拿大最高法院认为，因虚假陈述导致合同订立所发生的合同损害，并不意味着虚假陈述的接受方不能基于欺诈或过失性虚假陈述提起侵权赔偿。在Queen v. Cognos Inc.案中，Iacobucci法官确认了在合同订立前的过失性虚假陈述可以构成合同责任和侵权责任，但他同时指出，根据实际的情况，随后订立的合同在决定过失性虚假陈述是否成立以及多大程度上成立方面扮演非常重要的作用，例如合同可以排除侵权责任或对其作出限制。[3] 但也有判例认为，随后订立的合同不对原告的侵权诉求产生影响。[4]

---

[1] Bruce MacDougall, *Misrepresentation*, Toronto, Ontario: LexisNexis Canada Inc., 2016, p. 29.

[2] Bruce MacDougall, *Misrepresentation*, Toronto, Ontario: LexisNexis Canada Inc., 2016, p. 30.

[3] Bruce MacDougall, *Misrepresentation*, Toronto, Ontario: LexisNexis Canada Inc., 2016, p. 31.

[4] Bruce MacDougall, *Misrepresentation*, Toronto, Ontario: LexisNexis Canada Inc., 2016, p. 31.

在加拿大法下，有可能出现三种引起合同法和侵权法重合的情况：[1] 第一种情形是合同约定的义务比侵权法的要求更严格，在此种情况下当事人很难要求承担侵权责任，因为合同设定了更高的义务。但是，当事人提起侵权诉讼的权利并未消失，这在当事人因合同上的诉讼时效而不得提起权利主张时很重要。第二种情形是合同约定的条件低于侵权法在类似情形设定的义务，此种情况主要体现在当事人通过合同约定排除侵权责任，但约定必须是明确的。第三种情形是某一行为同时符合合同责任和侵权责任的构成要件，此时原告可以要求承担合同责任或侵权责任，从而出现合同责任和侵权责任的竞合。在 BG Checo 案中，Iacobucci 法官指出，最为重要的问题是合同责任能否与普通法上的侵权责任并存，如果原告在缔约前依赖的虚假陈述成为合同明示的条件，除非有因交易引起的其他压倒性考虑，原告就过失性虚假陈述只能提起合同之诉。[2] 可见，在加拿大法上，除了欺诈构成侵权责任外，司法实践通常是通过合同法来处理合同法和侵权法的竞合问题的。

二 德国法上的相关规定

如前所述，德国法区分虚假陈述的作出人是故意还是过失而提供不同的法律救济。如果虚假陈述是基于故意作出的，则受害人可以依据《德国民法典》第 123 条关于欺诈的规定来主张权利。如果虚假陈述是基于过失而作出的，则适用由缔约过失理论。在适用范围上，缔约过失理论不仅适用于合同未成立的情形，也适用于合同未生效的情形。以下基于这两种不同的情形，探讨合同法和侵权法上的竞合

---

[1] Bruce MacDougall, *Misrepresentation*, Toronto, Ontario: LexisNexis Canada Inc., 2016, pp. 32-33.

[2] Bruce MacDougall, *Misrepresentation*, Toronto, Ontario: LexisNexis Canada Inc., 2016, p. 33.

问题。

在合同不成立的情形，由于一方的过错导致另一方的身体遭受损害，此时受害方既可以主张缔约过失责任，也可以依据侵权法主张权利。《德国民法典》第 823 条第 1 款规定，因故意或过失侵害他人生命、身体、健康、自由、所有权或其他权利的人，有义务向他人赔偿因此而遭受的损失。在这种情形下可能会发生合同法请求权和侵权法请求权的竞合。但德国学者认为，由于侵权行为存在没有过失而免责和时效免责，受害人要求主张侵权行为的请求权可能性不大。① 如果由于一方的过错导致另一方的财产遭受损失，而致害行为违反第 823 条第 2 款或第 826 条时，也可能发生合同法请求权和侵权法请求权的竞合。在合同中断而导致合同不成立时，致害人应承担缔约过失责任。②

在合同生效的情形，合同一方所做的虚假陈述构成合同的内容。如果该方违反了合同的约定，则应承担违约责任。例如，出卖人恶意夸耀商品具有实际上不具有的优良品质导致买受人订立合同，此时，缔约过失的损失赔偿权是否与主张出卖人承担物的瑕疵担保责任的权利并存？由于该虚假陈述已经构成合同的内容，买受人有权根据《德国民法典》第 434 条第 2 句主张出卖人承担物的瑕疵责任。在此情况下，不存在缔约过失赔偿请求权。③ 需要指出的是，在因欺诈而撤销合同时，不排除其他的救济手段，买受人就买受物向出卖人主张瑕疵担保责任不受影响，但买受人只能选择一种权利行使。如果买受人主张履行利益，则不得撤销买卖合同，因为前者来自买卖合同。④

---

① ［德］迪特尔·梅迪库斯：《德国债法总论》，杜景林、卢谌译，法律出版社 2004 年版，第 96 页以下。
② ［德］迪特尔·梅迪库斯：《德国债法总论》，杜景林、卢谌译，法律出版社 2004 年版，第 96 页以下。
③ ［德］迪特尔·梅迪库斯：《德国债法总论》，杜景林、卢谌译，法律出版社 2004 年版，第 103 页。
④ ［德］卡尔·拉伦茨：《德国民法通论》（下册），王晓晔等译，法律出版社 2003 年版，第 552 页。

值得探讨的是，在过失欺诈的情形，欺诈人应承担何种合同责任？即欺诈是否与缔约过失发生竞合？问题在于德国法上对欺诈和缔约过失的法律评价不一致。在缔约过失场合会产生合同解除权，该请求权的期限是发生欺诈之日起 3 年，而第 124 条关于欺诈撤销权的期限为 1 年。对此，请求权竞合说的赞同者认为，误导人存在过失即可导致废除合同。① 但反对请求权竞合说的观点则认为，如果认为两者可以竞合，由于撤销权的期限远远短于请求权，将导致第 124 条的规定失去意义。②

三 中国法上的相关规定

由于虚假陈述可能发生在合同未成立或未生效的情形，而虚假陈述可能会侵害受害人的利益，从而出现缔约过失责任和侵权责任的竞合。在虚假陈述构成合同内容又侵害受害人的利益时，会出现违约责任和侵权责任的竞合。兹就此两个问题展开探讨。

(一) 缔约过失责任与侵权责任的竞合

在理论上，我国学者对于是否存在缔约过失责任和侵权责任竞合有不同的意见。有的观点认为，不应通过缔约过失去保护受害人的人身、财产等绝对权益，缔约过失责任和侵权责任不发生责任竞合。③ 也有不同的观点认为，如果在缔约之际当事人因过失导致相对人人身或财产遭受损害的，应承担侵权责任。④ 支持缔约过失责任和侵权责任可以竞合

---

① 尚连杰：《缔约过失与欺诈的关系再造——以错误理论的功能介入为辅线》，《法学家》2017 年第 4 期。
② [德] 迪特尔·梅迪库斯：《德国民法总论》，邵建东译，法律出版社 2000 年版，第 609 页。
③ 张家勇：《合同法与侵权法中间领域调整模式研究——以制度互动的实证分析为中心》，北京大学出版社 2016 年版，第 163 页。
④ 崔建远：《合同法总论》（第二版上卷），中国人民大学出版社 2011 年版，第 437—438 页；李永军：《合同法》（第三版），法律出版社 2010 年版，第 133 页；韩世远：《合同法总论》（第四版），法律出版社 2018 年版，第 167 页。

的一个理由是我国最高人民法院司法解释确立的"安全保障义务"。反对的观点则认为，缔约过失责任可以与侵权责任竞合是基于逻辑推导和德国法继受的结果，并无实益。① 本书认为肯定的观点更有说服力，理由在于：第一，我国《民法典》第 1198 条已经明确规定了违反安全保障的侵权责任，在缔约阶段因被告的行为给原告造成损害的，可同时构成缔约责任和侵权责任的竞合。第二，从制度设计的目的来看，缔约过失责任、违约责任和侵权责任服务于不同的功能。缔约过失责任主要是保护在缔约阶段受害人的信赖利益，违约责任则适用于违反合同义务的保护，而侵权责任则以权利保护为目的。此种制度设计与普通法也颇为相似。例如，《加拿大虚假陈述法》涉及合同、侵权和准合同（恢复原状）保护。② 服务于不同功能的制度发生竞合，属于正常的法律现象。第三，如果将《民法典》第 500 条的缔约过失责任解释为既包括故意行为也包括过失行为，由于侵权责任一般以过错为要件，在被告违反第 500 条导致原告受损时，如果缔约过失责任不足以补偿被告，则原告依据《民法典》有关侵权责任的规定提出索赔，应是顺理成章的。换而言之，在逻辑上，否认缔约过失责任可与侵权责任竞合的观点无充分的理由。

在解释上，除原《合同法》第 42 条第 1 项、第 2 项规定的情形外，第 3 项违反诚实信用原则的行为还包括：恶意进行协商、胁迫行为、显失公平的行为、未按规定或约定办理审批或登记的行为，以及以法定书面手段进行的欺诈行为。③ 我国《民法总则》第 148 条也规定了欺诈。《民法典》的规定与《民法总则》相一致。因此，广告法上的虚假陈述

---

① 张家勇：《合同法与侵权法中间领域调整模式研究——以制度互动的实证分析为中心》，北京大学出版社 2016 年版，第 163 页。

② Bruce MacDougall, *Misrepresentation*, Toronto, Ontario: LexisNexis Canada Inc., 2016, p. 3.

③ 朱广新：《合同法总则研究》（上册），中国人民大学出版社 2018 年版，第 217—278 页。

涉及《民法总则》第 148 条和《合同法》第 42 条第 2 项。在作出虚假陈述时，应当适用哪个法律？一种观点认为，《民法总则》第 148 条是合同无效型的缔约过失，违反该规定将产生赔偿责任。① 另一种观点认为，考虑到《民法总则》第 157 条和《合同法》第 58 条的规定，应将《合同法》第 42 条的损失赔偿责任解释为合同确定有效下的缔约责任。② 本书认为，《民法总则》第 148 条是关于欺诈法律效果的规定，在受害人行使撤销权而导致合同不成立或无效时，可以适用《合同法》第 42 条，两者可以并行适用。在解释上，似乎没有理由认为撤销权和缔约过失责任无法并存，而且对于缔约过失责任是否适用于有效成立的合同存在争论。③

（二）违约责任与侵权责任的竞合

如果虚假陈述构成合同的内容，原告可以主张违约责任，但是否可以构成侵权责任？我国民法通说认为，在违法行为同时满足违约责任和侵权责任时，可以成立责任竞合。我国《合同法》第 122 条的规定："因当事人一方的违约行为，侵害对方人身、财产权益的，受损害方有权选择依照本法要求其承担违约责任或者依照其他法律要求其承担侵权责任。"除了文字上的调整，《民法典》第 186 条基本上保留了《合同法》第 122 条的规定。对于第 122 条涉及的责任竞合，主要有三种不同的解释。一种观点认为，第 122 条规定的责任竞合实际上是违约损失赔偿规范与侵权损失赔偿规范的竞合，只有违约行为造成了人身或财产权益损害时，才存在责任竞合的问题。④ 也就是说，发生竞合的场合包括人身或财产权益损害。另一种观点认为，第 122 条既是责任竞合的规

---

① 韩世远：《合同法总论》（第四版），法律出版社 2018 年版，第 165 页。
② 朱广新：《合同法总则研究》（上册），中国人民大学出版社 2018 年版，第 216 页。
③ 崔建远：《合同法总论》（第二版上卷），中国人民大学出版社 2011 年版，第 446—447 页。
④ 朱广新：《合同法总则研究》（下册），中国人民大学出版社 2018 年版，第 778 页。

定，也是加害给付的规定，从该条"或者"的用语可以认为主要是针对精神损害赔偿的要求。① 也就是说，只有违约行为同时产生精神损害赔偿时，才发生合同责任和侵权责任的竞合。还有一种观点认为，第122条的责任竞合仅在违约行为致使对方当事人人身利益或履行利益之外的其他财产损失时才会发生。② 在加害给付的情形，债权人对固有利益或瑕疵结果损害的赔偿请求权源自合同法，而非来自侵权损害赔偿。③ 笔者认为，第三种观点更为合理。因为第一种观点虽然遵循法律的字义意思，但未基于法律内部体系对责任竞合的场合进行深入的分析。第二种观点将责任竞合的情形限于精神损失损害赔偿，过于狭窄，没有充分的法理依据。

广告主发布虚假广告时，可否构成合同责任和侵权责任的竞合？通常情况下，广告主是通过经销商或零售商去销售产品的，在此种情况下根据《产品质量法》或者《消费者权益保护法》，原告既可以向经营者主张赔偿责任，也可以向生产者主张承担责任。由于两者的依据不同，一为侵权责任，一为合同责任，此时不发生责任竞合。如果广告主通过虚假广告的方式直接向消费者销售产品，该虚假广告构成合同的内容，而且产品又对消费者构成人身损害时，此时可以构成合同责任和侵权责任的竞合，消费者既可以主张合同损害赔偿，也可以主张侵权损害赔偿，但只能行使一个请求权。问题在于，如果消费者依据违约责任起诉但不足以赔偿其损失时，其可否依据侵权责任主张赔偿损失？我国学者对此持有不同的见解。我国民法的通说否认请求权相互影响说，即认为合同法损失赔偿请求权和侵权法损失赔偿请求权是相互独立的，彼此不

---

① 李永军：《合同法》（第三版），法律出版社2010年版，第608—609页。
② 张家勇：《合同法与侵权法中间领域调整模式研究——以制度互动的实证分析为中心》，北京大学出版社2016年版，第313页。
③ 韩世远：《合同法总论》（第四版），法律出版社2018年版，第892页。

产生影响。① 也有少数学者认为，在加害给付情况下，受害人在违约诉讼胜诉后仍可以提起侵权之诉，因为我国立法并未否定对目的性合同中的非财产性损失给以赔偿，在遵循限制规则的前提下，应当在一定条件下准许因违约造成的非财产性赔偿，这也是生活逻辑的要求。②

笔者认为第二种观点更为合理。虽然在理论上有观点认为，第122条的表述并未预留合同责任和侵权责任加以统合的余地，竞合请求权应受其所属责任规范整体的约束，而不受其他责任规范的约束。③ 但是，由于合同法和侵权法均具有保护受害人合法利益的功能，在受害人因仅主张违约行为而无法得到充分补偿时，允许其在未获得损失赔偿的范围内获得赔偿是法律实施矫正正义的体现。在比较法上，加拿大法虽然早期否认受害人在合同法之外获得赔偿，但法院最终准许受害人提起侵权诉讼，同时参照合同内容对侵权赔偿的范围进行限定，④ 体现了一定的灵活性，可资借鉴。

需要指出的是，第二种观点虽然提出了遵循"限制规则"和"一定条件"的要求，但有待进一步予以明确。我国有的学者虽然否定请求权相互影响说，但认为在债务不履行以故意或过失为构成要件时，该限制也适用于侵权行为，债务人以免责条款免除其一般过失的赔偿责任时，也适用于侵权行为，⑤ 其实已经在无意间承认了请求权可以相互影响。笔者认为，对此问题应兼顾生活实际的需要和法律体系的要求。一

---

① 韩世远：《合同法总论》（第四版），法律出版社 2018 年版，第 888 页以下。张家勇：《合同法与侵权法中间领域调整模式研究——以制度互动的实证分析为中心》，北京大学出版社 2016 年版，第 313 页。朱广新：《合同法总则研究》（下册），中国人民大学出版社 2018 年版，第 779 页。

② 李永军：《合同法》（第三版），法律出版社 2010 年版，第 609—610 页。

③ 张家勇：《合同法与侵权法中间领域调整模式研究——以制度互动的实证分析为中心》，北京大学出版社 2016 年版，第 312—313 页。

④ Bruce MacDougall, *Misrepresentation*, Toronto, Ontario: LexisNexis Canada Inc., 2016, pp. 29-33.

⑤ 朱广新：《合同法总则研究》（下册），中国人民大学出版社 2018 年版，第 780 页。

方面，从救济的角度，不应拘泥于原理上的逻辑，而应当在违约责任无法涵盖受害人损失时允许其提起侵权诉讼。因为生活现象不具有概念体系要求的僵硬边界，且非完结的体系所能预见。[1] 另一方面，应当考虑到法律体系上的协调，因为仅仅追求单个规则内部价值的一致性在结论上将产生体系违反的效果。[2] 为此，需要从合同约定和法律规定两方面进行考虑：第一，如果合同当事人在合同中有排除或限制侵权责任的约定，并且该等约定不违反法律的规定，该等约定优先适用，此时不发生侵权责任。违约损失不足以补偿受害人所遭受损失的，受害人可以直接提起侵权诉讼。如果合同有排除侵权责任或限制侵权责任的约定，但该约定无效，则受害人可以选择合同责任或侵权责任。第二，尽管《合同法》第122条并未对合同责任和侵权责任如何协调作出规定，如果我们将责任竞合解释为仅限于违约导致对方人身利益或履行利益之外的财产损失，并在遵循约定优先和法定限制的前提下，则可以相对好地协调两者体系上的不协调，但在司法实践中仍需要考虑具体的案件情况，如虚假陈述对于交易的重要性、合同交易双方是否拥有专业知识或技能等因素。

第七节　本章小结

本章对广告主的合同责任进行了研究。基于比较法的角度，首先对广告法上的虚假陈述进行了界定。在本质上，虚假陈述的界定涉及虚假广告与广告创意的区分。在解释上，不应一概禁止广告绝对化用语，而应当基于事实和意见的区分合理地确定虚假广告的范围。其次基于不同的标准对虚假陈述的类型进行区分，并对该等区分的意义进行了探讨。

---

[1] ［德］卡尔·拉伦茨：《法学方法论》，黄家镇译，商务印书馆2020年版，第568页。
[2] 张家勇：《合同法与侵权法中间领域调整模式研究——以制度互动的实证分析为中心》，北京大学出版社2016年版，第321页。

本章基于比较法上的视角，依次探讨了英国、德国、法国和日本法下广告主虚假陈述的合同责任。整体而言，这些国家均采用了一般法和特别法保护的方式，并侧重对消费者的保护。在我国法下，虚假陈述是否构成合同内容是一个重要的问题。本书认为，虚假陈述可以构成合同的内容，但要对进入合同的内容进行判定和限制。一方面，在判定上，应考虑陈述的重要性、明确性，一方是否具有特殊知识或技能以及陈述作出的时间等因素。另一方面，应限定于事实方面的陈述和可能引起误导的陈述。在合同责任上，如果虚假陈述构成合同的内容，广告主应承担违约责任；如果虚假广告未构成合同的内容，但广告主的虚假陈述引发了原告的信赖，则广告主应当承担缔约过失责任。

本章还对虚假陈述免责条款的构成要件、责任性质、效力以及免责事由进行了探讨，主张免责条款的构成要件应考虑广告自身的特征，在性质上应区分合同责任和缔约过失责任，在效力上不应一概否认免责条款的效力，而应根据特定的原则区别对待。本章还对合同责任和侵权责任的竞合进行了研究，包括缔约过失责任和侵权责任的竞合以及违约责任和侵权责任的竞合，并提出了处理责任竞合的基本原则和条件。

第 二 章
广告主虚假陈述的侵权责任

第一章探讨了广告主对于虚假陈述的合同责任。由于广告主和消费者之间通常并不存在严格意义上的书面合同，除虚假陈述构成合同的内容直接对广告主发生效力外，合同通常是在销售者和消费者之间订立的。因此，正如德国学者梅迪库斯所言，追究广告主的合同责任是很难的。[1] 在英国判例法上，尽管法院在 Cargill Carbolic Smoke Ball Co. 案确立了生产者对广告受众承担合同责任，但英国法院不愿意以保证合同为依据来认定生产者对最终的购买用户负责。[2] 因此，在存在虚假陈述时，权利人主张广告主承担侵权责任就显得非常重要了。在确定广告主的侵权责任时，首先，需要认定是否存在欺骗或误导；其次，涉及信赖和因果关系问题；再次，如构成侵权责任，则涉及损害赔偿问题。但是，即使构成侵权，广告主也可能不承担责任，因为存在免责事由。在广告侵害未成年人身心健康时，未成年人身心健康的界定、侵权的请求权基础、构成要件和责任形式，也值得探讨。本章所要探讨的就是这些问题。

---

[1] ［德］迪特尔·梅迪库斯：《德国债法分论》，杜景林、卢谌译，法律出版社2007年版，第78页。

[2] Iain Ramsay, *Consumer Law and Policy: Text and Materials on Regulating Consumer Markets* (3rd Edition), Portland Oregon: Hart Publishing, 2012, pp. 139–140.

第一节 欺骗和误导的认定

一般而言，各国的法律禁止利用广告欺骗和误导消费者。本节结合欧盟、美国和澳大利亚的立法与实践来考察欺骗和误导的认定，并对我国有关欺骗和误导的理论和实践展开探讨。

一 欧盟法律的规定

欧盟《关于不正当商业行为2005/29/EC指令》（以下称"不正当商业行为指令"）是欧洲议会和欧洲理事会针对不正当商业行为而于2005年5月11日通过的指令，适用于欧盟各个成员国。需要指出的是，《不正当商业行为指令》适用于经营者将产品销售给消费者而进行广告促销或推广。《不正当商业行为指令》原则上不适用于经营者之间进行的广告促销或推广，但成员国可以选择将该指令扩大至经营者之间的交易，如德国和奥地利等国。[①]

《不正当商业行为指令》不仅规定了误导性行为（misleading actions）和误导性不作为（misleading omissions），规定了攻击性商业行为（aggressive commercial practice），而且还设置了一般性条款。同时，《不正当商业行为指令》的附件一还列举了禁止行为清单。在某种意义上，《不正当商业行为指令》建立了一个较为复杂、细致的法律机制，其目的是为了更好地保护消费者，从而成为名副其实的欧洲消费者保护法。从法律适用上看，这些不同的机制是有适用顺序的，它采用的是一种三步的机制：第一步，确认一个行为是否可以归入附件一的禁止行为

---

① European Commission, *Guidance on the Implementation/Application of Directive 2005/29/EC on Unfair Commercial Practices*, 2009, p. 14.

清单；第二步，通过禁止误导行为和攻击性行为的"小"的一般条款，对行为进行评估；第三步，适用第 5 条的一般条款，对商业行为的正当性进行评估。①

《不正当商业行为指令》第 6 条对误导性行为进行了界定。根据第 6 条第 1 款的规定，如果涉及以下一个或多个要素，含有不真实的虚假信息或以任何方式（包括整体的表述）欺骗或可能欺骗普通消费者，则该行为将被视为误导性行为：（1）产品的存在或性质；（2）产品的主要特征，例如它的上市情况、益处、风险、成分、售后客户服务和投诉处理、制造方法和日期、交付、符合特定用途、用法、数量、规格、地理或商业来源或可期待的使用后果。（3）经营者承诺的范围、商业行为的动机、销售方法的性质、与直接或间接赞助和经营者或产品的许可有关的任何陈述或标志；（4）价格、价格的计算方法或存在特定的价格优惠；（5）需要的服务、配件、备件或维修；（6）经营者的性质、特征和权利，例如它的身份、资产、具有的资质、许可和关联关系；（7）消费者的权利。第 2 款将基于事实情况导致或可能导致普通消费者作出或不会作出交易决定的其他情形也视为误导行为，包括通过比较广告的方式对产品进行推销，经营者不遵守其作出的确定的、可以证实的承诺。

《不正当商业行为指令》第 7 条对误导性不作为进行了规定。根据第 7 条第 1 款，在一个现实环境下考虑到行为的全部特征、情形和传播媒介的局限性，如一个商业行为没有提供普通消费者作出透明的交易决定所需要的重要信息，则被视为误导性不作为。第 1 款解释了经营者对于普通消费者提供信息义务的范围，涉及四个重要要素的满足：一是对于信息要求的满足应当以普通消费者作为基准；二是提供信息的义务仅

---

① Mateja Drovic, *European Law on Unfair Commercial Practices and Contract Law*, Portland, Oregon: Hart Publishing, 2016, pp. 74–75.

涉及重要信息，即与消费者作出明智选择相关的那些信息；三是经营者未提供信息的行为可能导致消费者作出其不会作出的决策；四是应考虑全部特征、情形和传播媒介的局限性。① 第 7 条第 2 款进一步规定，如果考虑第 1 款所列的各个事项，经营者掩藏提供或以不清晰、费解的、模糊的或不合时宜的方式提供第 1 款的重要信息，或在事实情形不明显时没有指明行为的商业意图，导致普通消费者作出或可能作出其不会作出的交易决定，则该行为具有误导性。第 2 款确立了标明商业意图的一般性义务，除非根据上下文是显而易见的。例如，作为销售战略的一部分，经营者不能宣称促进中立的科学研究。②

如果一个商业行为不具备《不正当商业行为指令》第 6 条和第 7 条规定的情形，其是否就可认定是合法的？其实不然。因为该行为仍然需要根据《不正当商业行为指令》第 5 条来进行评估。第 5.2 条明确禁止不正当的商业行为，包括：（1）违背职业谨慎要求的行为；（2）对于产品所接触的或针对普通消费者或群体的一般成员而言（如不正当商业行为针对特定消费者群体），该行为严重地或可能严重地扭曲消费者的经济行为。第一个条件与违反经营者所要遵守的行为标准有关，第二个条件则与该不正当行为对于消费者决策过程的影响有关。要构成不正当行为，应当同时符合这两个条件，缺一不可。③

《不正当商业行为指令》附件一列举了 31 种在任何情形下均视为不正当的商业行为，其中涉及误导性商业行为的有 23 种，包括：（1）经营者宣称其为某行为准则的缔约方而实际上不是；（2）未获得必要的授权而展示信赖标志、质量标志或类似标志；（3）宣称某行为

---

① Mateja Drovic, *European Law on Unfair Commercial Practices and Contract Law*, Portland, Oregon: Hart Publishing, 2016, p. 117.

② Mateja Drovic, *European Law on Unfair Commercial Practices and Contract Law*, Portland, Oregon: Hart Publishing, 2016, p. 117.

③ Mateja Drovic, *European Law on Unfair Commercial Practices and Contract Law*, Portland, Oregon: Hart Publishing, 2016, p. 72.

准则获得公共机构或其他机构认可而实际上未获得认可；（4）在没有遵守许可、认可或授权条件的情况下，宣称经营者或产品已被许可、认可或授权；（5）未披露经营者认为无法供应产品或促使其他经营者供应产品的合理理由，而发出以特定价格购买产品的要约（即"钓鱼广告"）；（6）发出以特定价格购买产品的要约而拒绝将广告产品出示给消费者、拒绝在合理时间内接受产品订单或交付产品或展示有缺陷的样品，其意图是推销不同的产品；（7）为了诱使立即作出决定和剥夺消费者充分的机会或作出明智选择的时间，而虚假宣传产品限期供应或限期以特定价格供应；（8）经营者在交易前承诺以其所在地的欧盟成员国的非官方语言提供售后服务，但在消费者从事交易前未予以披露；（9）宣称或以其他的方式让人误认为产品可以合法销售；（10）将法律授予消费者的权利作为经营者报价的一个显著特征；（11）在支付推销对价的情况下，以媒体内容编辑的方式推销产品，而未明示其内容或未以可清晰识别的图片或声音告知消费者；（12）作出重大的、不准确的宣称，若消费者不购买产品，将对消费者或其家人的人身安全带来危险；（13）以故意误导的方式使消费者认为其销售的产品与特定生产者的产品相似，导致消费者认为该产品由同一生产商生产，而实际上并非如此；（14）商品的传销；（15）宣称经营者将停业或迁址，而实际上并非如此；（16）宣称产品可以提高中奖机会；（17）虚假宣称产品可以治病、治愈功能障碍或畸形；（18）传递关于市场条件或可能找到产品的重要的、不准确信息，目的是诱使消费者以比正常市场价格更高的价格购买产品；（19）在商业行为中宣称提供竞赛机会或奖品，而未发放所述奖品或等价物；（20）宣称产品免费而实际上要求消费者支付收货或送货费用；（21）在促销材料中含有要求消费者付款的单据，让消费误认为其已经下单购买促销产品；（22）虚假宣称或让人误认为经营者并非为了交易、商业或职业而从事某种行为，或虚假宣称某人为消费者；(23) 让人误认为可以在产品销售地之外的其他欧盟成员国享受产品的售后服务。

  从法律适用的角度来看，附件一具有简明和相对清晰的特征：首先，它不需要考虑个案的评估，只要是属于列入清单的行为，均属于不正当的行为，不需要进行指令第 5 条到第 9 条的评估；其次，它适用于所有的欧盟成员国，而且成员国必须将同样的清单纳入本国法；再次，它是一个完整的清单，只能通过修改指令的方式来修改；最后，只有未在清单上的行为，才可以根据第 5 条到第 9 条来进行评估。[①] 不过，有观点认为，尽管列举清单的方式值得肯定，它也存在若干问题：第一，清单所列举的商业行为假定该等行为总是扭曲普通消费者的决策和违反职业谨慎，表明它涵盖的是每个消费者，而不是普通消费者，这与《不正当商业行为指令》所确立的普通消费者标准是不一致的。第二，一个单一的、排他性的清单很容易让人将注意力放在清单的修改上，让人认为该清单只能与指令的其他部分一同修改，不仅排除成员国增加新的不正当商业行为或修订现有的行为，而且会对国内法规产生影响。第三，清单只列举了误导性行为和攻击性行为，让人误认为这两类行为是仅有的不正当竞争行为。第四，考虑到各成员国对于清单的不同解释，制定统一的清单有助于统一适用的想法只是一个幻想。[②]

[①] Monika Namyslowska, "The Blacklist of Unfair Commercial Practices: The Black Sheep, Red Herring or White Elephant of Unfair Commercial Practices Directive, in W. V. Boom", A. Garde and O. Akseli eds., *The European Unfair Commercial Practices Directive*, Surrey, England. Ashgate Publishing Limited, 2014, pp. 67-68.

[②] Monika Namyslowska, "The Blacklist of Unfair Commercial Practices: The Black Sheep, Red Herring or White Elephant of Unfair Commercial Practices Directive, in W. V. Boom", A. Garde and O. Akseli eds., *The European Unfair Commercial Practices Directive*, Surrey, England: Ashgate Publishing Limited, 2014, pp. 68-71.

二 美国法的实践

1989 年修订的美国《兰哈姆法》第 43（a）（1）条规定："任何人，就任何商品、服务或者商品的包装，在商业中使用的任何字词、术语、名称、标志、设置或者上述要素的任何组合，或使用虚假的来源标识，或对事实进行虚假或误导的描述，（A）使得自己与他人的附属、关联或者联系可能引起混淆、错误或者构成欺骗，或造成自己的商品、服务或者商业活动来源于他人或受到他人的赞助或同意而引起混淆、错误或者构成欺骗的；或者（B）在商业广告或商品促销中，虚假陈述自己或他人的商品、服务或者商业活动的性质、特点、质量或原产地的；应当在认为上述行为造成或可能造成损害的任何人提起的民事诉讼中承担责任。"根据《兰哈姆法》第 43（a）（1）（B）条的规定，虚假陈述的内容应当与商品、服务或商业活动的性质、特征、品质或地理来源相关。即只有广告宣称涉及商品、服务或商业活动的性质、特征、品质或地理来源时，原告才可以针对被告提起诉讼。

美国司法实践区分字面虚假的陈述和误导性陈述。对于字面虚假的陈述（a literally false claim），相对比较容易确定，因为这是一个事实问题。在 PBM Prods., LLC v. Mead Johnson & Co. 案中，联邦第四巡回区法院认为，应当从两方面来进行认定是否构成字面虚假，一是广告做了明确的宣称，二是这些宣称是不是虚假的。[1] 在 U-Haul International Inc. v. Jartran, Inc. 案中（以下称"U-Haul 案"），原告是一家提供卡车和拖车租赁服务的公司，拥有十万辆拖车和六万辆卡车，被告是一家提供货运公司使用的大型卡车和拖车租赁服务的公司。为了进入拖车租

---

[1] Thomas M. William, *False Advertising and the Lanham Act: Litigating Section 43（a）（1）（B）*, New York: Oxford University Press, 2012, p.44.

赁市场，被告做了一系列的广告，在广告宣称中使用"只有 Jartran 能向你出租符合当今时代的拖车""为什么要租赁每加仑只跑五英里的卡车，Jartran 向你保证每加仑跑十英里或以上"，等等。法院经调查认为，被告只有其出租的拖车才符合当今时代的宣称是虚假陈述，因为原告也能提供符合当今时代的拖车。[1] 被告关于其保证每加仑跑十英里的宣称也是虚假的，因为并非所有被告的拖车都能做到每加仑跑十英里。因此，被告的广告宣称违反了《兰哈姆法》第 43（a）(1)（B）条。[2]

除了字面虚假的广告，还存在误导广告。《兰哈姆法》第 43（a）(1)（B）条禁止的虚假陈述包括：(1) 字面虚假的陈述；(2) 虽然不是字面虚假、但有可能对消费者构成误导或混淆的陈述。[3] 在司法实践中，对于误导广告的认定是最容易产生争议的。在 Coca-Cola Company v. Tropicana Products, Inc. 案中，被告 Tropicana 公司在其广告宣称中使用美国奥林匹克运动员布鲁斯·詹纳（Bruce Jenner）作为代言人，在广告中詹纳挤压一只橙子，将果汁倒入一个打开的超值包。在广告中她说，"在我看来，Tropicana 超值包味道最为新鲜。它源自橙子，是纯巴氏杀菌果汁。它是唯一没有使用浓缩汁和水的领先品牌"。原告可口可乐公司认为，被告通过使用代言人的画面和口头表示对消费者构成了误导，因为它使人认为 Tropicana 的超值包是鲜榨的、未经加工的橙汁。法院没有支持原告的请求，认为"新鲜"具有不同的含义，除了"未经加工的"，还有"非浓缩的""清爽的"和"100%"的意思，而原告提交的证据表明只有 15% 的消费者认为该表述构成误导，证据不足。[4]

在涉及具体的字义时，不容易对是否构成误导作出准确的认定。在

---

[1] 522 F. Supp. 1247.
[2] 522 F. Supp. 1250.
[3] Thomas M. William, *False Advertising and the Lanham Act: Litigating Section 43（a）(1)（B）*, New York: Oxford University Press, 2012, p.42.
[4] 538 F. Supp. 1095-1096.

American Home Products Corp. v. Abbott Laboratories 案中，法院认定被告的广告宣称构成了误导。该案的基本案情是：原告是痔疮止痛药 Preparation H 的生产商，该药品大约占有三分之二的市场份额，在零售店渠道的市场占有率则超过百分之九十。被告向市场推出一款痔疮止痛药 Tronolane，并通过广告进行大量的推广。原告认为被告的广告构成虚假广告，主要涉及三方面：第一，它宣称 Tronolane "立刻停止痔疮疼痛（stop hemorrhoid pain immediately）" "立刻停止疼痛"；第二，它宣称 Tronolane 是一种"新的"治疗方法、配方、药物、产品；第三，它宣称，在一个"重要的消费者偏好测试"中，Tronolane 受到消费者的喜爱程度与其他品牌相比"超过二比一"。针对上述三个指控，原告根据《兰哈姆法》第 43（a）条提出颁发临时禁令的请求。在诉讼进行中，原告承认其无法就第三点证明被告的宣称是虚假的，因此法院认为无须针对此问题作出决定。但法院指出，证明所讨论的特定产品的全部测试整体上不切实际或无效，是评估被挑战的测试有效性的重要证据。① 针对第一点和第二点，法院认为，原告要么证明广告宣称是字面虚假的，要么证明相当数量的消费者认为该信息是误导的。法院认为，由于不存在 Tronothane 这种栓剂形式，也不存在标有其他名称的同样药物，Tronolane 这种栓剂形式是新的。但是从配方来看，Tronolane 不是一种新的药物，即使作为痔疮治疗方法它也不是新的，因为 Tronothane 也可以进行治疗。② 因此，被告的这一宣称是虚假广告。

对于"立刻停止疼痛"的宣称是不是虚假的或误导的，法院认为这是最难决定的问题，但可以结合具体的语境来确定。从字义上看，法院认为"停止"是"终止""结束"的意思，而不是"局部终止"或"局部减轻"的含义。根据被告提供的报告，法院认为"立刻"指的是

---

① 522 F. Supp. 1039.
② 522 F. Supp. 1040.

大约不超过二十分钟的某段时间,而被告也承认"立刻"是指在任何情形下不会超过两个小时或特殊情形下的五个小时。① 法院进一步认为,"立刻止痛"是比"减少疼痛"更加激进的宣称,而行业惯例一直采用"减缓疼痛"的表述,从未采用"停止"的表述。而且,在被告针对消费者对"停止"含义理解进行调研时,被告向消费者提问的问题是该产品是否符合他们立即止痛的期待,这表明被告的宣称是"停止"而不是"减缓",而按照很多消费者的理解,"立刻止疼"指的是终止、结束。② 因此,被告的第一个和第二个宣称是虚假的。基于此,法院对被告的广告颁发了临时禁令。

三 澳大利亚法的实践

澳大利亚的司法实践也颇有借鉴的意义。澳大利亚的做法是,针对不同的陈述进行具体的认定。

第一,对于字面真实的陈述,须根据个案的情况予以判断,如使用的语言、相伴的陈述、受众与场合等。如果陈述宣称不收费,而实际上要求付费、购买其他货物或者支付快递费用,则构成误导。如果网络提供服务商宣称不限流量,但如果使用超出范围导致上网速度下降,则构成误导。③

第二,对于夸大陈述,一般的原则是不构成误导,因为其不传递明确的含义,如宣称高纯度的空气,世界上同类最佳的机器等。但是某些用语会构成误导,如宣称是市场上的领导者,宣称是最划算的交易等。法院认为,夸大陈述是否构成误导,取决于特定的事实,即通常的情形

---

① 522 F. Supp. 1042.
② 522 F. Supp. 1045.
③ Colin Lockhart, *The Law of Misleading or Deceptive Conduct* (4th Edition), Chatswood, N. S. W.: LexisNexis Butterworths, 2015, pp. 127-129.

和商业行为的特征。①

第三，对于允诺和预测，一般不构成误导。在 Bill Acceptance Corp. Ltd. 案中，Lockhart 法官认为，在判定某一宣称是否构成误导时，应当考虑陈述人作出陈述的影响，仅仅是无法实现允诺或预测的陈述并不构成误导。② 但是，在两种情况下会构成误导：一是含有虚假的事实陈述，二是除非具有合理的依据，某些关于未来的陈述被认为是欺骗性的或误导的。对于第一点，如果表述人在作出表述时不认为某个行为会发生，或没有理由作出这样的表述，将构成误导。对于第二点，被告需要证明其宣称是具有合理的依据的。③

第四，对于意见，一般认为不构成误导，因为这仅仅是一种判断的陈述。但意见通常包含表述人当前状态的事实，即相信他所表述的意见，如果表述人不相信自己的表述，则可能构成误导。在两种情况下，意见可以构成误导：一是表述不是真意的，二是表述不具有合理的理由。④ 在司法认定时，法院会考虑受众对于陈述事项是否具有相应的知识以及表述人是否具有特定的技能或知识。例如，在 RAIA Insurance 案中，由于被告具有特定的技能和知识，它出具的报告构成了误导。⑤ 在理论上，有观点认为，应当按照表述人在作出陈述时是否具有合理的依据来认定意见是否构成误导或欺骗。⑥

---

① Colin Lockhart, *The Law of Misleading or Deceptive Conduct* (4th Edition), Chatswood, N.S.W.: LexisNexis Butterworths, 2015, p. 140.

② Colin Lockhart, *The Law of Misleading or Deceptive Conduct* (4th Edition), Chatswood, N.S.W.: LexisNexis Butterworths, 2015, p. 141.

③ Colin Lockhart, *The Law of Misleading or Deceptive Conduct* (4th Edition), Chatswood, N.S.W.: LexisNexis Butterworths, 2015, pp. 141-143.

④ Colin Lockhart, *The Law of Misleading or Deceptive Conduct* (4th Edition), Chatswood, N.S.W.: LexisNexis Butterworths, 2015, p. 164.

⑤ Colin Lockhart, *The Law of Misleading or Deceptive Conduct* (4th Edition), Chatswood, N.S.W.: LexisNexis Butterworths, 2015, p. 164.

⑥ Colin Lockhart, *The Law of Misleading or Deceptive Conduct* (4th Edition), Chatswood, N.S.W.: LexisNexis Butterworths, 2015, p. 165.

四　中国法的实践

我国《广告法》第 4 条规定，广告不得欺骗或误导消费者。第 28 条对虚假广告作出了较为细致的规定。一方面，重述了第 4 条的基本原则，明确虚假广告包括虚假和误导两种形式。另一方面，对虚假广告的具体情形做了规定。尽管我国法律对误导或欺骗作出了规定，但对于某个陈述是否构成误导或欺骗，并非一目了然之事。实际上，一个陈述通常具有多种含义，在不同人的眼里可能具有不同的含义，尤其是在误导广告的场合，广告本身可能不存在问题，但仍然因为其所包括的含义不完整而被认为构成误导。在现实生活中，我们在对某人或某事做判断时，并没有使用所有可用的相关信息，而只看到最有代表性的那条信息。[1] 在司法实践中，围绕着欺骗和误导产生了诸多的案件。在分析欺骗和误导的认定时，本书将结合法律条文和相关案例来加以探讨。

在 2015 年《广告法》修改之前，我国主流的观点认为，虚假广告不仅包括内容的虚假，也包括广告表达形式的虚假，例如广告引证的虚假和虚构名人使用商品或服务的经历。[2] 对于虚假与欺骗和误导是并列的关系还是包含的关系，似乎不是很明确。如果认为是并列的关系，则可以认为第 4 条不仅规定内容虚假的虚假广告，而且也包括误导广告。[3] 而如果认为欺骗和误导是广告内容虚假所造成的后果，则是从结果意义上是否构成欺骗或误导来认定虚假广告。[4] 从执法实践来看，广

---

[1] ［美］罗伯特·西奥迪尼：《影响力》（教材版），闾佳译，中国人民大学出版社 2011 年版，第 341—342 页。
[2] 陈柳裕、唐明良：《广告监管中的法与理》，社会科学文献出版社 2009 年版，第 34—38 页。
[3] 陈柳裕、唐明良：《广告监管中的法与理》，社会科学文献出版社 2009 年版，第 39—40 页。
[4] 陈柳裕、唐明良：《广告监管中的法与理》，社会科学文献出版社 2009 年版，第 24 页。

告执法机关倾向于认为广告的虚假是指内容虚假,包括宣称的产品和服务自身是否客观、真实,宣称的产品和服务的主要内容是否真实。如果捏造事实,对不存在的产品或服务进行宣传,或者宣传的产品和服务的主要内容与事实不相符,则构成虚假广告。① 在司法实践方面,虚假广告认定的标准不仅包括广告宣传的产品本身是否真实,还包括广告的主要内容、广告的宣传手段、广告的语言和广告宣传中所引用的证据是否真实可靠。②

2015 年修订的《广告法》吸纳了广告的执法实践,第 28 条第 2 款对虚假广告做了较为详细的界定。按照该款,虚假广告包括的情形有:(1) 广告所宣称的商品或者服务不存在;(2) 广告所宣称的与商品或服务相关的信息与实际情况不一致,并且对购买行为有实质性影响的。与商品有关的信息包括商品的产地、生产者、成分、质量、规格、价格、销售状况、所获荣誉等,而与服务相关的信息则包括服务的内容、质量、价格、形式、销售情况、所获荣誉等;(3) 在广告宣称中使用虚假、伪造或无法验证的信息;(4) 在广告宣称中对使用商品或者接受服务的效果进行虚构;(5) 其他欺骗或误导消费者的情形。从《广告法》的上述规定来看,第(1)项和第(4)项涉及虚构商品或服务或其效果,显然属于欺骗的范畴。例如,在实践中,有的酒店宣称是四星级而实际上只是三星级,有的公司宣称已设立二十年而实际上才成立两年,都属于虚构型的欺诈。第(3)项涉及虚构或伪造证明材料,也与欺骗有关,只是使用无法验证的证明材料时,有可能涉及误导。第(2)项则涉及误导,如果关于产品或服务的信息与实际的情况不一致,且该不一致对购买行为产生实质性影响的,则为虚假广告。这是认定虚假广告的最重要的条款。除了《广告法》的上述规定,有的省市和行

---

① 《国家工商行政管理局关于认定处理虚假广告问题的批复》,工商广字〔1993〕第 185 号。

② 钱翠华:《虚假广告的认定》,《人民司法》2007 年第 22 期。

业协会还就虚假广告的具体情形做了规定。①

由于虚假广告的一个明显特征是"无中生有",这方面的虚假广告比较容易认定。在实践中,金瓜子二手车的广告宣称即是一个例子。当事人金瓜子科技发展(北京)有限公司在乐视网发布"创办一年,成交量就已遥遥领先"的广告。北京市工商行政管理局海淀分局经调查发现,北京市旧机动车交易市场有限公司和北京人人车旧机动车经纪有限公司同期的二手车成交量均超过金瓜子科技发展(北京)有限公司,据此认定"创办一年,成交量就已遥遥领先"的广告没有事实依据,与实际情况不符。由于该广告对消费者的购买行为有实质性影响,构成虚假广告。据此,工商部门对金瓜子科技发展(北京)有限公司作出了罚款广告费用总金额1250万元的行政处罚决定。② 需要指出的是,在广告实践中,"遥遥领先"或"全球遥遥领先"的用语不时地出现在广告媒介中,说明了对于虚假广告的认定问题可能并非泾渭分明。

在我国法上,应当如何认定是否构成欺诈或误导?依据《最高人民法院关于审理不正当竞争民事案件应用法律若干问题的解释》(法释〔2007〕2号)第8条,在下列情形,如果行为足以对相关公众造成误解的,则可认定为引人误解的宣传行为:(1)在商品宣传时做片面的比较;(2)将不具有科学定论的现象或观点当作事实进行商品宣传;(3)使用歧义性语言或其他误导的方式对商品进行宣传。同时,该解释规定,如果以明显夸张的方式宣传商品,不足以对相关公众造成误解的,则不属于误导的虚假宣传行为。在进行认定时,人民法院应当考虑的因素包括:日常的生活经验、相关公众的一般注意力、误导的事实以及误导宣传中涉及对象的实际情况。从该司法解释来看,关于认定误导

---

① 《浙江省广告管理条例》(2007)第10条;《江苏省广告条例》(2019年修订)第11条;上海市广告协会发布的《广告发布标准》(2018)第1条第2项。
② 京工商海处字〔2018〕第2170号。

的规定相对比较简单,主要包括三种情形:对商品的片面比较;将科学上未定论的观点或现象作为事实使用;使用歧义性语言。同时,如果不足以造成相关公众误解,则明显的夸张宣称不构成误导。该司法解释同时列举了认定误导时考虑的各种因素,例如相关受众的情况和误解的事实等。

尽管该司法解释在司法实践中发挥了重要的作用,但其不足之处也是很明显的:第一,该司法解释的适用对象仅限于商品,在《广告法》第28条已经明确包括商品或服务的情况下,应当将其适用范围扩大至商品和服务;第二,尽管司法解释规定了歧义性语言可以构成误导,但对于如何认定某一宣称是否构成歧义性语言,并没有提供进一步的指导。尽管第8条的第3款规定了认定的一些原则,但仍然过于抽象。在比较法上,有学者认为,广告虚假行为不只是广告主的单方行为,而必须考虑到对于社会的影响。换而言之,广告虚假不是一个真实或虚假的是与非的问题,而是一个程度上的问题,即在什么范围内广告是虚假的。[①] 在 American Home Products Corp. v. Abbott Laboratories 案中,法院认定被告的广告宣称"立刻停止疼痛"构成了误导,尽管被告认为该宣传具有其他的含义(见前文)。我国也有学者认为,就信赖的合理性和可归责性而言,均有程度上的不同。"实际上,信赖合理性从不合理到合理,呈现为逐渐均匀递升的过程,可归责性从无到有,也是如此。"[②] 此种观点值得重视。

在我国处理广告案件的司法实践中,人民法院根据案件的类型进行区分:(1)对于绝对化用语,是否构成欺诈取决于绝对化用语描述的对象是否会对消费者构成误导。如果绝对化用语针对商品的基本性能进行宣传,且对消费者构成误导,则构成欺诈;如果绝对化用语仅使用小

[①] Richard Craswell, Interpreting Deceptive Advertising, *B. U. L. Rev*, No. 65, 1985, pp. 679-680.

[②] 叶金强:《信赖原理的私法结构》,北京大学出版社2014年版,第149页。

字，并未进行强调，消费者在查看商品介绍能对商品有充分了解的情况下，可以认定不构成欺诈。（2）对于功效宣传，要看是对涉案商品原材料的宣称还是对涉案商品的宣称，前者一般不视为欺诈，后者则构成欺诈。（3）对于价格欺诈，如果不存在多次购买，符合《禁止价格欺诈行为的规定》的，认定构成价格欺诈；如果存在多次购买，对于后次购买，不认定构成欺诈。（4）对于尺寸欺诈，如消费者未在合理时间提出异议，且存在大量购买、直接起诉的情况，不认定构成误导；（5）对于车辆情况欺诈，结合经营者是否有欺诈故意、是否告知车辆的相关信息、车价等信息综合认定。（6）对于产地欺诈，主要考虑产地是否是购买产品的重要因素来加以认定。[①] 可以看出，法院在实践中对误导的认定结合了社会经验，对于理解和掌握误导的本质具有重要的指导意义，值得进行进一步的理论总结和提升。

在实质上，误导与否的判断实质上涉及利益衡量的问题。在宇某某与上海五虹通讯科技有限公司网络购物合同纠纷案中，[②] 上诉人宇某某在被上诉人上海五虹通讯科技有限公司（"五虹公司"）的天猫商城专卖店购买"HP/惠普 15gAD1101TX 笔记本电脑 15 寸第六代 15 处理器 2G 独显 FHD"两台。在购买该商品时，该商品的详情页首先列明了具体的参数，包括处理器、操作系统、内存、硬盘、显示器、尺寸、净重等信息。其次对商品外观进行了展示，标注有"轻薄易用、最佳选择""商务洽谈、最佳伴侣"等文字，前者字体较大，后者字体较小。宇某某认为，五虹公司在对商品进行宣传的过程中使用了"最佳"用语，存在欺诈行为，要求五虹公司退货，并按照《消费者权益保护法》第45条、第55条的规定赔偿三倍购物价款的赔偿金。宇某某认为其基于广告的绝对化用语而作出购买的决定，五虹公司则认为宇某某不会单纯

[①] 北京市朝阳区人民法院：《北京市朝阳区人民法院消费维权合同纠纷白皮书》，第36—48页。

[②] （2017）京02民终10555号。

地根据广告词来决定购买该商品。一审法院认为宇某某理应从电脑自身参数的对比作出是否购买的选择,二审法院认为五虹公司已经对电脑的参数详细地描述和说明,一、二审法院一致地认为"最佳"的用语不足以对消费者是否购买该商品造成误导。在本案中,宇某某正是基于消费者的利益提出3倍赔偿的主张,五虹公司则基于经营者的利益认为"最佳"的广告用语不会对消费者构成误导。这里实质上涉及消费者利益和经营者利益的衡量。

关于是否构成误导,无论是完全站在消费者的立场,还是完全站在经营者的立场,得出的结论都是片面的,即在肯定构成误导和完全不构成误导之间有一个平衡点,这个平衡点既能保护消费者的利益又不过分限制经营者,这涉及利益的平衡问题。对于平衡点的探索,需要法官综合案件的各种情况来加以判断,包括信息发布的完整性、消费者的身份、教育程度、专业水平、购买次数和购买数量等。在本案中,五虹公司在网页对于商品参数的展示是全面的,一般而言,相比于"最佳"的广告用语,这些参数对于购买者具有更重要的意义。尽管判决书没有提到宇某某的身份,但从中国裁判文书网搜索的信息来看,宇某某频繁地购买各种商品,应当属于职业消费者。因此,在是否构成误导的判断上,法院将其与普通消费者加以区别。这可能是法院判决是否构成误导的重要考虑因素。

在理论上,学者对于广告在什么条件下构成误导的研究不多。然而,误导的认定是一个具有重要理论价值和现实意义的问题,在广告法范畴尤其如此。《广告法》第4条第1款规定,"广告不得含有欺骗或引人误解的内容,不得欺骗或误导消费者"。与1994年《广告法》相比,2015年的《广告法》增加了"引人误解的内容"。如果广告的内容在特定条件下是真实的,但其语义具有多重性或不完整性,使受众产生误解,则视为虚假。在实践中,执法机关常常通过《广告法》第4条来认定构成某一广告构成误导。① 但是,《广告法》第 4 条只是确立了一般原则,不应作为独立的请求权基础,其适用的条件需要进一步明确。有观点认为,应从两方面来认定误导广告,一是内容上让人产生误解,二是具有误导或可能误导消费者的后果,在认定误导时,以"一般消费者的普通注意力"来分析。②

如前所述,根据《广告法》第 28 条第 2 款第 2 项,如果广告宣称中的商品或服务的相关信息与实际情况不符,且对消费者的购买行为有实质性影响的,则广告构成虚假广告。应当认为,这一条款是认定误导的最基本的依据。由于这些信息内容涵盖的范围极广,而在该等信息引人误解时,通常会被认定为虚假广告。笔者认为,结合《最高人民法院关于审理不正当竞争民事案件应用法律若干问题的解释》第 8 条,误导广告的类型可以包括:

第一,片面的宣传或比较。在此类型下,广告主通常没有明确宣称的限定条件。例如,某移动公司宣称的"4G 不限流量",某空调企业宣称的"一晚 1 度电",在头发护理上"无硅油洗发水更胜于硅油洗发水",均为片面宣传的例子,构成引人误导的虚假广告。

第二,使用歧义性的语言。我国汉语言文字含义丰富多样,广告主借助语言的丰富性进行宣传实属正常。然而,如果语言有歧义或指示不明,则会被认定为误导消费者。例如,在商品促销中的"买一赠一",如果没有明确标明赠送的是什么,则可能会误导消费者,构成虚假广告。

第三,将没有科学定论的观点或现象作为事实使用。在实践中,有的广告主为了宣称自己的产品使用了高尖端技术能够起到某种功效,如

---

① 国家工商总局广告监督管理司编著:《中华人民共和国广告法释义》,中国法制出版社 2016 年版,第 18 页。
② 国家工商总局广告监督管理司编著:《中华人民共和国广告法释义》,中国法制出版社 2016 年版,第 92—93 页。

果科学依据不足,将被认定为误导消费者的虚假广告。

第四,广告宣称违反科学常识。2015年3月,上海韩束化妆品有限公司在东方卫视发布了16次"韩束晒美白"广告,含有"越晒越白、越晒越润"的内容,宣传其"晒美白"产品能使皮肤越晒越白,被上海市工商行政管理局认定违反了1994年《广告法》第4条的规定。上海市工商行政管理局作出行政处罚的主要依据是,办案人员走访的两家知名皮肤美容医院的相关专家均认为,皮肤越晒越白的宣传违反了目前已掌握的科学常识。①

第五,混淆行为,既包括让人认为其产品或服务与他人有特定联系的行为,例如有的广告主宣称与中国工商银行、中国银行等银行有业务合作联系而实际上不存在该等联系,也包括反向仿冒行为,例如将他人的商品或服务作为自己的商品进行销售,还包括未经名人同意而使用肖像或声音的行为。我国《反不正当竞争法》第6条对此做了规定。

在加多宝(中国)饮料有限公司、广东加多宝饮料食品有限公司与广州医药集团有限公司、广州王老吉大健康产业有限公司虚假纠纷案中,② 针对加多宝(中国)饮料有限公司、广东加多宝饮料食品有限公司(以下称"加多宝公司")的"加多宝凉茶连续七年荣获'中国饮料第一罐'""加多宝凉茶连续第六年蝉联'中国饮料第一罐'""加多宝连续七年荣获'中国饮料第一罐'""加多宝荣获中国罐装饮料市场'七连冠'"的广告语是否构成虚假宣传,最高人民法院认为,应结合具体案情审查广告与是否真实、是否片面有歧义,是否使相关公众产生误解等因素。首先,该广告语未按《广告法》注明出处,容易使人认为其数据来源于国家权威机构并具有权威性;其次,在含义上,广告语既可以指加多宝品牌凉茶连续七年在销售数量或销售金额方面市

---

① 沪工商检处字〔2015〕第320201510077号。
② (2015)民申字第2802号。

排名第一，也可以理解为加多宝公司生产的凉茶连续七年在销售数量或销售金额方面市场排名第一，结合加多宝牌凉茶的实际生产时间和销售时间，广告用语是片面的、有歧义的；最后，相关公众不是对王老吉凉茶和加多宝凉茶历史有清晰和深入了解的特定消费者群体，而是普通的消费者。最高人民法院最终认定加多宝公司的涉案广告语构成虚假宣传行为。

对于误导的认定，我国未来的立法修订或司法解释可以有两种方案予以考虑：一是借鉴澳大利亚的做法，针对具体的类别进行认定；二是借鉴美国的做法，将误导归类为字面上的误导和表面真实而实际误导两种情况，据此进行认定。无论采用哪种方案，考虑到我国大陆法系的传统和事实，可以在修订司法解释时进行细化：某一陈述是否构成误导，应考虑的因素包括：（1）宣称所具有的含义；（2）宣称所针对的受众；（3）宣称所发布的媒体和区域；（4）表述人或相关受众对于所涉及事项是否有特定知识或技能。

第二节 信赖与因果关系

在认定广告主是否构成侵权行为时，需要确定受众是否对广告产生信赖。在普通法国家，信赖的认定是一个重要的问题。在信赖和因果关系两者的关系上，有观点认为两者是一个要件，但也有观点认为是两个不同的要件。[1] 在我国，对于信赖和因果关系之间关系的探讨不多。在广告案件纠纷中，信赖的认定对于是否构成广告侵权至关重要，因为信赖是因果关系的一个连接，是因违法引发的错误的影响的作为或不作为

---

[1] Colin Lockhart, *The Law of Misleading or Deceptive Conduct* (4th Edition), Chatswood, N.S.W.: LexisNexis Butterworths, 2015, p.396.

造成了损失。① 在本节中，先探讨信赖的问题，然后就因果关系中存在的问题加以探讨。

一 信赖问题

在广告宣称中，一般认为，广告主之所以要承担侵权责任，是因为虚假广告造成了受众的信赖，并造成了损害。从功能上看，广告的一个重要功能是说服受众购买商品或服务。如果一则广告无法产生说服的效果，则可以判定该广告是没有多大效果的。然而，从理论上看，目前尚无有说服力的研究表明广告必然导致受众信赖所宣传的产品，也没有证据表明广告与受众的购买行为之间完全没有关系。② 因此，在法律层面对信赖的判断，只能是限定在特定的框架之内。从形式上看，信赖有多种形式，最为常见的是受众信赖广告信息而订立合同。在虚假广告的场合，原告因被告的误导行为而订立购买合同。除了订立合同，还有其他的方式，如信赖虚假广告而支付更高的价款、没有获得更多的保证、未对重大的报价提出质询等。③ 信赖行为既可以发生在履约过程中，也可以发生在订立合同之前。以下将基于比较法的视角对信赖问题展开探讨。

（一）美国法上的相关规定

在美国法下，信赖问题与"实质性"或"重要性"这一概念紧密相关。实际上，在认定是否构成信赖时，一个重要的因素是广告所宣称的信息是否足以影响受众。美国法要求误导广告宣称具有实质性。在

---

① Colin Lockhart, *The Law of Misleading or Deceptive Conduct* (4th Edition), Chatswood, N.S.W.: LexisNexis Butterworths, 2015, p. 395.
② 丁俊杰、康瑾：《现代广告通论》，中国传媒大学出版社2013年版，第82页。
③ Colin Lockhart, *The Law of Misleading or Deceptive Conduct* (4th Edition), Chatswood, N.S.W.: LexisNexis Butterworths, 2015, pp. 398-399.

Skil Corporation v. Rockwell International Corporation 案中，美国联邦地区法院指出，原告要想获得《兰哈姆法》第 43（a）条的救济，应证明被告的欺骗是实质性的，即有可能对购买决定产生影响。① 这里涉及虚假陈述的重要性（materiality）问题。如果虚假陈述是重要性的，被告应当承担民事责任。实质性应当是针对产品或服务的内在品质和特征。如果虚假陈述只是细微的或无关紧要的，原告不会依赖其作出购买决策，则原告无法向被告主张民事责任。在 National Basketball Assoc. v. Motorola Inc. 案中，摩托罗拉公司销售展示全美篮球协会（NBA）比赛信息的寻呼设备，其在作为共同被告的 STATS 系统上宣传提供的赛场信息来自各个赛场。全美篮球协会（NBA）认为摩托罗拉公司的信息是虚假的，构成发布虚假广告，因为 STATS 系统上发布的信息来自于电视和广播电台。美国联邦地区法院认定，被告的事实宣称是不重要的，因为它不会影响消费者，消费者获取最新赛场情况的信息是由 STATS 提供的，因此，比赛信息来自于广播电台而非一手信息，这一事实与是否构成虚假广告是不相关的。② 在美国法下，重要性有两个主要作用：一是排除轻微的违法（de minimis violation），二是确保从接受陈述的受众的角度来评价被告的陈述是否虚假。③ 对虚假陈述进行重要性和非重要性的区分，是为了促进商业交易的稳定性。在交易中，有的因素对于理性人是不具有重要影响的，例如，社会、政治或宗教上的关联性，其动机，购买方的身份等。④

（二）英国法上的相关规定

在英国法上，对于虚假陈述，法院通常使用虚假陈述接受方的信赖

---

① 375 F. Supp. 783.
② Thomas M. William, *False Advertising and the Lanham Act: Litigating Section 43（a）(1)（B)*, New York: Oxford University Press, 2012, pp. 67-68.
③ Kenneth B. Germain, "Unfair Trade Practice under Section 43（a）of the Lanham Act: You've Come a Long Way Baby-Too Far, Maybe", 49 *Ind. L. J.* 99 (1973).
④ W. Page Keeton, Dan B. Dobbs, Robert E. Keeton, David G. Owen, *Prosser and Keeton on the Law of Torts* (5th Edition), St. Paul, Minnesota: West Publishing Group, 1984, p. 753.

这一表述，而不使用因果关系，因为通过信赖可以揭示陈述和导致损害发生的、陈述接受方自身行为之间的因果关系。而且，需要注意的是，这里的信赖指的是实际的信赖或可以认为构成实际的信赖，而不是仅仅是合理的信赖。① 对于欺诈侵权责任而言，权利人信赖的合理性是无关的，被告陈述是不是实质性的也无须考虑。② 然而，在欺诈诉讼中，权利人必须证明被告的陈述对他造成了影响，并导致他作出对自己不利的行为。法院有时会采用"实质性"这一表述，此时如果权利人以其他人可能信赖虚假陈述的方式作为，则构成依赖虚假陈述的初步证据。③ 在英国法中，"实质性（materiality）"和"引诱（inducement）"是紧密相关的问题，但又是不同的问题。一项陈述是否具有重要性，取决于一个理性人赋予它重要性，而陈述的接受方是否信赖陈述，取决于他的实际心态。④ 在1882年发生的 Mathias v Yetts 案中，布莱克本勋爵指出，如果证明被告向原告作出一个可能引起其他人订立合同的陈述，有意促使原告订立合同，并且证明原告的确订立了合同，则可以合理推出原告受到了该陈述的引诱。⑤ 在实践中，重要性几乎总是意味着虚假陈述的接受方相信该陈述，并基于依赖而作出行动。⑥

（三）德国法上的相关规定

在德国法上，《反不正当竞争法》第3条规定的不正当行为含有一个"最低标准"（a de minimis criterion）。根据此标准，即使一个竞争性

---

① J. Cartwright, *Misrepresentation, Mistake and Non-Disclosure* (4th Edition), London: Thomson Reuters (Professional) UK Limited, 2017, pp. 66-67.

② *Clerk & Lindsell on Torts* (21st Edition), London: Sweet & Maxwell, 2014, p. 1332.

③ J. Murphy, C. Witting & J. Goudkamp ed., *Street on Torts* (13th Edition), Oxford, UK: Oxford University Press, 2012, p. 366.

④ Treitel & Peel, *The Law of Contract* (14th Edition), London: Sweet & Maxwell, 2015, p. 419.

⑤ K. R. Handley, *Spencer Bower & Handley Actionable Misrepresentation* (5th Edition), London: LexisNexis, 2014, p. 81.

⑥ C. Wadlow, *The Law of Passing-off: Unfair Competition by Misrepresentation*, London: Sweet & Maxwell, 2011, p. 308.

行为是不正当的,只有在它可以对竞争造成实质性损害时,该行为才是被禁止的。最低标准也适用于该法的第4条到第7条。① 德国法并没有对实质性进行解释。司法实践中决定性因素不是从客观的角度来看陈述是否真实,而是它是如何被特定群体所认知的。② 根据《德国民法典》第119条第2款,在"交易中被视为重要的"特征的错误可导致撤销,有学者认为应当根据交易的典型经济目的对特征的重要性进行判断。③ 通常,涉及的问题是对于决策的作出具有客观的重要性。④ 同时,考虑到德国是《不正当商业行为指令》的成员国,根据《不正当商业行为指令》第5(2)条,只有一个商业行为可能实质性地扭曲普通消费者的经济行为,它才是不正当的。实质性的要求是为了遵守比例原则,避免指令对共同体内部市场的商业和竞争性带来消极影响,而扭曲的实质性程度必须按照个案进行评估。⑤

(四) 中国法上的相关规定

我国《广告法》第28条规定了实质性的概念,涉及信赖问题。我国学者对于信赖的研究多侧重于民法上的信赖。例如,有学者认为,信赖原则是法律行为交往中的基本原则,引起信赖保护的首要因素是信赖事实构成,包括法律认可的引起信赖行为或信赖投资的事实。⑥ 在信赖的认定上,需要存在一定的表见事实和信赖者对真实信息的不知

---

① Frauke Henning-Bodewig, *Unfair Competition Law*, *European Union and Member States*, The Hagne, The Netherlands: Kluwer Law International, 2006, pp. 128-129.

② R. W. de Very, *Towards a European Unfair Competition Law: A Clash Between Legal Families*, Leideon: The Netherlands. Martinus Nijhoff Publishers, 2006, p. 173.

③ [德] 汉斯·布洛克斯、沃尔夫·迪特里希·瓦尔克:《德国民法总论》(第41版),张艳译,中国人民大学出版社2019年版,第188页。

④ Frauke Henning-Bodewig, *International Handbook on Unfair Competition*, München, Germany: Verlag C. H. Beck oHG, 2013, p. 245.

⑤ Mateja Drovic, *European Law on Unfair Commercial Practices and Contract Law*, Portland, Oregon: Hart Publishing, 2016, pp. 90-91.

⑥ 朱广新:《信赖保护原则及其在民法中的构造》,中国人民大学出版社2013年版,第91页以下。

情。① 但是，这些研究未涉及广告陈述可能引起的信赖。在广告法上，有学者针对广告荐证行为中的信赖指出，可用借鉴英美法上"合理人"的标准来认定是否保护消费者的信赖。② 笔者认为，在讨论广告的信赖问题时，应当注意到广告陈述的自身特点。如果该陈述构成合同的内容，则信赖者仅限于合同对方当事人；如果该陈述属于虚假陈述，而且不构成合同的内容，则信赖体现为接受方依赖行事或具有依赖行事的可能性。由于信赖可以只是一种可能性，对其的认定具有一定的不确定性。在信赖的认定上，需要结合因果关系来进行判定（见下文）。我国理论上对于信赖和因果关系通常是不加区分的。一般而言，信赖的存在可能同时构成因果关系，除非陈述的作出人能举证证明不存在信赖。

在我国的司法实践中，人民法院通常是将信赖与因果关系放在一起讨论的。换而言之，信赖是判断因果关系是否存在的一个要素。在周某某与浙江江南大厦股份有限公司买卖合同纠纷中，上诉人周某某在被上诉人处购买了1000条洁玉毛巾，支付了货款21600元。随后，周某某以洁玉毛巾的"中国名牌"标志系假冒名牌标志构成欺诈为由，对被上诉人提起诉讼。在二审判决书中，浙江省嘉兴市中级人民法院认为，涉案产品吊牌背面确实印有"孚日"图案，并标注"孚日牌毛巾荣获中国名牌产品"等文字，但上述图案和文字字体明显小于其他字体和图案，周某某在一审中表示这一行字字体很小，事实上消费者也不去注意这一行字，普通消费者整体上能认出该毛巾为"洁玉"品牌，而不会误认为"孚日牌"毛巾，因此驳回上诉人的上诉。③

在苏宁云商集团股份有限公司、苏宁云商集团股份有限公司苏宁采购中心网络购物合同纠纷中，被上诉人（原审原告）林某某在网络平

---

① 叶金强：《信赖原理的私法结构》，北京大学出版社2014年版，第86页。
② 于林洋：《广告荐证的行为规范与责任解构》，中国书籍出版社2013年版，第159页。
③ (2014) 浙嘉民终字第45号。

台购买 iPhone5S 手机后,以构成价格欺诈为由要求上诉人(原审被告)承担出借营业执照的连带责任,一审判决认定上诉人(原审被告)承担连带责任。在二审中,广州市中级人民法院认为,该品牌手机的价格是公开透明的,普通消费者可以通过价格对比和其他方面综合考虑后作出理性选择,从被上诉人以价格欺诈多次针对同一产品提出诉讼索赔来看,其比普通消费者更加注重保护自己的权益,在本案中其仅依赖涉案网页的"狂欢价""活动后恢复原价"等宣传就作出购买行为,主张受到商家欺诈,缺乏证据和逻辑支持,故作出撤销一审民事判决的判决。①

从这两起案件可以看出,人民法院在判断是否形成信赖采用的是普通消费者的标准,即普通消费者是否可能信赖广告宣称。在原告具有多次购买同一商品的事实时,人民法院通常会否认信赖欺诈性表述的存在。

二 因果关系问题

(一)理论争论

因果关系对于认定是否构成侵权行为至为重要,也是法律责任的最基本构成要件。② 我国学者对于民法上的因果关系有诸多讨论,但对于虚假广告中因果关系的研究并不多,可能是因为在很多民法学者来看,广告侵权的认定不具有特殊性。其实虚假广告具有自己的特点,并非能以民法一般规则或学说所简单概括。这一特点是,广告的受众具有不特定性。如前文所述,很难证明虚假广告与受众的购买行为之间具有必然的关系。在因果关系的判断上,我国民法的通说是相当因果关系说。③ 在

---

① (2017)粤 01 民终 2391 号。
② 程啸:《侵权责任法》(第二版),法律出版社 2015 年版,第 220 页。
③ 程啸:《侵权责任法》(第二版),法律出版社 2015 年版,第 227—228 页。

虚假广告因果关系的判断上，我国有的学者亦主张相当因果关系理论，认为虚假广告中的因果关系指的是，发布虚假广告的行为与受害人的损害结果之间是否存在相当因果关系。在因果关系的判断上，其主张按照两个步骤来进行：一是判断两者是否存在事实上的因果关系，二是判断两者是否存在法律上的因果关系。就前者而言，如果没有虚假广告行为的发生，消费者的决策自由将不受到影响。① 笔者认为，此种观点看到了虚假广告行为与消费者决策行为之间存在某种关系，但此种"若不是"标准（but-for test）很难说是合理的，尤其在多种因素促成购买行为时。事实上，很多国家的司法实践都承认虚假广告只是其中的一个因素，而非唯一因素。也就是说，相当因果关系实质上过于狭窄，并不合理。

另一种观点认为，虚假广告民事责任上的因果关系，并不认为虚假广告行为是导致损害后果发生的全部原因，而只是部分原因。这里的因果关系，主要是消费者使用虚假广告宣传的商品或者服务的行为导致的，也就是说，由于商品有缺陷而导致损害，或者因缺陷服务行为而直接导致损害。② 这种观点认为，对于发生的损害结果而言，虚假广告行为实际上是出于因果关系链条前端的一种原因力，而不是引起与被引起的直接因果关系。③ 此种观点正确地认识到虚假广告行为与消费者的最终损害之间具有间接性，而非直接性，即虚假广告只是因果关系中的一个前端的链条，而非全部。从这个角度来看，这种观点是有一定道理的。但是，认为虚假广告责任的因果关系主要是消费者使用虚假广告宣传商品或服务的行为所致，并未很好地解释虚假广告行为如何导致损害

---

① 张世鹏：《虚假广告民事责任研究》，博士学位论文，中国政法大学，2009年。
② 杨立新、韩煦：《我国虚假广告责任的演进及责任承担》，《法律适用》2016年第11期。
③ 杨立新、韩煦：《我国虚假广告责任的演进及责任承担》，《法律适用》2016年第11期。

的发生。在虚假广告的因果关系判定上，首先是被告从事了虚假广告行为；其次是虚假广告产生了一定的影响；再次，这种影响导致了原告作为或不作为；最后，此种作为或不作为导致原告产生损失。从这一链条来看，虚假广告行为造成了原告的损失。在澳大利亚的 Travel Compensation Fund 案中，Gleeson 法官指出，如果因信赖误导行为而导致某人的作为或不作为，在某种程度上，损失或损害直接源自作为或不作为，间接地源自误导行为，是信赖将违法行为和赔偿损失连接起来。①

本书认为，在虚假广告的因果问题上，应当注意到虚假广告的特性，从两个维度去理解虚假广告与原告所受损失的关系。第一个维度是主观的问题，即虚假广告能否引起原告的信赖，第二个维度则涉及客观的问题，即受害人的信赖与受害人的损失或损害之间是否有充分的关联，或者说被告的虚假广告是否引起原告的信赖。就第一个维度而言，则涉及信赖的认定问题，对此应考虑广告陈述本身是否具有重要性。如果该陈述对处于原告地位的人具有重要性，即可以推断虚假广告能引起原告的信赖。就第二个维度而言，则只需要证明虚假陈述是导致原告作出购买决定的一个原因即可。换而言之，如果陈述在原告作出购买决定时存在于原告脑中而且该陈述导致原告做出购买决定，则原告构成实际的信赖。② 这需要原告要加以证明。应当指出的是，对原告形成信赖的证明也只是一种为了克服实际信赖而做的折中。同时，在法院推断某陈述对原告造成信赖时，被告有权对推断进行反驳，这涉及原告（即受害人）的注意程度问题和主观状态。如果原告未尽到合理的注意义务，则法院可以认定不具有信赖的依据，从而否定因果关系的存在。例如，在澳大利亚的 Digi-Tech 案中，原告并未直接依赖被告向第三方传递被采

---

① Colin Lockhart, *The Law of Misleading or Deceptive Conduct* (4th Edition), Chatswood, N.S.W.: LexisNexis Butterworths, 2015, pp. 396-397.

② J. Cartwright, *Misrepresentation, Mistake and Non-Disclosure* (4th Edition), London: Thomson Reuters (Professional) UK Limited, 2017, pp. 69-70.

用的误导信息而受有损失，其主张如果没有被告的违法行为将不会导致第三方提出该方案。法官驳回了原告的诉讼请求，认为损失是由原告自己的行为造成的。①

对于广告侵权因果关系的认定，可以适当地借鉴《最高人民法院关于审理证券市场因虚假陈述引发的民事赔偿案件的若干规定》（法释〔2003〕2号）。根据"证券虚假陈述规定"第18条，在以下情形，可认为虚假陈述与损害结果之间存在因果关系：投资人购买的证券与虚假陈述直接相关；投资人购买证券的时间发生在虚假陈述作出后、被告披露之前；投资人在虚假陈述披露后因卖出或持续持有该证券而发生亏损。据此，广告虚假陈述应当能影响到权利人的购买决策，至少为导致权利人作出购买决定的一个原因，尽管不必为唯一的原因。应予以指出的是，广告与证券具有某些共性，两者均针对不特定的群体。然而，两者也有不同：证券是投资者的交易标的，虚假陈述与投资者的投资决定有密切的联系，但是在广告的情形虚假陈述并不必然影响到消费者的购买决定，这是法律要求信赖要素的主要原因。因此，在认定广告侵权的因果关系时，应当考虑广告行为是否导致权利人作出购买决定，并因此遭受损失。

根据"证券虚假陈述规定"第19条，如果被告能通过举证来证明原告存在下列情形的，则认为被告的虚假陈述和原告的损害结果之间不存在因果关系：在虚假陈述发布前原告已卖出证券的；原告在被告披露虚假陈述信息后买入证券的；原告明知被告存在虚假陈述而仍然购买证券的；由于市场系统风险造成原告损失的；原告恶意购买或操纵市场价格的。据此，如果原告的购买行为发生在被告的虚假广告之前，或者原告明知广告的陈述虚假而仍然购买商品或接受服务的，或者被告能证明

---

① Colin Lockhart, *The Law of Misleading or Deceptive Conduct* (4th Edition), Chatswood, N.S.W.: LexisNexis Butterworths, 2015, pp. 401-402.

原告并未意识到广告陈述存在的，应当认定原告的损失与被告的虚假陈述行为之间不存在因果关系。

(二) 司法实践

在我国的司法实践中，原告是否信赖虚假广告，在认定因果关系时十分重要。在梁某某诉小米科技有限责任公司（下称"小米公司"）案中，一审法院驳回原告主张小米公司构成欺诈的请求。二审法院最终认定，梁某某作为具有完全民事行为能力的理性人，对所购买的产品应有基本的合理判断。小米公司已经对产品的技术信息进行了全面的披露，梁某某完全可以凭借这些信息综合判断是否购买产品。如果梁某某仅凭小米公司绝对化的宣传购买产品，则其未尽合理谨慎义务而作出购买意思表示，是对自身责任的放任，应由其承担后果，即与小米公司的广告行为之间不存在因果关系。可见，原告的注意义务对于判断是否存在因果关系非常重要。

可以看出，在司法实践中，法院会考虑虚假广告与原告的损失之间是否存在因果关系。在因果关系的判断上，则会考虑原告是否信赖虚假广告或者是否尽到合理的注意义务。

(三) 举证责任

值得探讨的是，应由谁来证明原告对欺骗或误导行为产生信赖？如上文所述，美国法院区分虚假广告和误导广告是否涉及金钱赔偿，对两者采取不同的做法。就字面虚假广告而言，法院并未要求原告进行举证，而是假定构成了欺骗，并不考虑广告对社会大众的实际影响。[①] 但是，如果原告要主张金钱赔偿，则需要证明对广告消费者构成实际的欺骗。对于误导性广告，原告需要证明广告具有欺骗或误导消费者的可能性。在英国法上，原则上权利人应就其信赖陈述承担举证责任，但权利

---

① Thomas M. William, *False Advertising and the Lanham Act: Litigating Section* 43 (*a*) (1) (*B*), New York: Oxford University Press, 2012, pp. 42-43.

人无须证明陈述是真实的,他只要证明事实上受到虚假陈述的影响就足够了。① 如果某一陈述被法院认定是实质性的,则法院通常会推定权利人信赖虚假陈述,此时陈述人应通过举证来反驳权利人信赖虚假陈述的推论。②

在澳大利亚的司法实践中,仅仅有违法行为促使被告作出对原告造成损失的行为的可能性,是不足以追究被告的责任的。如果没有证据证明"如没有误导行为,权利人将不会作为"的证据,则无法证明信赖。然而,法院也会考虑涉及的行为引起一般人作出某种行为的可能性,法院会根据虚假广告的行为推断出原告信赖的事实,除非有其他的证据予以推翻。③ 然而,在 Ricochet Pty Ltd. 案中,法官认为,尽管一般法规定可以从误导行为案件中推断出信赖,但通过援引事实假定或举证责任而得出的做法,更可能将问题模糊化而不是阐释清楚。④

在我国的司法实践中,法院会通过考虑案件的相关事实和导致宣称信赖的行为来进行推断。例如,在宇某某诉上海五虹通讯科技有限公司案中,法院认为五虹公司两次使用"最佳"用语不足以对消费者构成误导,宇某某应对五虹公司存在其他故意告知虚假情况或隐瞒真实情况的行为承担举证责任。在梁某某诉小米公司案中,尽管原告宣称被告的行为导致其信赖并作出购买行为,但法院认为并不存在此种信赖。在李某某与北京超市发连锁股份有限公司、徐静蕾等生命权、健康权、身体权纠纷中(见本章第四节),原告李某某未能就被告构成虚假宣传、欺

---

① J. Cartwright, *Misrepresentation, Mistake and Non-Disclosure* (4th Edition), London: Thomson Reuters (Professional) UK Limited, 2017, p. 66.

② J. Cartwright, *Misrepresentation, Mistake and Non-Disclosure* (4th Edition), London: Thomson Reuters (Professional) UK Limited, 2017, pp. 68-69.

③ Colin Lockhart, *The Law of Misleading or Deceptive Conduct* (4th Edition), Chatswood, N.S.W.: LexisNexis Butterworths, 2015, p. 405.

④ Colin Lockhart, *The Law of Misleading or Deceptive Conduct* (4th Edition), Chatswood, N.S.W.: LexisNexis Butterworths, 2015, p. 405.

诈行为承担举证责任，因此一审法院驳回起诉。可见，在我国的司法实践中，法院也是根据案件的具体事实情况来综合考虑是否存在信赖和因果关系。

第三节　损害赔偿

损害赔偿是原告进行救济的重要手段。在虚假广告中，对于原告受到的损失或损害加以救济，是一个具有重要理论价值和实践意义的课题。本节在考察美国、澳大利亚、德国和荷兰的立法与实践的基础上，结合《广告法》《反不正当竞争法》和《消费者权益保护法》等规定，对于我国广告侵权中广告主的赔偿责任予以探讨。

一　美国法上的相关规定

在 1989 年《兰哈姆法》修订之前，第 35 条的金钱赔偿是否适用于虚假广告是不明确的。有学者认为，从条文的体系解释来看，不适用于第 43（a）条虚假广告的情形。[①] 尽管如此，在 U-Haul International Inc. v. Jartran, Inc. 案（"U-Haul 案"）中，美国联邦第九巡回区法院认为，虚假广告案件与第 43（a）条的其他案件没有重大差别，故判定第 35 条同样适用于虚假广告案件。在最终的判决中，该法院维持了地区法院对于金钱赔偿的认定。地区法院认为原告的实际损失为 2000 万美元，包括原告 1981 年预计单程租赁的损失 3000 万美元（扣除 25% 的成本）。由于被告的行为是对原告权利的故意侵犯，地区法院判定两倍的赔偿金和律师费。[②] 有学者认为，U-Haul 案的判决鼓励企业采用诉

[①] Kenneth B. "Germain, Unfair Trade Practice under Section 43（a）of the Lanham Act: You've Come a Long Way Baby-Too Far, Maybe", 49 *Ind. L. J.*, 1973, pp. 112-115.

[②] 793 F. 2d 1037（9th Cir. 1986）.

讼获得竞争优势，违反了《兰哈姆法》补偿性质而非惩罚性赔偿的规定。①

在1989年《兰哈姆法》修订之后，第35条明确规定金钱赔偿适用于因虚假广告引起的侵权行为。根据《兰哈姆法》第35（a）条，对于虚假广告所造成的损害，原告可以请求不超过三倍金额的赔偿，包括：（1）被告的利润；（2）原告遭受的损失；（3）诉讼的费用。《兰哈姆法》修订后的一个重要判例，是美国联邦第七巡回区法院作出的 BASF Corporation v. Old World Trading Company 案。在该案中，被告在广告中宣称其销售的防冻剂符合所有汽车制造商的新规格，被告委托第三方生产该防冻剂，而该第三方实际上并未进行所有的检测。事实上，被告销售的产品未符合福特汽车公司和通用汽车公司的检测要求，地区法院认定被告的广告构成字面虚假。在决定赔偿金额时，原告要求赔偿其丧失的利润22713000美元、预判利息、衡平法救济以及律师费400万美元。地区法院判决被告赔偿2498726美元的利润、1737778美元的预判利息以及27.5万美元的律师费。该案双方当事人均提起上诉。BASF认为地区法院的判决是错误的：第一，地区法院拒绝采纳其对于丧失利润的计算方法，而采用市场份额的计算方法；第二，地区法院是从BASF整个产品的市场份额来计算其损失的，而不是从贴标产品的市场份额来计算，而其在后者份额更高；第三，地区法院没有要求Old Trading吐出所获利润，认定有误。同时，地区法院在不允许其提出的提高损失请求和未计算1988年损失金额方面有误。Old Trading则认为，地区法院在BASF无法证明其利润丧失是由其虚假广告导致方面有误。

针对这些请求，美国联邦第七巡回区法院分别予以了回应：就BASF的第一个问题，它认为地区法院之所以未采用BASF的计算方式，

---

① Garrett J. Waltzer, "Monetary Relief for False Advertising Claims Arising under Section 43 (a) of the Lanham Act", 34 *UCLA L. Rev.*, 1987, pp. 965–968.

是因为没有充分的证据表明如果 Old Trading 未进行虚假广告所有的客户都会转向 BASF。由于市场上还存在其他有力的竞争对手，此销售额有可能转向这些竞争对手，因为他们更具有价格竞争优势，因此，地区法院关于部分的损失是因 Old Trading 导致的认定并没有错误。① 对于第二个问题，美国联邦第七巡回区法院认为，地区法院之所以未采用贴标品牌产品的市场份额来计算，是因为 BASF 未能证明其是贴标品牌产品的最大生产商。事实上，即使在此细分市场还存在 Union Carbide 这样强有力的竞争对手，地区法院以包括贴标品牌产品和带有自己标牌产品综合计算没有错误。② 在要求 Old Trading 归还非法利润方面（disgorgement of wrongful profits），地区法院认定赔偿已经足以阻止 Old Trading 的行为，这一认定没有问题。对于提高损失认定的请求，地区法院并未滥用其自由裁量权，而是基于包括证人在内的证据认定 Old Trading 在 1988 年已终止违法行为，地区法院未计算 1988 年的损失也是没有问题的。③ 对于 Old Trading 的请求，第七巡回区法院认为，地区法院的认定是有合理依据的，因为其虚假陈述为它带来了客户，而如果其没有作这样的宣称，BASF 可能会更有竞争力或者会调整其价格策略。④ 最终，第七巡回区法院维持了地区法院的全部认定。

根据《兰哈姆法》第 35 条，获得胜诉的原告或被告在"少数情形"可以获得律师费用。对于少数情形，美国联邦第七巡回区法院解释为，在以下情形可以要求对方支付律师费：（1）如果败诉方是原告，而原告滥用诉讼；（2）如果败诉方是被告，而被告无虚假广告的免责事由。⑤ 在 BASF Corporation v. Old World Trading Company 案，当事人争

---

① 41 F. 3d 1092-1093.
② 41 F. 3d 1094-1095.
③ 41 F. 3d 1098.
④ 41 F. 3d 1093.
⑤ Thomas M. William, *False Advertising and the Lanham Act: Litigating Section* 43 (a) (1) (B), New York: Oxford University Press, 2012, p. 133.

论的一点是 Old Trading 是否应赔偿 BASF 律师费。Old Trading 认为，地区法院基于它的虚假广告是故意的因而要赔偿 BASF 律师费的认定是错误的，第七巡回区法院认为，它有权对地区法院的律师费赔偿数额进行审查，但就本案而言，没有发现地区法院滥用其自由裁量权。[①]

二 澳大利亚法上的相关规定

根据澳大利亚《公平交易法》第82条第（1）款的规定，因违法行为而遭受的损失或损害，可以针对从事或介入违法行为的一方要求赔偿损失或损害。尽管法律条文采用"从事""介入"和"损失或损害金额"等用语来确定因误导行为导致赔偿的边界，但法律并未对"损失或损害"的含义作出界定。[②] 在司法实践中，"损失"或"损害"的含义是很宽泛的，可以根据陈述的性质而作出不同的解释：如果陈述是合同条款，则原告所受的损失是如合同履行其所处的地位；如果陈述是侵权性质的，则损害不能以交易损失来计算，而是如无侵权行为的发生原告所处的地位。[③]

要确定原告是否因误导行为而遭受损失或损害，应当先确定如无误导行为原告会做什么。如果原告能证明，如无被告的违法行为他就不会作出积极的行动，则被告应赔偿原告的经济性损失。那么，经济性损失包括哪些内容呢？一是机会损失。如果原告的损失是因误导行为造成的，例如导致原告延迟出售资产，迟延期间资产的价值减少，则该损失是可以赔偿的。但是，对因此而获得的利润一般不予赔偿，除非是原告

[①] 41 F. 3d 1099.

[②] Colin Lockhart, *The Law of Misleading or Deceptive Conduct* (4th Edition), Chatswood, N. S. W.: LexisNexis Butterworths, 2015, p. 437.

[③] Colin Lockhart, *The Law of Misleading or Deceptive Conduct* (4th Edition), Chatswood, N. S. W.: LexisNexis Butterworths, 2015, p. 449.

在不发生误导行为的情况下也能获得的利润。① 在司法实践中，即使没有违法行为原告也会签订合同，但如果误导行为剥夺了受害方在没有误导行为情况下谈判业务的机会，或合法地中止合同的履行、续签，以比实际情况更低的金额终止合同等，则该等损失是可以赔偿的。② 二是资本损失。主要体现在依据误导行为而订立合同的情况，也包括因信赖被告的误导行为而导致储存的货物因火灾毁灭或因误导行为而导致资产贬值的情形。在因误导行为而订立合同的情形，如果误导行为导致购买无用的资产或业务，则资本损失即为购买价格。但是，即使在此情形，也应当考虑原告是否因该信赖而获得资本收益，例如，取得土地、动产等，这些收益应从资本损失中予以扣除。③ 三是交易损失。因信赖误导行为发生交易损失的情形包括：购买亏损业务、为无利可图的企业订立不动产租赁契约或购买了导致了先前业务经营损失的不合适的资产。④ 对于如何证明交易损失，澳大利亚法并无确定的模式。澳大利亚联邦法院暗示，由法院指定专家来评估原告的财务账户，以获得关于货物和金钱发生流动的真实、公正的情况。在计算时，通常是从购买的业务或资产的经营所得中扣除合法的费用（如设立费用、租金、购买设备或货物的费用等），但不包括法律费用。⑤

在澳大利亚法下，除了上述损失，还有各种费用也是可以赔偿的。第一种主要的费用是因信赖误导行为而发生的费用。在因误导行为而购

---

① Colin Lockhart, The Law of Misleading or Deceptive Conduct (4th Edition), Chatswood, N. S. W.：LexisNexis Butterworths, 2015, p. 449.

② Colin Lockhart, The Law of Misleading or Deceptive Conduct (4th Edition), Chatswood, N. S. W.：LexisNexis Butterworths, 2015, pp. 449-450.

③ Colin Lockhart, The Law of Misleading or Deceptive Conduct (4th Edition), Chatswood, N. S. W.：LexisNexis Butterworths, 2015, p. 467.

④ Colin Lockhart, The Law of Misleading or Deceptive Conduct (4th Edition), Chatswood, N. S. W.：LexisNexis Butterworths, 2015, pp. 471-472.

⑤ Colin Lockhart, The Law of Misleading or Deceptive Conduct (4th Edition), Chatswood, N. S. W.：LexisNexis Butterworths, 2015, pp. 472-473.

买资产或业务的情形，花费的费用通常可以包含在上述损失中，例如购买价格通常包括在资本损失中，而所发生的费用通常包括在交易损失里。然而，仍然存在一些其他的花费的费用，例如在购买土地交易中发生的印花税、转让税以及获得审批而发生的费用。① 类似的费用还有很多，包括购买业务的费用、储存货物的费用、关闭购买业务的工厂和设备的费用等。在不发生资本损失或交易损失的情形，花费的费用是主要的损失。② 第二种是收入损失，即原告因为被告的误导行为而减少收入，即放弃了获得其他利益的机会。对于原告放弃获得其他利益，应由原告加以举证。原告应当证明当时他会从事获得其他利益的机会，即该利益是存在的且原告采取了措施去获得该利益。在司法实践中，法院会考虑非违法行为原因造成的损失，如经济衰退或新的竞争等因素，并且赔偿仅截止到原告应停止业务经营之时，对于之后的损失则不予考虑。③

三 德国法上的相关规定

2004 年修订的《德国反不正当竞争法》第 5 条规定了误导性商业行为。根据该条的规定，如果商业行为含有导致欺骗的不真实的或其他信息，则其被认定为是误导性的。要构成欺骗性宣称，该宣称应当能对购买决定产生影响，即其对于购买决定具有某些客观上的重要性。④ 对

---

① Colin Lockhart, *The Law of Misleading or Deceptive Conduct* (4th Edition), Chatswood, N.S.W.: LexisNexis Butterworths, 2015, pp. 473-474.
② Colin Lockhart, *The Law of Misleading or Deceptive Conduct* (4th Edition), Chatswood, N.S.W.: LexisNexis Butterworths, 2015, p. 475.
③ Colin Lockhart, *The Law of Misleading or Deceptive Conduct* (4th Edition), Chatswood, N.S.W.: LexisNexis Butterworths, 2015, pp. 476-480.
④ Frauke Henning-Bodewig, *International Handbook on Unfair Competition*, München, Germany: Verlag C.H. Beck oHG, 2013, pp. 244-245.

于违法行为,《德国反不正当竞争法》第 8 条规定了各种救济方式,包括撤除、禁令、损失赔偿和没收利润,其中禁令(尤其是诉前禁令)是法律和法律实践的焦点。[①] 根据《德国反不正当竞争法》第 9 条,只有受到损害的商业竞争对手在符合以下条件下才可以要求赔偿损失:(1)侵权行为是故意的或过失的;(2)不公平行为与损失之间具有因果关系。在法律实践中,除了个别行为,证明过错和损失是异常困难的。除了损失,权利人可以要求赔偿各种费用,例如申请发出警告信的费用和部分的律师费。[②] 权利人也可以主张丧失的利润和足够的许可费用。[③] 需要指出的是,尽管直接的竞争对手、商会、消费者组织和德国工商总会可以提起禁令救济,但消费者组织不能请求赔偿,因为它们并没有遭受损失。[④]

四 荷兰法上的相关规定

《荷兰民法典》第 194 条对误导广告做了规定。根据第 194 条,如果将信息公之于众的人发布的信息在某一方面或某些方面具有误导性,其行为构成侵权。这些方面涉及(1)性质、配方、数量、质量、特性或者适用性;(2)原产地、生产方式和生产时间;(3)价格或者其计算方法;(4)提供特定商品或服务的原因或目的;(5)所获得奖项、第三方提供的证明书、其他意见或声明,或使用的科学或专业术语或统计数据;(6)提供商品或服务的条件,或者付款条件;(7)品质担保

[①] Frauke Henning-Bodewig, *International Handbook on Unfair Competition*, München, Germany: Verlag C. H. Beck oHG, 2013, p. 256.

[②] Frauke Henning-Bodewig, *International Handbook on Unfair Competition*, München, Germany: Verlag C. H. Beck oHG, 2013, pp. 257-259.

[③] R. W. de Very, *Towards a European Unfair Competition Law: A Clash Between Legal Families*, Leiden, The Netherlands: Martinus Nijhoff Publishers, 2006, p. 161.

[④] R. W. de Very, *Towards a European Unfair Competition Law: A Clash Between Legal Families*, Leiden, The Netherlands: Martinus Nijhoff Publishers, 2006, pp. 160-162.

的范围、内容或期限;(8)生产者或提供商品或服务的人的身份、资质、技术或者能力。[1] 在荷兰,针对不正当行为提起诉讼的一方,有权获得《荷兰民法典》第162条针对侵权责任提供的救济。权利请求人可以主张赔偿损失和交付利润,权利请求人应当证明他已遭受损失或有遭受损失的危险。[2] 在实践中,要求作为消费者的原告证明因特定广告而遭受损失的程度是很难的。尽管荷兰消费者组织一直游说要求立法者在不正当竞争行为时自动赋予消费者撤销合同的权利,但未获成功。而对于经营者而言,要求其证明广告对其造成损失或证明损失的金额是极其困难的,实践中更可能的救济是禁令。[3] 需要指出的是,在荷兰,无论是个体消费者、作为竞争对手的经营者还是消费者组织都可以提起诉讼,但消费者组织提起的诉讼不能主张赔偿损失。[4]

五 中国法上的相关规定

我国1994年颁布的《广告法》第38条、第47条规定了相关方对于广告的民事责任。根据该法第38条,如果发布虚假广告,欺骗和误导消费者,导致购买商品或接受服务的消费者的合法权益受到损害的,违反了《广告法》的规定,广告主应当承担民事责任。第47条则规定了广告主等相关主体的侵权责任。同时,我国《反不正当竞争法》第5条也做了规定,禁止经营者采取不正当手段从事市场交易,损害竞争对手。这些不正当手段包括:假冒他人的注册商标;未经权利人许可,使

---

[1] 《荷兰民法典》,王卫国等译,中国政法大学出版社2006年版,第275页。
[2] R. W. de Very, *Towards a European Unfair Competition Law: A Clash Between Legal Families*, Leiden, The Netherlands: Martinus Nijhoff Publishers, 2006, pp. 108-109.
[3] Franziska Weber, *The Law and Economics of Enforcing European Consumer Law*, Survey, England: Ashgate Publishing Limited, 2014, pp. 162-163.
[4] Frauke Henning-Bodewig, *International Handbook on Unfair Competition*, München, Germany: Verlag C. H. Beck oHG, 2013, pp. 419-421.

用他人知名商品或与其近似的名称、包装、装潢，造成购买者误认为所购买的商品是该知名商品；未经权利人许可，使用他人的姓名或企业名称，导致购买者误认为其购买的商品是他人的商品；伪造或者冒用他人的质量标志（如认证标志、名优标志等），伪造商品的产地，对商品质量作出虚假宣传。《反不正当竞争法》第 9 条进一步规定，经营者不得通过广告或其他方式对商品进行引人误导的虚假宣传，包括商品的产地、成分、质量、性能和有效期等。在法律后果上，根据《反不正当竞争法》第 20 条，如果经营者违反《反不正当竞争法》的规定，对受侵害的经营者造成损害的，应当承担损害赔偿责任。在损失的计算方面，如果难以计算经营者遭受的损失，则应以侵权期间侵权人因侵权所获得的利润为赔偿额，并赔偿受侵害经营者调查侵害其合法利益所支付的合理费用。因此，原则上，受侵害的经营者可以要求侵权人赔偿损失，在损失无法计算时，可以侵权人在侵权期间因侵权所获得的利润作为赔偿额，而且赔偿的范围还包括调查侵权行为所付出的合理费用。这些费用有哪些，法律没有明确规定。

在司法实践中，法院会根据与侵权行为的相关情况来判定赔偿的金额。在广州医药集团有限公司诉广东加多宝饮料食品有限公司、彭某某虚假宣传纠纷上诉案中，[①] 上诉人广州医药集团有限公司（"广药集团"）认为上诉人广东加多宝饮料食品有限公司（"加多宝公司"）发布了"全国销量遥遥领先的红罐凉茶改名加多宝"广告语，属于虚假宣传行为，要求法院判令加多宝公司不得在广告中宣传使用"全国销量遥遥领先的红罐凉茶改名加多宝"或与之意思相同、相近的广告语，无条件撤换、撕毁、销毁，并判令加多宝公司赔偿广药集团 1000 万元人民币的损失和 813250 元的合理费用。一审法院认为，1000 万元人民币是广药集团为了制止虚假宣传而投入的广告费，813250 元是广药集团

---

① （2014）粤高法民三终字第 482 号。

合理维权的费用（包括律师费和公证费），判令加多宝公司赔偿给广药集团。该认定得到广东省高级人民法院的支持。本案的重要意义在于，法院对于原告主张的广告费用予以支持，在此点上与美国法院的认定有相似之处。可见，在虚假宣传案件中，法院会判定被告支付合理的维权费用。

需要指出的是，在民事责任上，我国法律按保护对象的不同，对消费者所受到的损失和经营者所受到的损失分别作了不同的规定。从经营者的角度来看，在违反《反不正当竞争法》第5条和第9条的情形，损害赔偿额可以参照侵犯注册商标专用权的损害赔偿额的方法进行，在司法实践中多数的案件都采用法定赔偿。[①] 对于消费者的损害赔偿，2015年修改的《广告法》第56条第1款与1994年《广告法》相关内容基本上没有差别。由于《广告法》并未对损失赔偿进行特别约定，可以认为应当适用其他民事法律的规定。可能正是这一原因，虚假广告的民事责任问题没有引起关注。

在我国司法实践中，法院对因虚假广告引起的纠纷会根据当事人是否为消费者而不同。如果案件涉及的只是经营者，符合经营者之间具有竞争关系、有关宣传内容足以造成相关公众误解、对经营者造成直接损害三个基本条件，则无论涉案当事人发布的是广告还是其他宣传，法院会依据《反不正当竞争法》的相关规定来予以裁判。[②] 法院基于上述三个基本条件对于虚假宣传纠纷的处理考虑到其具有竞争法上的效果，但是依据当事人的身份来确定案件依据的法律是否合理有待讨论。我们认为，法院的做法可能是延续了1993年《反不正当竞争法》第9条的规定，但根据2017年修订的《反不正当竞争法》，如果违反该法第8条发布虚假广告的，依照《广告法》予以处罚。尽管该款只涉及行政处罚，

[①] Frauke Henning-Bodewig, *International Handbook on Unfair Competition*, München, Germany: Verlag C. H. Beck oHG, 2013, p. 205.

[②] （2018）沪73民终404号；（2018）豫民终975号；（2018）陕民终413号。

但商业广告与其他商业宣传的特殊之处在于广告具有一定的媒介和形式,[①]对于一方利用商业广告侵害另一方合法利益的行为,原则上应当适用《广告法》的规定。不过,由于《广告法》下民事责任主要针对消费者,导致其适用空间有限。从民事责任的角度来看,《广告法》单独立法有不足之处。

由于《广告法》保护的对象是消费者,《消费者权益保护法》第55条规定了其他的救济,其中最引人注目的是惩罚性规定。根据《消费者权益保护法》第55条的规定,经营者在提供商品或服务过程中存在欺诈行为的,应当增加赔偿消费者的损失,增加赔偿的金额为商品价格或服务费用的三倍。如果增加的赔偿不足五百元的,最低赔偿额为五百元。如果经营者明知提供的商品或服务有缺陷而仍然提供,造成消费者或其他受害人死亡或健康遭受严重损害的,受害人有权主张损失的两倍赔偿。此赔偿为惩罚性赔偿。值得进一步探讨的是,除了《消费者权益保护法》的规定,因虚假广告而受到损害是否可以在《广告法》第56条的基础上予以赔偿。从理论上讲,应当允许受害人选择适用。如果主张依据《广告法》第56条,则受害人需要证明遭受的损失。在损失的计算上,可以借鉴澳大利亚的做法,在权利人能加以证明时予以赔偿。

此外,欺诈与广告法上的欺骗或误导的关系需要加以明定。在虚假广告构成欺骗时,消费者可以根据《消费者权益保护法》第55条的规定主张三倍赔偿,其基础是经营者和消费者之间的合同关系。在虚假广告构成误导并导致消费者作出购买行为时,消费者能否主张欺诈的法律责任,不无疑问。由于法律规定的是欺诈,从字义上来讲不应当包括误导行为。然而,在实践中,尤其是在部门规章层面,欺诈被作了扩大解释。例如,根据原国家工商行政管理总局2015年发布的《侵害消费者

[①] 王瑞贺主编:《中华人民共和国反不正当竞争法释义》,法律出版社2018年版,第25页。

权益行为处罚办法》① 第 16 条，欺诈不仅包括各种虚假的行为，包括引人误解的商品说明、商品标准、现场说明、夸大或隐瞒所提供的商品或者服务的数量、质量、性能等与消费者有重大利害关系的信息，还包括销售失效、变质的商品，销售的商品或者提供的服务不符合保障人身、财产安全要求。例如，根据国家发展计划委员会 2001 年通过的《禁止价格欺诈行为的规定》② 第 6 条，欺诈包括：标价签、价目表的表示内容（如产地、规格、等级等）与实际不符，并以此诱骗消费者或经营者进行购买的；使用欺骗性或者误导性手段（如文字、图片等）诱使他人进行交易的。可见，在欺诈认定的范围上显得较为宽泛，在一定程度上涵盖了误导的概念。

行政执法机关对于欺诈概念所做的扩张，主要是为行政处罚寻找依据。从法律文化的角度来看，这与我国的法律传统有很大的关系。在历史上，我国古代解决民事纠纷的方法包括调处和判决，③ 而调处本身就反映了官方的干预。2015 年修订的《广告法》对于行政处罚的强调也是如此。在法律实践中，法院通常会遵循行政机关依据部门规章作出的行政处罚。然而，从民事责任的角度来看，这些部门规章对于欺诈概念的扩张是否有法理依据呢？或者说，这些部门规章在民事责任的判定上是否有约束力？韩世远认为，无论是《消费者权益保护法》还是立法机关的说明，均没有表示欺诈行为的内涵不同于民事行为中的欺诈行为，因此应以民法上对于欺诈的认定作为民事责任的依据。④ 笔者赞同此种观点。理由是：其一，根据《立法法》第 79 条的规定，法律的效力高于行政法规、地方性法规、规章，在《民法典》规定了欺诈的概

---

① 国家工商行政管理总局令第 73 号。
② 国家发展计划委员会令第 15 号。
③ 梁治平：《寻求自然秩序中的和谐——中国传统法律文化研究》，中国政法大学出版社 1997 年版，第 228 页。
④ 韩世远：《合同法总论》（第四版），法律出版社 2018 年版，第 255—256 页。

念后，规章即使要对法律作出细化，也不能逾越其应有的范围。其二，欺诈的一个核心要件是主观上的故意，如果行为人仅有外观上可能引起的误导行为而无主观故意，不应当认定为欺诈。根据《最高人民法院关于裁判文书引用法律、法规等规范性法律文件的规定》第4条，对于法律、立法解释或司法解释，民事裁判文书应当引用，而对于行政法规、地方性法规、自治条例或单行条例，民事裁判文书可以直接引用。第6条则进一步规定，对于以上之外的其他规范性文件，人民法院根据审理案件的需要，经审查认定为合法有效的，可以作为裁判说理的依据。可见，人民法院对于规章是否有效力，有审查决定的权力。

第四节　免责事由

在广告法上，广告主的免责事由是值得探讨的一个问题，但学界对此研究不多。在本节，笔者将在对美国、德国等国家的立法和司法进行分析的基础上，对我国广告主在《民法典》和《广告法》上的免责事由加以探讨。

一　美国法上的免责事由

《兰哈姆法》第43（a）（1）（B）条规范的是虚假广告。这意味着，如果某一广告不是虚假广告，则广告主无须承担民事责任。这里涉及虚假广告的抗辩事由。根据法院的实践，被告的抗辩事由主要包括：夸张或吹牛、诉讼失去实际意义、衡平法上的抗辩、诉讼时效以及美国宪法修正案。

（一）夸张或吹牛

在美国法上，夸张或吹牛（puffery）不被认定为虚假广告。夸张或吹牛是指销售人员或商家的自卖自夸。由于夸张或吹牛通常不会引起理性消费者的依赖，因此是不可诉的。缺少事实性宣称构成第43（a）（1）（B）条的完全抗辩。即使是对于字面虚假的陈述，如果未含有事实宣称，也是不可诉的。[①] 夸张或吹牛不具有可诉性的一个原因是，其通常是卖方或广告主的主观意见，不具有客观的判断标准。在判例中，属于夸张或吹牛的表述包括，被告的产品"远远比之前提供的任何产品要好"、是"创新的"、与其他品牌"质量相媲美"。[②] 在这里，涉及对事实和意见的区分。如果广告宣称涉及的是事实，则夸张或吹牛的抗辩无法成立；如果涉及一般的主观意见，则可适用此抗辩事由。事实或主观意见有时是不容易区分的，法院会根据案件的具体情况进行判定。在前述U-Haul案中，被告主张原告针对其提出的反对意见只是夸大，而不是事实。法院认为，尽管夸大作为广告形式已经存在多年，但被告的很多宣称已经超出了夸大范围，原告应受到《兰哈姆法》的保护。[③] 同样，如果广告的夸大或吹牛涉及事实，例如根据产品测试得出自己的产品具有某种优越性，则是可以起诉的。

（二）诉讼失去实际意义

在美国法上，如果违法的行为已经终止，而且法院认定没有合理的理由认为它会再次发生，则诉讼将失去实际意义（mootness），而不具有可诉性。换而言之，如果被告已经停止虚假广告的违法行为，而法院认为被告不会继续从事该违法行为，则原告的诉求将不会受到支持。例如，在U-Haul案中，法院提到被告后来的广告没有像前期的广告那样涉及稳定性、设计和安全方面的宣称，因此可以认为诉讼失去实际意

[①] Jean W. Burns, Confused Jurisprudence: False Advertising under the Lanham Act, *B. U. L. Rev*, No. 79, 1999, pp. 867-868.

[②] Gary S. Max, Section 43 (a) of the Lanham Act: A Statutory Cause of Action for False Advertising, *Wash. & Lee L. Rev*, No. 40, 1983, p. 402.

[③] 522 F. Supp. 1245.

义。法院认为，在认定诉讼失去实际意义时，法院应确信其可以合理地预期该行为不会再次发生。进而认为，鉴于被告的做法是能够重复的，不会经过原告的事先审查，认为诉讼失去实际意义将损害法院的司法审查权。① 在 Stokely-Van Camp Inc. v. Coca-Cola Co. 案中，法院认为，被告对于停止违法行为的誓言和证词会导致诉讼失去意义，理由是原告无法证明如没有临时禁令将会对其造成不可弥补损害的可能性。② 然而，也有法院认为，在超出临时禁令阶段，如果没有永久停止违法行为的法院命令，则诉讼并不因此失去实际意义。例如，在 Navistar 案中，法院否定了被告提交的公司管理人员同意停止违法行为的宣誓，认为临时禁令和宣誓不能满足诉讼失去实际意义的要求，因此原告的禁令救济的请求仍然是切实可行的。③

(三) 衡平法上的抗辩

衡平法上的抗辩，指的是尽管原告有权提起诉讼，但由于其自身行为导致其根据衡平法确立的原则无法获得救济或赔偿。衡平法上的一个抗辩是迟延原则（the laches doctrine），该原则可以否定任何形式虚假广告的救济。例如，在 Hot Wax Inc. v. Turtle Wax Inc. 案中，被告宣称的波兰蜡等产品未含蜡，构成虚假广告。法院最终认定原告构成迟延，因此不能得到救济。法院在该案中指出，提出迟延原则抗辩的一方须满足两个条件：一是抗辩所针对的另一方欠缺合理的谨慎，二是因此造成了损害。④ 另一个衡平法上的抗辩是"不干净之手"（unclean hands）。这通常体现在被告对于原告提出的反诉或交叉请求中。在 Stokely-Van

---

① 522 F. Supp. 1256.
② Thomas M. William, *False Advertising and the Lanham Act: Litigating Section 43 (a) (1) (B)*, New York: Oxford University Press, 2012, p. 86.
③ Thomas M. William, *False Advertising and the Lanham Act: Litigating Section 43 (a) (1) (B)*, New York: Oxford University Press, 2012, p. 87.
④ Thomas M. William, *False Advertising and the Lanham Act: Litigating Section 43 (a) (1) (B)*, New York: Oxford University Press, 2012, pp. 87-88.

Camp Inc. v. Coca-Cola Co. 案中,被告认为原告同样从事了添加镁和钙,故提出"不干净之手"的抗辩。法院认为,寻求衡平法救济的一方自己必须是清白的,原告从事类似行为导致其无法获得救济。同时指出,被告提出的"不干净之手"的抗辩必须有不公平的行为或恶意,且该行为与原告主张的救济具有重要的关系。①

(四) 诉讼时效

如同其他的联邦法,《兰哈姆法》并未规定具体的诉讼时效,但是,为了填补该空白,联邦法院必须确定一个类似州法的时间限制。② 多数的法院是按照迟延原则来处理诉讼时效问题。然而,美国联邦第四巡回区法院的判例认为,诉讼时效是一项独立于第43(a)(1)(B)条的抗辩理由。在 PBM Prods 案中,地区法院援引弗吉尼亚州法规定的两年诉讼时效,驳回了原告提出的请求。美国联邦第七巡回区法院在 Hot Wax 案中认为,尽管很多法院采用类似诉讼时效来判定是否构成诉讼迟延,但诉讼时效不构成绝对禁止的抗辩事由。③

(五) 宪法第一修正案

美国宪法第一修正案规定了商业言论是受宪法保护的。在法律实践中,在涉及虚假广告时,被告通常会提出该广告受宪法第一修正案中关于商业言论的保护。在 Virginia State Board of Pharmacy 案中,美国最高法院认为,尽管各州基于公共利益可以对医师进行管理,但禁止医师宣称药品价格的州法是违反美国宪法的,作为商业言论的广告受到美国宪法第一修正案的保护。④ 在 Procter & Gamble Co., v. Haugen 案中,原告

---

① Thomas M. William, *False Advertising and the Lanham Act*: Litigating Section 43 (a)(1)(B), New York: Oxford University Press, 2012, p. 89.
② [美] 丹·B. 多布斯:《侵权法》(上册),马静、李昊、李妍、刘成杰译,中国政法大学出版社2014年版,第479页。
③ Thomas M. William, *False Advertising and the Lanham Act*: Litigating Section 43 (a)(1)(B), New York: Oxford University Press, 2012, pp. 93-94.
④ 425 U.S. 770 (1976).

是宝洁公司，被告是安利公司的经销商。安利的经销商宣称宝洁公司总裁公开其与撒旦有关系的真相，宝洁公司将其相当部分的利润捐赠给一家撒旦教堂，购买安利公司的产品可以让人心安理得。宝洁公司依据第43（a）条提起诉讼。美国联邦第十巡回区法院最终认定，被告的言论属于商业言论。法院认为，从整体上看，该信息的发布以损害宝洁公司的利益为代价来推广安利公司的产品，因此法院认为该言论应当受到《兰哈姆法》的规制。①

二　大陆法国家的免责事由

在大陆法国家，有关广告侵权责任方面的免责事由主要有：合理的夸大、受害人的故意、第三人的行为等。兹分别予以探讨。

（一）合理的夸大

在德国法上，合理的夸大可以成为免责事由，因为一方面，这种夸大是不会轻易让人相信的；另一方面，如果合理的夸大都不允许，会损害到言论的自由。因此，在德国法上，明显夸张的措辞，例如宣称利用一台灶具可以不费力地做饭，或者宣称某种洗衣粉是迄今"最好的"洗衣粉，在债法上不具有拘束力。② 在宣传谷物产品时宣称"每个最好的早晨"，只是商业吹嘘，不违反《反不正当竞争法》的规定。③ 在《德国反不正当竞争法》下，只要不存在可以证实的事实信息、无法核实的销售谈话或纯粹的价值判断就不属于误导广告。④ 在荷兰法上，含

---

① Thomas M. William, *False Advertising and the Lanham Act: Litigating Section 43（a）(1)（B）*, New York: Oxford University Press, 2012, p. 93.
② ［德］迪特尔·梅迪库斯：《德国债法分论》，杜景林、卢谌译，法律出版社2007年版，第49页。
③ Frauke Henning-Bodewig, *International Handbook on Unfair Competition*, München, Germany: Verlag C. H. Beck oHG, 2013, p. 244.
④ R. W. de Very, *Towards a European Unfair Competition Law: A Clash Between Legal Families*, Leiden, The Netherlands: Martinus Nijhoff Publishers, 2006, p. 172.

有虚假或半真半假表述的广告是误导广告,但一般的主观性用语如"最好的"并不被认为是误导的,因为公众显然认为这是夸张,而不是对于事实的描述。①

(二) 受害人的故意

如果权利请求人的购买行为是其故意为之的,则因为被告的欺骗或误导行为没有对其购买决定构成影响,两者的因果关系无法成立,从而受害人的故意成为广告主的免责事由。在荷兰法上,自愿地接受损害通常被认为是责任的抗辩。《荷兰民法典》第6:178条d款部分规定,如果受害人为了自己的利益而自愿暴露在危险环境之下,则构成抗辩事由。② 根据德国《反不正当竞争法》第9条,受到侵害的经营者竞争对手,要提起赔偿损失诉讼,需要证明被告的不正当行为和损害之间具有因果关系。③ 德国判例和通说都认为,受害人故意的介入行为可能导致因果关系的中断。④

(三) 过错相抵

对于过错相抵,《德国民法典》第254条做了规定。根据该条,如果受害人对于损害的发生有过失的,则通过考虑受害人对损害发生的具体情况,来确认赔偿义务及其范围。⑤ 在德国法上,受害人的共同过失将导致相应赔偿数额的减少甚至能全部排除赔偿责任。⑥ 欧洲侵权法小

---

① R. W. de Very, *Towards a European Unfair Competition Law: A Clash Between Legal Families*, Leiden, The Netherlands: Martinus Nijhoff Publishers, 2006, p. 408.
② [奥] 伯恩哈德·A. 科赫、赫尔默特·考茨欧主编:《侵权法的统一:严格责任》,管洪彦译,法律出版社2012年版,第347—348页。
③ Frauke Henning-Bodewig, *International Handbook on Unfair Competition*, München, Germany: Verlag C. H. Beck oHG, 2013, pp. 257-258.
④ [德] 埃尔温·多伊奇、汉斯-于根·阿伦斯:《德国侵权法》(第5版),叶名怡、温大军译,刘志阳校,中国人民大学出版社2016年版,第34页。
⑤ 台湾大学法律学院、台大法学基金会编译:《德国民法典》,北京大学出版社2017年版,第235页。
⑥ [奥] 伯恩哈德·A. 科赫、赫尔默特·考茨欧主编:《侵权法的统一:严格责任》,管洪彦译,法律出版社2012年版,第228页。

组起草的《欧洲侵权法基本原则》第 8：101 条有类似的规定。《日本民法典》第 418 条也做了类似的规定，法院有权考虑债务人的过失来确定损害赔偿的责任及金额。[①] 我国台湾地区"民法典"第 217 条规定，"损害之发生或扩大，被害人与有过失者，法院得减轻赔偿金额，或免除之。"可见，相比于德国民法典，我国台湾地区"民法典"不仅限于损害的发生，也包括损害之扩大，而且，明确地规定了法院可以免除侵害人的民事责任。

三 中国法上的免责事由

我国法上的免责事由包括《民法典》下的免责事由，也包括广告法上或依广告法原理得出的免责事由。

（一）民法典

我国《民法典》第 1174 条到第 1177 条规定了侵权免责事由，其中与虚假广告有关的有：受害人的故意和第三人的行为。就受害人的故意而言，由于虚假广告承担责任的要件之一是虚假广告的发布行为与受害人遭受损失之间具有因果关系。在受害人明知广告虚假的情形，两者之间的因果关系即已切断，其就不能主张就被告的侵权行为要求后者承担民事责任。在王某诉沧州美凡电子商务有限公司和北京茅二酒业有限公司买卖合同纠纷案中，被上诉人在广告中宣称"最好的基酒、最优的价格、延年益寿、越喝越年轻"等字样，人民法院认为，有证据证明王海在购买产品前已经明知虚假宣传的情况，故王海并非基于宣传内容的误导而购买产品。[②]

在受害人有过失的情形，是否可以免除侵权人的责任？根据我国

[①]《日本民法典》，王书江译，中国人民公安大学出版社 1999 年版，第 77 页。
[②]（2017）京 03 民终 7188 号。

《民法通则》第 131 条的规定,如果受害人对于损害的发生有过错,则可以减轻侵害人的民事责任。这一规定被认为是符合我国民事审判的实践情况的。① 我国《侵权责任法》则将有过失和受害人的故意区别对待,设置两个不同的条款。《侵权责任法》第 26 条遵循《民法通则》的规定,在受害人对于损害的发生也有过错时,可以减轻侵害人的责任。《民法典》第 1173 条则规定,被侵害人对同一损害的发生或扩大有过错的,可以减轻侵权人的责任,强调的是损害的同一性。有疑问的是,如果受害人对于损害的发生有重大过失,而侵害人仅有微小过失时,侵害人是否负有责任?例如,受害人对于信赖广告宣称具有重大过失,而广告主仅有微小过失时是否应当承担责任?在理论上,有学者认为,在受害人有重大过失时,赔偿义务人得以免除责任。②

在刘某与小米科技有限责任公司买卖合同纠纷中,上海市第一中级人民法院认为,小米公司在其网站上的宣传确有夸大、绝对化用语等引人误解的虚假宣传,但小米公司同时还公开了手机型号、CPU、内存等信息,刘某作为完全民事行为能力人,对其购买的产品应有基本的了解和认识,对购买产品的性能和参数有基本的合理判断。如果刘某仅仅依据小米公司的绝对化用语便轻率购买涉案产品,则属于刘某对自身权益的放任,其因未尽合理谨慎义务而购买的后果应由刘某自行承担,故维持了一审法院小米公司的宣传行为不构成欺诈的判决。③

在理论上,第三人的行为可以成为加害人主张免责的一种抗辩。我国《民法典》第 1175 条规定,如果损害是由于第三人造成的,第三人应当承担侵权责任。需要注意的是,这里需要区分第三人是造成损害发生的唯一原因还是造成损害的部分原因。在第三人是唯一原因时,例如,广告发布者擅自修改广告宣传语,广告主显然可以主张免责事由。

---

① 王家福主编:《中国民法学·民法债权》,法律出版社 1991 年版,第 502 页。
② 史尚宽:《债法总论》,中国政法大学出版社 2000 年版,第 309 页。
③ (2015)沪一中民一(民)终字第 4077 号。

但是，如果第三人与侵害人是导致损害发生的共同原因，例如，广告主与广告发布者共同造成损害的发生，则广告主不能要求免除其责任。如果广告主与广告发布者构成共同侵权，则应按照《民法典》第1168条，对受害人承担连带责任。可见，在我国的司法实践中，法院会斟酌侵害人的实际情况来认定是否构成免责事由。

（二）广告法

除了《民法典》规定的免责事由，我国广告法上是否存在其他的免责事由？尽管我国《广告法》对于夸大采取了较为严格的立法立场，但从《广告法》第28条第2款第2项的规定来看，只有当产品或服务的信息与实际情况不符对购买行为有实质性影响时，才构成虚假广告。可以认为，如果广告宣称的信息与实际情况不符，但该信息对于购买不具有实质性影响，则应认为不构成虚假广告。在我国司法实践中，法院认为苹果公司iPhone 6S宣称的"唯一的不同，是处处都不同"不构成虚假广告，该宣称属于商业上的吹嘘。[①]

从我国的司法解释来看，以明显的夸大宣传商品，不属于误导。[②] 在李某诉上海橡果网络技术有限公司等虚假广告纠纷案中，北京市第一中级人民法院认为，尽管被告的广告内容和表达存在瑕疵，但不足认定为虚假广告，故驳回原告的诉讼请求。[③] 在司法实践中，法院会考虑诸多因素来认定被告的宣称是否对原告构成欺骗或误导。例如，在查某某诉东亚银行（中国）有限公司杭州分行合同纠纷案中，法院认为原告已经被告知投资所具有的风险，并签署风险确认书，不会因为被告宣称"在5年内升值30.58%"而购买投资产品。[④] 在姚某某诉北京

---

① 程远：《广告法理论与实务》，法律出版社2018年版，第81页。
② 《最高人民法院关于审理不正当竞争民事案件应用法律若干问题的解释》第8条第2款。
③ （2007）一中民终字第904号。
④ （2014）杭下商外初字第9号。

王府井百货集团双安商场有限责任公司买卖合同纠纷案中，原告在被告处购买了其销售的娇韵诗"新生紧肤日霜"一盒和"新生紧肤晚霜"一盒，后以该化妆品的广告宣称新生紧肤系列产品含专利配方 Stimulen 和 Glistin，而"新生紧肤晚霜"盒上和盒内中文说明书根本没有标明 Stimulen 和 Glistin 是专利配方和专利号，产品"新生紧肤日霜"盒上底部标有英文 Patent Application（即：专利申请中），原告认为被告的广告违反了《广告法》第 11 条关于专利的宣称，故提起诉讼。法院认为尽管包装上的标示有瑕疵，但该两个英文单词不足以令原告产生误解，影响其购买行为。[1]

在司法实践中，受害人对于广告违法行为应当承担举证责任。如果受害人不能证明某一广告声称是侵害人发布的，则侵害人不对该广告声称负责。在广州医药集团有限公司诉广东加多宝饮料食品有限公司、彭某某虚假宣传纠纷上诉案中，[2] 上诉人广州医药集团有限公司（"广药集团"）认为上诉人广东加多宝饮料食品有限公司（"加多宝公司"）发布了"王老吉改名加多宝""全国销量遥遥领先的红罐凉茶改名加多宝""原来的红罐王老吉凉茶改名加多宝凉茶了"广告语，构成了《反不正当竞争法》的虚假宣传，要求加多宝公司承担侵权责任。针对"王老吉改名加多宝"的表述，一审法院和二审法院均认为，尽管广药集团提供了相关的照片，但相关证据不足以证明该用语曾被作广告语使用，故驳回广药集团的诉求。对于广药集团在上诉中提出的"原来的红罐王老吉凉茶改名加多宝凉茶了"的用语，二审法院认为无法证明加多宝公司发布了该广告语的存在，缺乏事实依据，不予以支持。也就是说，如果受害人无法证明侵害人为广告主，则广告主可以此作为免责事由，主张不承担侵权责任。

---

[1] （2014）一中民终字第 2624 号。
[2] （2014）粤高法民三终字第 482 号。

在李某某与北京超市发连锁股份有限公司、徐静蕾等生命权、健康权、身体权纠纷中，[1] 上诉人不服一审法院的判决，认为被上诉人北京超市发连锁股份有限公司销售的江中猴姑饼干的广告宣称"胃不好，猴姑饼干，养胃"构成虚假宣传和欺诈行为，要求被上诉人、生产厂家江中食疗公司及广告代言人徐静蕾赔礼道歉，并连带赔偿涉案食品价款十倍7830元及交通费和邮寄费损失315元。一审法院认定，原告李某某应就被告的宣传行为构成虚假宣传、欺诈行为承担举证责任，原告提交的证据无法充分予以证明，不受支持。二审法院北京市第一中级人民法院认定，被上诉人不构成虚假宣传、欺诈行为，因为涉案广告未被认定为虚假广告或违法广告，涉案的广告与消费者的认知并不相悖，不会诱导消费者作出超出常理的错误判断。

基于以上，可以看出，我国法下针对广告侵权的免责事由包括：(1) 受害人的故意；(2) 第三方的行为；(3) 广告对购买决策无实质性影响；(4) 广告行为与损害无因果关系。

第五节　广告侵害未成年人身心健康的民事责任

为了保护未成年人，我国1994年制定的《广告法》第8条明确规定，广告不得损害未成年人和残疾人的身心健康。这一规定在2015年修订的《广告法》中得到保留，规定在修改后的《广告法》第10条。《广告法》第40条第1款又进一步具体规定，禁止在针对未成年人的大众传播媒介上发布不利于未成年人身心健康的网络游戏广告。针对侵害未成年人身心健康的广告行为，《广告法》第57条规定了广告主、广告经营者和广告发布者违反第10条的行政责任。《广告法》第69条第1项又特别规定，侵害未成年人身心健康的，应当承担民事责任。

---

[1] （2017）京01民终8348号。

《广告法》关于广告侵害未成年人身心健康的规定具有中国特色。这一规定是我国政策直接法律化的体现。随着我国对未成年人权益保护的日益重视,在广告执法实践中,已经出现了针对侵害未成年人身心健康的行政处罚案件。在"苍井空"案中,当事人上海臻海实业有限公司利用自媒体发表广告宣传,广告包含日本情色演艺人员苍井空佩戴红领巾参与面向未成年人宣传的内容。上海市浦东新区市场监督管理局认为,该广告违反了社会良好风尚,有损未成年人身心健康,因此对当事人作出行政处罚。① 可以预见,在广告执法中,《广告法》第 10 条将成为一个很有效的条款。②

禁止侵害未成年人的身心健康之所以在《广告法》中得到强调,与我国主流价值和意识形态直接相关,这无疑是值得肯定的。然而,当宣传用语进入立法时,立法者应当基于法律的自身体系以及其与其他相关制度相衔接的基础上尽可能清晰地予以界定。尽管我国一些法律和法规含有保护未成年人身心健康的表述,③ 但遗憾的是,这些法律法规均没有对何谓"未成年人的身心健康"进行明确界定。在一定意义上,此种概念界定的缺失导致这些条款成为执法范畴的"沉睡条款",而仅仅具有政策宣示的功能。因缺乏对其内涵的科学界定,于是不可避免地将对法律实践造成困扰。就广告民事责任的承担与追究而言,除需界定侵害未成年人身心健康的行为外,尚需考虑的是,《广告法》第 69 条第 1 项的规定是否可作为独立的请求权基础。在探讨广告承担侵害未成年人身心健康的民事责任构成要件时,受侵害的权利内容、受害人的范围、损害及因果关系的确定等,均值得深入探讨。基于我国现行有关

---

① 沪监管浦处字(2018)第 152018012183 号。
② 王绍喜:《广告营销中的儿童保护问题》,《市场监督管理》2019 年第 14 期。
③ 2018 年 12 月 29 日修订的《中华人民共和国老年人权益保障法》第 67 条,2018 年 10 月 26 日修订的《中华人民共和国妇女权益保障法》第 17 条,2016 年 2 月 6 日修订的《出版管理条例》第 26 条。

法律规定和法律实践，本节拟通过解释论的方法对这些问题展开探讨。

一 "侵害未成年人身心健康"的法律界定

《广告法》对于未成年人身心健康的强调，体现了立法者对特定主体的倾斜保护。在讨论侵害未成年人身心健康行为时，无论是在行政责任还是在民事责任范畴，都面临如何界定"未成年人身心健康"这一问题。从语义上看，身心指的是"身体和精神"，针对个体而言，健康指的是"发育良好，机理正常，有健全的心理和社会适应能力"[①]。

对于《广告法》第 10 条，相关立法解读一方面认为它是一项原则性规定，另一方面又认为"未成年人身心健康"是一个广义的概念，可以通过禁止性规定来体现，如向未成年人发送烟草广告、利用不满十周岁的未成年人作广告代言人，以及利用中小学教材发布广告等。[②] 为了便于讨论，我们可以将此观点称为"具体论"，即以具体的侵害未成年人身心健康的行为进行示例性表述。另一种观点认为，未成年人处于成长发育过程中，如果商业广告含有不文明、不健康或不安全的广告内容，容易导致未成年人进行模仿，从而对其身心健康造成负面的影响。具体而言，侵害未成年人身心健康的具体行为包括：一是诱导未成年人贪图享乐、追求奢侈；二是造成未成年人不健康的优越感或自卑感；三是影响未成年人树立正确的道德观和行为规范；四是影响未成年人对科学知识的正确认识。[③] 同样，为了便于展开讨论，本书将此种观点称为"抽象论"，即以某种评价性结论作为侵害未成年人身心健康行

[①] 中国社会科学院语言研究所词典编辑室编：《现代汉语词典》（第 7 版），商务印书馆 2016 年版，第 642、1159 页。

[②] 王清主编：《中华人民共和国广告法解读》，中国法制出版社 2015 年版，第 22—23 页。

[③] 国家工商总局广告监督管理司编：《中华人民共和国广告法释义》，中国法制出版社 2016 年版，第 39—40 页。

为的认定标准。

笔者认为,"具体论"的优点在于示例明确且涵盖范围较广,但存在的问题是,对于示例没有进行抽象概括,导致内涵未经提炼且外延边界模糊;而且从广告法的体系来看,由于第 10 条和前面所述的具体条款均设定了不同的责任,认为后者为前者的具体化并不合理。相对于"具体论","抽象论"的观点对"未成年人身心健康"的内涵做了归纳界定,使其外延边界更为清晰,易于实践中比照适用或衡量操作。然而,"抽象论"也存在一些问题,一是对影响未成年人身心健康行为的界定仍不够具体,过于原则化;二是相关认定标准存在交叉重复之处,例如诱导未成年人贪图享乐、追求奢侈显然是造成未成年人不健康优越感的途径之一,并且当然影响着未成年人树立正确的道德认知和行为规范。我国教育主管机关认为,未成年人的身心健康涉及树立正确的世界观、人生观、价值观和荣辱观,应当抵制淫秽、色情、凶杀、暴力、封建迷信、伪科学和恐怖的内容。[1] 按照我国新闻主管机关的观点,影响未成年人身心健康的行为还包括以追求恐怖、惊惧、残酷、暴力等感官刺激为目的的恐怖灵异行为。[2] 全国人大公开征求意见的《中华人民共和国未成年人保护法》(修订草案)第 44 条规定,任何组织或者个人不得向未成年人提供含有淫秽、色情、暴力、邪教、迷信、凶杀、恐怖、赌博、涉毒等危害未成年人身心健康内容的图书、报刊、影视节目、音像制品、网络信息和电子出版物等。根据该修订草案第 45 条,任何组织或者个人不得刊登、播放、张贴或者散发含有危害未成年人身心健康内容的广告。可见,从内容上看,未成年人的身心健康具有广泛

---

[1] 《教育部办公厅关于查缴〈死亡笔记〉等危害青少年身心健康的恐怖类印刷品的紧急通知》(教电〔2007〕263 号)。

[2] 《新闻出版总署音像出版管理司负责同志解答查处"恐怖灵异类"音像制品有关问题》,http://www.gov.cn/zwhd/2008-02/18/content_892800.htm,访问日期:2019 年 9 月 20 日。

性的特征,相应的,侵害未成年人身心健康的行为亦有广泛性。

结合我国现有的广告法律实践,[①] 笔者认为,可以将影响未成年人身心健康的行为界定为影响未成年人世界观、人生观和价值观的行为,包括:(1)宣扬拜金主义和享乐主义的行为,例如在物质上进行过度的炫耀或攀比;(2)表现未成年人早恋、抽烟喝酒、打架斗殴等不良习惯的行为;(3)影响未成年人正常社会道德伦理认知的行为,例如宣扬"二奶"或"小三""上位"的价值观;(4)造成未成年人不健康的优越感或自卑感的行为,例如宣扬如不拥有某种产品就会低人一等或遭受嘲笑的行为;(5)可能引发未成年人从事危险行为或形成安全隐患的行为,例如引导未成年人自杀或进行具有人身危险性的体验;(6)违反科学观或公认的科学常识的行为。在广告法上,上述行为应是通过商业广告这一媒介而对未成年人的身心产生不利影响。

值得探讨的是,侵害未成年人身心健康的广告与违背公序良俗的广告之间的区分。《广告法》第9条第7项规定,禁止广告妨碍社会公共秩序或违背社会良好风尚。社会公共秩序是指为了维护社会公共生活运转所需遵守的社会准则,而社会良好风尚则是历史沿袭而来的、体现民族精神和风貌的善良习俗。公共秩序和良好社会风尚在民法上通常被合称为"公序良俗"。相比于侵害身心健康的行为,违反公序良俗的行为类型更为宽泛,不仅涵盖危害家庭关系行为类型和违反性道德行为类型,还包括危害国家公序行为、射幸行为、限制经济自由行为以及违反公平竞争行为等类型。[②]

具体到广告法而言,违反公序良俗的广告包括反伦理、违法犯罪、色情、反民族感情、带有欺骗性、宣扬阶级思想和利用人体进行宣传的

[①] 参见上海市广告协会2018年发布的《广告发布标准》,中国网络视听节目服务协会2019年发布的《网络短视频内容审核标准细则》。

[②] 梁慧星:《民法总论》(第五版),法律出版社2017年版,第208—210页。

广告。① 违背公序良俗的广告还包括宣扬享乐主义、奢靡之风的广告。② 如前所述，侵害未成年人身心健康的行为主要涉及未成年人的世界观、人生观和价值观，其与违背公序良俗的行为可能会发生重合。例如，在宣扬享乐主义广告时，既违背了公序良俗原则，也侵害了未成年人的身心健康。在针对未成年人发布的广告含有淫秽、色情、迷信、恐怖、暴力等内容时，既违背了社会良好道德风尚，也侵害了未成年人的身心健康。在此情况下，笔者认为，应将该行为优先认定为侵害未成年人身心健康的行为。换而言之，由于公序良俗在侵害客体上具有普遍性，而相对而言，侵害未成年人身心健康的客体具有特定性。因此，在广告专门针对未成年人或主要针对未成年人时，尽管该广告内容在性质上违背公序良俗，但依照一般和特殊的适用原理，应将该行为优先认定为侵害未成年人身心健康的行为。

二 《广告法》第 69 条可否作为请求权基础

在广告行为侵害未成年人身心健康时，受害人是否可以根据《广告法》第 69 条第 1 项要求侵害人承担民事责任，涉及该条是否构成独立的请求权基础。如果是，则可以依据该条直接追究侵权人的民事责任。如果不是，则需要结合其他的条款来追究侵权人的民事责任。对于《广告法》第 69 条第 1 项，原先的立法意图已不易于探知。从相关立法解读来看，损害未成年人身心健康的，除可以由执法部门对侵权人进行行政处罚外，广告主、广告经营者和广告发布者应当依法承担责任。③ 这里的"依法"究竟是指《广告法》还是包括其他法律？如果可依《广

---

① 程远：《广告法理论与实务》，法律出版社 2018 年版，第 212—215 页。
② 朗胜主编：《中华人民共和国广告法释义》，法律出版社 2015 年版，第 17 页。
③ 朗胜主编：《中华人民共和国广告法释义》，法律出版社 2015 年版，第 124 页。

告法》，究竟是依据《广告法》第 69 条第 1 项还是其他条款？有学者认为，这里的依法不限于《广告法》，还包括《侵权责任法》《合同法》《产品质量法》等法律。①

笔者认为，虽然上述理解均有一定的合理性，但这些观点忽视了广告侵权行为的独特性质及表现特征。从法理上看，《广告法》为了保护未成年人的权益而作出特殊规定，是不足为怪的，这是国家保护未成年人权益的具体实现方式。从逻辑上看，既然《广告法》第 57 条规定了侵害未成年人身心健康的行政责任，那么第 69 条第 1 项对该种行为的民事责任进行规定也是顺理成章的。或许有观点认为，从第 69 条各项的结构来看，该条更像是一个不完全法条，需要借助其他法律来进行解释。此种观点虽然有一定的道理，但是，探讨第 69 条的规范性质与适用条件，不能与《广告法》的整个体系割裂开来，因为我们不应孤立地理解制定法的规定，而应当从法律体系的整体联系中理解它们。②

在我国的司法实践中，人民法院对于《广告法》第 69 条也存在着不同的理解。在原告太原探峰鑫隆开锁有限公司起诉被告杨某某和山西龙采科技有限公司侵权纠纷中，③杨某某不具有开锁资质而擅自使用原告的营业执照，并委托作为被告之一的山西龙采科技有限公司发布违法广告。一审法院太原市小店区人民法院依据《反不正当竞争法》、《广告法》第 69 条第 5 项以及《侵权责任法》的规定判决原告胜诉，该判决得到终审法院太原市中级人民法院的维持。可见，法院在该案中认为，《广告法》第 69 条是独立的请求权基础，可以在民事审判中直接予以适用。而且《广告法》第 69 条只有一款，各项之间具有同等法律效力，人民法院既能以该条其他项作为请求权基础，自然也应能以该条

---

① 刘双舟主编：《新广告法精解与应用》，中国财政经济出版社 2015 年版，第 133 页。
② [德] 卡尔·拉伦茨：《法律行为解释之方法——兼论意思表示理论》，范雪飞、吴训祥译，法律出版社 2003 年版，第 6 页。
③ （2019）晋 01 民终 2399 号。

第 1 项作为请求权基础。

不过，有的人民法院对于《广告法》第 69 条持有不同的理解。在格图（北京）科技有限公司与范冰冰肖像权侵权纠纷中，①被告格图（北京）科技有限公司（"格图公司"）未经原告同意在其微信公众号使用原告范冰冰的肖像用于商业宣传，一审法院北京市朝阳区人民法院根据《民法通则》和《侵权责任法》的规定，认定被告构成侵害原告的肖像权，判决格图公司赔礼道歉和赔偿原告人民币 6 万元。格图公司不服，提起上诉。在上诉答辩中，尽管被上诉人范冰冰请求根据《侵权责任法》和《广告法》第 69 条驳回上诉人格图公司的上诉，而二审法院北京市第三中级人民法院最终也判决驳回上诉，维持原判，但在判决中，二审法院并未提到《广告法》第 69 条，似乎认为第 69 条并非独立的请求权基础。②

笔者认为，根据《广告法》第 69 条的规范内容与规范结构，该条构成独立的请求权基础。这是因为，无论是在广告行为侵害未成年人身心健康的民事责任特征上，还是在相关执法司法实践中，《广告法》第 69 条规定的使用情形均有特殊性，而且这种特殊性是一般民事侵权责任制度所不能完全涵盖规制的。

第一，该条的行为主体是特定的，为广告主、广告经营者或广告发布者，而且侵权行为发生在广告发布环节。尽管广告侵权也是侵权行为之一，但不应否认其自身的特殊性。具体而言，广告的特殊性体现在广告受众的广泛性。因而在发生广告侵权时，其受害人具有不特定性，是不特定的多数人。基于此，需要在《广告法》中对广告侵权的责任作出明确的规定，以建构完整的侵权责任构成要件体系，避免在受害人为不特定人时影响对广告侵权责任的认定与追究。《广告法》第 69 条规

---

① （2019）京 03 民终 883 号。
② 另一种可能是，我国法律对于肖像权有明确的法律规定和司法解释，因此法院认为没有必要再援引《广告法》第 69 条的规定。

定的规范意义及适用价值即在于此。而且对于不特定的未成年人受众来说，不以其个体身心特质作为排除条件。例如，有一些未成年人身心成熟、身体健康已经达到甚至超过成年人的程度，但是这些人并不被排除在广告侵权行为的受害人范围之外。这里对于未成年人身心健康程度的判断，应依据社会一般观念而定，只要依据一般社会观念判断未成年人身心通常不能抵御广告侵权行为的侵害，即可认定是广告侵权行为的受害者。

第二，从内容上看，尽管第 69 条的很多内容已经体现在其他法律制度中，例如肖像权作为人格权之一规定在《民法典》人格权编中，对其侵害所应承担民事责任的规范规定在《民法典》侵权责任编中，贬低其他人的商品或服务的违法行为则是《反不正当竞争法》的规范对象。换而言之，这些行为均有对应的法律责任条文。然而，不应孤立地理解制定法的规定，而应将其放在法律体系的整体联系中进行理解和解释。[①] 在法律体系当中，不同法律对于同一问题进行规定是正常的现象，并且不能将其认定为法律中不应有的重复规定，因为不同法律的立法宗旨、归责原则、实现机制等均有所不同。因此，《广告法》基于广告侵权行为的特点对民事责任进行专门规定，有正当充分的法理依据。在发生规范竞合时，按照法律适用的一般法理处理即可。例如，《广告法》第 56 条依据商品或服务涉及消费者的生命健康而要求广告经营者、广告发布者、广告代言人承担连带责任，此即为特别法的规定，应当优先适用。

第三，如前文所述，影响未成年人身心健康行为的法律界定过于原则化，需要予以具体化。如下文所要探讨的，受广告侵害的未成年人身心健康的权利内容并不十分明确。因此，即使认为第 69 条其他各项都

[①] [德] 卡尔·拉伦茨：《法律行为解释之方法——兼论意思表示理论》，范雪飞、吴训祥译，法律出版社 2003 年版，第 6 页。

有其他法律上的依据，但对广告侵害未成年人身心健康而言，则并非如此。换而言之，民法上并不存在一个与身心健康完全对应的权利类型，即使是健康权也无法囊括《广告法》第69条所规定的身心健康。与民法上的健康权不同的是，《广告法》上的身心健康侧重于未成年人的世界观、人生观和价值观，后者无法为传统民法上的健康权所涵盖。因此，无论是在法理上还是在实务上，与其认为民法对侵害身心健康的行为已有规定，不如承认侵害未成年人身心健康要承担的是特殊的民事责任，并在此基础上探讨此种责任的构成要件。

第四，更为特殊的是，广告行为对未成年人身心健康的损害处于或然状态即可构成，法理上并不要求未成年人身心健康受到的侵害一定处于实然状态。例如，某个未成年人身心健康状态极佳，例如世界观、人生观和价值观均积极且稳定，即使看到有侵害未成年人身心健康的广告内容，也不会受到丝毫影响。处于这种情形的未成年人受众，仍可被涵括在广告侵权行为的未成年受害人范围之内。因为，广告行为对未成年人身心健康的损害具有程度模糊性，即广告侵权行为对未成年人受众身心健康的影响程度不一，尤其是精神层面的负面影响，并不能清晰准确地认定；广告行为对未成年人身心健康的损害具有将来发展性，即广告侵权行为对未成年人身心健康的负面影响，要在未成年人今后很长的人生经历中显现出来。因此，《广告法》第69条对侵害未成年人身心健康的民事责任作出特别规定是十分必要的，该条理应作为请求权基础。当然，必须指出的是，主张《广告法》第69条可以构成独立的请求权基础，并不意味着否认《民法典》的普遍适用性。实际上，对于侵害未成年人身心健康的民事责任构成要件和责任承担方式，仍然需要结合包括《民法典》在内的其他法律来进行分析和认定。

三 责任构成要件

如果认为《广告法》第69条关于侵害未成年人身心健康民事责任的规定可以作为独立请求权基础，可以成为一种新型的民事责任类型，那么有待探讨的是，此种民事责任的特殊性体现在哪些方面，即其构成要件有哪些。

(一) 行为侵害了未成年人的身心健康

在理论上，广告侵权行为究竟侵害未成年人身心健康的权利客体是身体权、健康权还是其他的人格权益，其实并不明确。如果认为生命权、身体权和健康权都以权利人的人身为客体，[1] 则身心健康的概念比身体权和健康权都要广泛。立法解读将健康权界定为以维持个体生命活动的利益为内容的人格权。[2] 有观点认为，健康权是指以维持身体机能为内容的权利，对健康权的侵害包括对肉体和精神的侵害。[3] 也有观点认为，健康权是以健康作为客体的权利，既包括生理健康也包括心理健康，侵害心理健康会造成受害人精神上或心理上的疾病。[4] 如果按照此种观点，则可以认为身心健康为健康权所包括。根据《民法典》第1004条，自然人享有健康权，自然人的身心健康受法律保护，也是持有类似的观点。但笔者认为，《广告法》第10条的身心健康要比民法上的健康权更为广泛，因为该条下的健康还包括世界观、人生观和价值观方面的内容。在《广告法》的语境下，对身心健康的侵害还包括一些不适合未成年人身心健康发展的内容，如淫秽色情方面的内容，如对

---

[1] 谢怀栻：《论民事权利体系》，《法学研究》1996年第2期。
[2] 王胜明：《中华人民共和国侵权责任法释义》（第2版），法律出版社2013年版，第27页。
[3] 王泽鉴：《侵权行为》，北京大学出版社2009年版，第102页。
[4] 程啸：《侵权责任法》（第二版），法律出版社2015年版，第131—133页。

于物质的过度追求,如此等等。

值得探讨的是,在认定广告侵害未成年人身心健康时,受害人应如何确定?从字义上看,侵权行为的受害人显然为未成年人。但是,在具体纠纷中受害者如何界定,则不无疑问。于此,一种做法是,将受害人的范围限定于因广告侵权而导致身心健康直接受到损害的未成年人。例如,在前述提及的苍井空佩戴红领巾一案中,尽管广告传播的对象理论上可以包括所有的未成年人,但受害人的范围应限于在现场受到侵害的未成年人。另一种做法是,要求侵害人向所有看到该广告的未成年人受众承担侵权责任。在法理上,这是可能的。

笔者认为,可以将《广告法》第 69 条解释为类似《民法典》第 185 条以公益救济为目的的民事责任规范。理由在于:第一,在比较法上,很多国家将虚假广告行为视为不正当竞争行为的一种形式。在德国,《反不正当竞争法》第 1 条明确规定对消费者进行保护,但该法对于消费者的保护是抽象意义的,即对所有消费者的"集体利益"进行保护,因此单个消费者无权依据该法提起诉讼,而必须由消费者组织提起诉讼。[1] 在美国法上,尽管《兰哈姆法》第 43(a)(1)(B)条规定了受到损害或可能受到损害的"任何人"可以针对虚假陈述提起诉讼,但在司法实践中多数法院认为,这里的"任何人"并不包括消费者个人。[2] 而针对消费者的《联邦贸易委员会法》第 5 条也主要是由美国联邦贸易委员会来执行的,除了采取行政措施,该委员会有权就侵害消费者利益的虚假广告提起民事诉讼。[3] 可见,在比较法上,由有关机关就涉及社会公共利益事项提供保护是有先例借鉴的。第二,在侵害权

---

[1] Frauke Henning-Bodewig, *International Handbook on Unfair Competition*, München, Germany: Verlag C. H. Beck oHG, 2013, p.239.

[2] 王绍喜:《美国法上虚假广告民事责任研究》,《中国社会科学院研究生院学报》2018 年第 4 期。

[3] Frauke Henning-Bodewig, *International Handbook on Unfair Competition*, München, Germany: Verlag C. H. Beck oHG, 2013, p.635.

益上，尽管未成年人的身心健康属于私人利益，但第69条规范的是未成年人群体的利益，具有社会公共利益的性质，将此种侵害视为对社会公共利益的侵害更有利于对未成年人身心健康的保护。第三，在程序方面，我国《民事诉讼法》第55条规定了对污染环境、侵害众多消费者合法权益等损害社会公共利益的行为，法律规定的机关和有关组织可以提起诉讼。尽管该条没有明确规定未成年人的合法权益，但未成年人的身心健康无疑属于社会公共利益，该条的"等"字可以解释为涵盖未成年人的身心健康这一利益。

（二）对与未成年人身心健康相关的社会公共利益造成损害

在侵权法理论上，要构成侵权，应当造成损害后果。在广告侵害未成年人身心健康的行为中，损害主要体现心理上或精神上的损害。由于此种损害通常是无形的，在认定时应依据各种证据来加以认定。例如，受害人是否看到广告，受害人是否受到影响，等等。在此种侵权中，侵害通常不造成财产性损害，而主要是非财产性损害。这里的损害包括：(1) 价值观上的损害，体现为诱导未成年人追求物质享受；(2) 世界观上的损害，影响未成年人对科学知识的正确认识；(3) 人生观上的损害，影响未成年人树立积极向上的人生观。可以看出，这里的损害具有一定的抽象性。如上所述，该侵害针对的是未成年人身心健康，侵害的对象具有社会公共利益的特征。从理论来看，健康权作为积极权利和消极权利的二元划分的历程，经历了消极权利衍生积极权利和积极权利衍生消极权利的变迁，促使公法和私法对其进行规范构造。[①] 这意味着，在进行健康权进行保护时，我们可以借助类似提起公益诉讼的公法手段。

在考虑损害时，需要结合侵害未成年人身心健康行为的界定和社会的一般伦理道德观念来予以认定。换而言之，在认定构成侵害未成年人身心健康的前提下，如果依据社会一般的伦理道德观念侵权行为具有损

[①] 陈云良：《健康权的规范构造》，《中国法学》2019年第5期。

害未成年人的可能性,则应认定构成了这里所说的损害,而不需要证明损害的实际发生。需要指出的是,这里的损害主要是暂时性损害,但也可能构成永久性损害。这是因为未成年人容易受到他人影响,对于此种损害不应进行严格解释。

(三) 广告侵权行为与未成年人身心健康损害之间具有因果关系

在广告侵害未成年身心健康行为中,广告侵权行为应当与未成年人的损害之间存在因果关系。换而言之,侵害人的广告侵权行为直接造成了受害人的损害。这里的侵害行为,体现为广告主、广告经营者或广告发布者的发布行为,即广告发布行为违反了《广告法》第69条,并造成了具体的损害。

在因果关系的判断上,应当认为侵害行为与损害后果之间具有相当因果关系即可,而不要求具有必然因果关系。在侵害未成年人身心健康案件中,法院对于因果关系的判断需要结合社会的一般理解,尤其是社会对于儿童受害的一般认知。换而言之,这里的因果关系只是一种盖然性因果关系,而不要求绝对的精确性。

需要进一步阐释的是,广告侵权行为与未成年人身心健康损害之间的因果关系,可以根据一般社会观念推定存在。也就是说,根据一般的社会观念,如中国特色社会主义核心价值观、外界信息接收与身心健康受损的一般心理学依据,只要含有侵害未成年人身心健康的广告内容一经发布,即推定对所有的未成年人受众造成损害,也就是推定广告侵权行为与未成年人身心健康损害之间存在因果关系。这一推定反映了广告的独特性,即广告的受众是不特定的多数人。从比较法上看,因果关系的推定也是有理论依据的。例如,在美国法律实践中,对于字面虚假的广告宣传,原告无须证明广告宣传实际欺骗或可能欺骗消费者,① 而在

---

① 王绍喜:《美国法上虚假广告民事责任研究》,《中国社会科学院研究生院学报》2018年第4期。

误导广告宣传中，有的法院允许原告通过推定的方式来证明欺骗消费者，尽管限于故意误导比较广告案件。① 在法国法上，对于《民法典》第 1384 条第 1 款规定的侵权行为，因果关系是通过推定得出的。② 在实践中，评判某一行为的因果关系是很困难的，因此，法院在实践中对因果关系的要求不严格，甚至不考虑这种要求。③

四 责任承担方式

我国《广告法》对于侵害未成年人身心健康的民事责任形式没有作出具体规定，因此在法律实务中，应遵循《民法总则》和《侵权责任法》的规定。《民法总则》第 179 条规定了十一种承担责任的方式，《侵权责任法》第 15 条规定了八种承担责任的方式。需要指出的是，《民法典》第 179 条沿袭了《民法总则》的规定，但删除了原来《侵权责任法》针对侵权责任承担方式的规定。在发生侵害未成年人身心健康行为时，应当根据侵权行为的特征及影响来确定承担责任的方式。具体而言，在发生广告侵害未成年人身心健康行为时，侵权人应承担的责任方式包括停止侵害、赔礼道歉、消除影响和赔偿损失。

（一）停止侵害

停止侵害是指，权利受害人针对侵害人提出的要求侵害人停止正在进行的侵害绝对权的行为。要适用停止侵害的责任承担方式，一是要求侵害的客体是绝对权，二是侵权行为正在进行中。④ 在广告侵害未成年

---

① Thomas M. William, False Advertising and the Lanham Act: Litigating Section 43（a）(1)(B), New York: Oxford University Press, 2012, p.65.
② ［法］伊夫·居荣:《法国商法》(第 1 卷)，罗结珍、赵海峰译，法律出版社 2004 年版，第 918 页。
③ 张民安:《现代法国侵权责任制度研究》(第二版)，法律出版社 2007 年版，第 140 页。
④ 程啸:《侵权责任法》(第二版)，法律出版社 2015 年版，第 656 页。

人身心健康案件中,未成年人的身心健康属于人格权,是绝对权,可以成为侵害的客体。如果广告侵权正在进行中,则受害人可以要求侵害人撤回广告的发布,否则侵权行为就处于持续之中。有观点认为,停止侵害适用于三种情况:一是侵害正在进行中,二是已发生过侵害,有继续发生侵害的可能性,三是未曾发生侵害,但有发生侵害的可能性。① 笔者认为,在广告侵害未成年人身心健康案件中,停止侵害当然应当适用于前两种情形;但对于第三种情形,仍得以适用停止侵害的民事责任承担形式,因为广告行为对未成年人身心健康所造成的侵害,存在可能的负面结果既已构成,法律适用中不需强调区别实际发生和可能发生的情形。根据《民法典》第997条,如果受害人有证据证明行为人正在实施或即将实施侵害人格权的违法行为,受害人有权向法院申请禁令,责令行为人停止侵权行为。

值得探讨的是,在构成广告侵权时,侵权人可否通过更正的方式重新发布广告?笔者认为,原则上不否认侵权人通过更正广告的方式停止侵害,但前提是更正广告不再含有任何侵害未成年人身心健康的内容。在发生广告行为侵害的情况下,基于之前广告所造成的负面社会影响,广告主、广告经营者或广告发布者通常会对更正广告持谨慎态度,但在理论上应予以认可。

(二)赔礼道歉

赔礼道歉作为一种责任方式最早规定于《民法通则》第134条第1款,《民法总则》和《侵权责任法》沿袭《民法通则》的规定,将赔礼道歉作为一种民事责任方式,《民法典》予以保留。在法理上,赔礼道歉只适用于侵权之诉,而不适用于违约之诉。② 在理论上,有观点认为这一具有中国特色的规定是特定历史时期道德法律化的产物,而质疑其

---

① 魏振瀛:《〈民法通则〉规定的民事责任——从物权法到民法典的制定》,《现代法学》2006年第3期。

② 程啸:《侵权责任法》(第二版),法律出版社2015年版,第675页。

在现代法上的合理性。① 在广告侵害未成年人身心健康案件中，由于侵权行为是通过广告这一媒介来进行的，针对的是不特定的对象，具有广泛的社会影响，在发生该类侵权行为时，赔礼道歉是一种较好的责任承担方式。在日本法上，"道歉广告"作为恢复名誉、信用的方式。② 在我国，在发生侵害未成年人身心健康行为时，侵害人为了获得社会公众的谅解，通常会主动向媒体认错。此种认错，不一定要以道歉信的形式发布，只要能够起到道歉效果，就应当认为侵权人采取了赔礼道歉的方式。在我国法律实践中，存在多种赔礼道歉的方式，包括向原告或与原告相关的特定人进行口头道歉、书面道歉和在特定媒体、特定时段刊登道歉声明。③

但需要强调的是，道歉的形式与受众知晓程度应当与广告侵权行为的方式及影响之间具有相当性。一个轻微的传播范围较小的广告侵权，可能一个口头的道歉即为足够。相反，一个内容非常恶劣而影响范围极广的广告侵权，却在一个极小范围以相当敷衍的态度作出道歉，这种内容及方式不相当的道歉方式，显然不应得到法律和社会公众的认可。《民法典》第1000条对此做了规定，根据该条，如果行为人拒不承担赔礼道歉责任的，法院可以在报刊、网络等媒体上发布公告或公布生效的法律文书，相关的费用由行为人承担。在法律实践中，河南省美景之州地产开发有限公司因为发布违法广告"春风十里醉，不如树下学生妹"而被处以行政处罚，④ 当事人及时向社会公众书面道歉，可以认为违法广告行为与侵权方式及影响之间具有相当性。

(三) 消除影响

《民法典》第179条规定了"消除影响、恢复名誉"这一责任方

---

① 姚辉、段睿：《"赔礼道歉"的异化与回归》，《中国人民大学学报》2012年第2期。
② 姚辉、段睿：《"赔礼道歉"的异化与回归》，《中国人民大学学报》2012年第2期。
③ 葛云松：《民法上的赔礼道歉责任及其执行》，《法学研究》2011年第2期。
④ 郑工商处字〔2018〕180306001号。

式。"消除影响、恢复名誉"作为一种责任方式,指的是根据受害人的请求责令侵害人采用适当的方式消除对受害人名誉的不利影响以恢复其名誉。从表述上看,该责任适用于侵害受害人名誉的行为。在理论上,有观点认为,"消除影响、恢复名誉"不是一种独立的责任方式,因为它以侵权责任承担方式所要实现的目标作为侵权救济的措施。[1] 但也有不同的观点认为,"消除影响"不同于"消除影响、恢复名誉",应解释为一种独立的民事责任形式。[2] 笔者认为后一种观点更为合理。因为在发生广告侵害未成年人身心健康行为时,涉及消除影响的问题,而并不一概涉及恢复名誉。换而言之,对于不同的侵权行为,并不必然同时适用消除影响和恢复名誉。[3] 但是,对于侵害未成年人身心健康的广告涉及特定受害人时,侵权人应当采取与其后果相当的消除影响措施。例如,侵害未成年人身心健康的广告用了特定未成年人的肖像,或者以特定个体(如某个人、某学校或某个未成年人群体)为例,给示例的个人、单位或群体造成负面影响,广告侵权人应当承担消除影响的民事责任。可见,承认"消除影响"作为独立的民事责任方式,有助于解决需要消除影响的侵权责任情形。

(四)赔偿损失

赔偿损失是最为普遍的一种民事责任方式,既适用于违约纠纷,也适用于侵权纠纷。如前所述,广告侵害未成年人身心健康一般不涉及财产性损失,因此应当以不赔偿财产性损失为原则。但是在概念上,赔偿损失包括人身损害赔偿、财产损害赔偿和精神损害赔偿。如果广告侵害未成年人身心健康,导致受害人精神上遭受严重的损害,根据《民法

---

[1] 程啸:《侵权责任法》(第二版),法律出版社 2015 年版,第 677 页。
[2] 邹海林:《民法总则》,法律出版社 2018 年版,第 430—431 页。
[3] 魏振瀛:《民事责任与债分离研究》,北京大学出版社 2013 年版,第 327 页。

典》第1183条，应当准许受害人主张赔偿精神损失。根据现行的司法解释，[①]也可以认为侵害未成年人身心健康的行为可导致精神损失。需要注意的是，请求精神损害赔偿，需要满足两个条件：一是构成对人身权益的侵害，二是侵害行为造成了严重的精神损害。只有同时符合这两个条件，受害人才可以主张精神损害赔偿。

第六节 本章小结

本章探讨了广告主的侵权责任。基于比较法的视角，探讨了欧盟、美国和澳大利亚对作为虚假广告核心的欺骗和误导的理论和实践。具体而言，欧盟通过一般规定和清单列举的方式进行认定，美国在实践中通过字面上的虚假和字面上不虚假但误导的情形进行区分，设置了不同的认定标准，澳大利亚则对陈述的性质进行具体的分析。我国广告法规定了欺骗和误导，司法解释也对误导进行了规定，但对于误导的认定标准仍有待进一步的完善，对此可以考虑适时修订相关司法解释。

对于广告侵权因果关系，英美法对于信赖问题较为重视，在因果关系的认定上，明确广告侵权具有不同于一般侵权的特点。澳大利亚的司法实践考虑到不同的因素，可以为我国司法实践提供有益的借鉴。在广告侵权因果关系的认定上，应考虑到虚假广告的特性，考虑主观和客观两个维度，一是虚假广告是否促成原告作为或不作为，二是原告的信赖和损害之间是否有充分的关联，同时可以借鉴证券虚假陈述侵权中因果关系的认定标准。

在损害赔偿问题上，普通法系国家采用了较为灵活的做法，而大陆法系国家则以民法典为基础，未对广告性陈述的侵权损害赔偿进行过多

[①]《最高人民法院关于确定民事侵权精神损害赔偿责任若干问题的解释》（法释〔2001〕7号）第1条第2款。

的探讨。在损害赔偿上，我国法律区分保护对象而对损失作出了不同的规定。在经营者层面，主要适用《反不正当竞争法》，基于虚假广告主张损失赔偿的案件仍然不多。在消费者层面，则主要适用《消费者权益保护法》，但保护消费者的惩罚性规定与损失赔偿的关系有待明确。

对于免责事由，普通法系国家和大陆法系国家有一些共同的免责事由，如合理的夸大和受害人的故意。相对而言，美国法下虚假广告的抗辩范围较为广泛。在与有过失问题上，普通法系允许其作为抗辩事由，大陆法系则区别情形而认定构成责任减轻事由或免责事由。在我国法上，应当允许广告主提出《民法典》下和《广告法》上的实质性影响等免责事由作为不承担责任的抗辩。

本章还研究了广告侵害未成年人身心健康的民事责任，首先对未成年人身心健康进行法律界定，接着提出了《广告法》第69条构成独立请求权基础。在责任构成要件上，本书主张包括行为侵害了未成年人的身心健康、对与未成年人身心健康相关的社会公共利益造成损害以及广告侵权行为与未成年人身心健康损害之间具有因果关系三个要件。在责任承担方式上，侵权人应承担的责任方式包括停止侵害、赔礼道歉、消除影响和赔偿损失。

第 三 章

广告经营者的民事责任

广告经营者是我国广告活动中重要的一方。我国《广告法》将广告经营者界定为提供广告设计、制作或代理服务的一方。在日常生活中，广告经营者通常被称为广告代理公司。如果说广告主是资金的提供方，那么广告经营者是受委托方，为广告主提供诸多广告活动。广告经营者负责了解广告主的需求，根据其需求提供产品或服务的创意。在这一意义上，可以说广告经营者是广告活动的发动机。从广告活动本身而言，广告的设计依赖于广告经营者的创意，在将创意落实于具体的媒介时，涉及广告的制作，在寻找或提供广告点位时提供广告代理服务，在受委托与广告发布者进行商谈时涉及广告代理，而在广告主需要寻找广告代言人时，广告经营者也常常扮演活跃的角色。在广告代理制下，广告经营者处于广告主和广告发布者的中间地位，为广告主和广告发布者提供双向服务，并起着主导作用。[①] 可以说，在广告活动中，广告经营者是一个重要的桥梁。与广告经营者的重要角色相比，对于广告经营者的法律研究寥寥无几。

与1994年的《广告法》相比，2015年修订的《广告法》对广告经营者的民事责任作出了一些新的规定，主要体现在广告经营者的广告审

---

① 丁俊杰、康瑾：《现代广告通论》，中国传媒大学出版社2013年版，第150页。

查义务和广告经营者所承担的民事责任上。本章第一节分析广告经营中各主体之间的法律关系，第二节探讨广告经营者的广告审查义务，第三节讨论广告经营者的过错责任，第四节探讨广告经营者的无过错责任，最后是小结。

第一节 广告经营中的法律关系

如上所述，广告经营者在广告活动中扮演着重要的角色。为了明确广告经营者所承担的民事责任，有必要先对广告经营者与其他广告主体的法律关系做一梳理。在这一梳理过程中，广告经营者的特殊性将得以展现。

一 广告经营者与广告主

在日常的广告活动中，广告主需要通过广告创意和广告设计来推销自己的商品或服务。按照服务功能和经营范围，可以将广告经营者分为全面服务型广告公司和部分服务型广告公司。全面服务指为广告主提供涉及广告活动的全过程、全方位的服务，包括产品分析、市场调查、销售方式分析、媒介调查等服务，而部分服务则指提供广告服务中的一项或几项服务。[①] 在中外广告史上，广告创意和广告设计的重要性不言而喻，很多公司凭借广告创意而名声大起，赚得盆满钵满。在经济生活中，一些著名的广告创意公司如奥美公司、阳狮集团、奥姆尼康集团承揽了很多大公司的广告设计服务。除了广告设计，广告经营者还为广告主提供广告制作服务、广告代理服务。从法律关系上看，在广告经营者提供广告设计服务时，广告经营者与广告主之间形成委托代理法律关

[①] 丁俊杰、康瑾：《现代广告通论》，中国传媒大学出版社2013年版，第134页。

系；在广告经营者提供广告制作服务时，广告经营者与广告主形成承揽法律关系；而在广告经营者提供广告代理服务时，其与广告主仍然形成委托代理法律关系。可见，广告经营者与广告主的法律关系取决于广告经营者提供服务的内容，不可以一概地认定为委托代理法律关系。

在实践中，广告经营者提供创意服务的作品可能会侵权第三方的知识产权。例如，未经权利人的许可使用了第三方的字体或图片。在司法实践中，一些字体或图片公司提供前期默示免费使用而后提起侵权诉讼索赔，成为司法实践中的一类典型案件。① 对此，应当如何处理？由于难以确认广告的设计制作方，作为权利人的第三方通常以构成侵权为由向广告主要求赔偿。广告主在赔偿权利人后根据其与广告经营者之间的合同约定向广告经营者进行追偿。有的广告主则基于合同约定要求广告经营者直接与第三方解决纠纷。我国《广告法》对广告经营者和广告主作出以下规定。《广告法》第 30 条要求广告主和广告经营者在广告活动中应当签订书面合同，第 32 条规定了广告主应当委托有资质的广告经营者，第 33 条要求广告主或广告经营者使用他人名义或形象的要事先取得其书面同意（包括其监护人的书面同意），第 34 条则规定了广告经营者有义务查验广告证明文件和核对广告内容。根据《广告法》第 37 条，对于法律、行政法规禁止生产或销售的商品或提供的服务，以及禁止发布广告的商品或服务，广告经营者不得进行设计、制作或代理。可见，广告经营者和广告主之间存在着特定的法律义务。

二 广告经营者与广告发布者

如上所述，广告经营者起着连接广告主和广告发布者的桥梁作用。

---

① 张政、余晟、徐雁：《依法审理图片著作权案促进文化市场健康发展——杭州中院关于图片公司商业维权诉讼及审理情况的调研报告》，《人民法院报》2012 年 5 月 24 日第 8 版。

在我国，广告发布者通常称为广告媒介，包括报纸、广播、电视、网络、杂志等。在广告活动中，广告经营者和广告发布者都扮演重要的角色。两者既具有相同之处，也有不同之处。在相同方面，两者均接受广告主的委托，为广告主提供特定服务。在不同方面，广告经营者在广告经营活动中处于链条的前端，而广告发布者则处于该链条的后端。从法律关系上看，广告经营者和广告发布者之间形成广告发布委托代理法律关系，即广告经营者通过与广告发布者签订《广告发布合同》来为广告主提供服务。

在实践中，提供全面服务的广告经营者通过打包购买多种广告发布媒体资源，有效地降低广告发布的成本。例如，跨国巨头群邑集团购买全国特定媒体资源，然后提供给其所服务的广告主。在这种情况下，虽然广告经营者是受广告主的委托，但《广告发布合同》的双方是广告经营者和广告发布者，而不包括广告主。需要指出的是，由于新技术的发展，出现了新的广告发布者，如京东公司、阿里巴巴公司。它们既可以作为广告主，也可以作为广告发布者。在程序化购买模式下，广告需求方平台的经营者是互联网广告发布者、广告经营者。[①] 在很多情况下，我国《广告法》将广告经营者和广告发布者作为广告中介一并进行管理。例如，《广告法》第 34 条要求两者按照国家有关规定建立、健全广告业务的承接、审核和档案管理制度，要求查明有关证明文件和核对广告内容，第 35 条规定两者应公布收费标准和方法，第 56 条要求两者承担先行赔偿责任、过错责任或无过错责任。

三　广告经营者与广告代言人

在经济生活中，广告代言人扮演越来越重要的角色（具体阐述见本

---

① 《互联网广告管理暂行办法》第 14 条（国家工商行政管理总局 2016 年 7 月 4 日发布）。

书第五章）。由于广告代言人具有一定的知名度和社会影响力，其在广告营销中所起的作用不可小觑。如果广告主的产品或服务与广告代言人的气质相契合，则广告代言人可以产生极大的影响力，或是提升品牌的知名度，或是直接转化为带货能力。在实践中，广告代言人主要分为两类，一类是签约代言人，其与相应的公司签订有合约，所获得的代言收入的一定比例由该公司来分享；另一类是个人代言人，即艺人自己成立工作室，通过自己的经纪人来与广告主订立合同。广告经营者在广告主和广告代言人之间起到牵线搭桥的作用。有的大型广告经营者与广告代言人或其经纪公司保持良好的关系，在广告主有广告代言需求时为广告主提供艺人资源供广告主选择，同时也向广告代言人推荐广告主资源。此时，广告经营者所扮演的角色类似于居间人，但在法律关系上仍为广告主或广告代言人的受托人。广告经营者在沟通广告主和广告代言人方面起到重要的作用，例如在广告片拍摄、制作以及广告营销执行等方面提供服务。

在法律关系上，广告经营者主要是作为广告创意方、广告制作方或者广告代理方，其与广告代言人之间通常没有形成一定的法律关系。在广告实践中，存在两种经营模式：一是广告经营者直接与广告主签订合同（例如策划服务合同），然后再与广告代言人签订广告代言合同，此时，广告经营者为广告主的受托人，同时是代言合同的签约方；二是广告主直接与广告代言人或其经纪公司签订合同，广告经营者提供广告策划、制作或代理服务，此时广告经营者与广告主签订合同，并未与广告代言人签订单独的合同。由于法律风险控制等方面的需要，第二种模式在实践中最为常见。在一定程度上，这取决于广告主的需求。根据《广告法》第 56 条，在发布虚假广告的情形下，广告经营者和广告代言人需要与广告主承担过错或无过错连带责任。需要指出的是，《广告法》第 38 条禁止利用不满十周岁的未成年人和因虚假广告受行政处罚未满三年的代言人作广告代言,如果广告经营者或广告代言人违反此规定,可能需要向广告主承担违约责任。

第二节 广告经营者的义务

为了规范广告经营者的经营行为,《广告法》第5条、第30条至第34条、第35条、第37条等条款规定了广告经营者应承担的义务。在这些义务中,最为重要的是第34条规定的广告审查义务以及第37条的禁止为法律、法规禁止的产品或服务提供广告设计、制作或代理服务。在《广告法》的修订过程中,有意见提出广告经营者对广告内容的真实性负责。[①] 立法最终未采纳此种意见。由于2015年修订的《广告法》针对不同的广告设置了不同的限制,可以认为广告经营者的审查义务也随之增加。因此,在考察广告经营者的审查义务时,不可不留意《广告法》对于特定广告予以禁止或限制的情形。

一 对广告审查义务的理解

根据《广告法》第34条的规定,广告经营者应当依据法律和行政法规查验有关证明文件,核对广告内容。从表面上看,这一规定极为简单,实际上它蕴含着很多重要的内容。

首先,在审查的依据上,广告经营者所依据的是法律和行政法规。这里的行政法规应当如何理解?是《立法法》所规定的行政法规,还是行政性法律规范?无论是立法机关还是学者均未解释这里的"行政法规"的含义,但从执法机关引用《大众传播媒介广告发布审查规定》

[①] 《广告法修订草案二次审议稿向社会公众征求意见的情况》,载朗胜主编《中华人民共和国广告法释义》,法律出版社2015年版,第262页。

来说明广告经营者的审核义务来看，① 这里的行政法规似乎指的是行政性法律规范。换而言之，这里采用的是广义的行政性法律规范的概念，其是否合理尚有待商榷。笔者认为，在解释上应将这里的行政法规限定为《立法法》规定的行政法规，而不包括行政性法规规范。理由在于：一方面，《合同法》第52条第5项规定违反法律和行政法规的强制性规定的合同无效，根据立法者的解释，这里的"行政法规"指的是国务院颁布的法规，不包括行政管理规定。② 另一方面，《民法典》第1222条也规定，违反法律、行政法规、规章以及其他诊疗规范的，可以进行过错推定。由此可以看出立法者对于行政法规的使用是有特定含义的。

其次，广告经营者查验相关证明文件，包括对证明文件的种类、数量、出处以及真实性、合法性、有效性进行查验。③ 真实性和合法性的要求与《广告法》第3条规定的广告应当真实、合法的基本原则相呼应，表明了立法者希望通过广告经营者的审查来遏制虚假广告和违法广告发生的意图。但应注意的是，这里指的是对证明文件进行查验，而不是针对广告的内容，这两者是有明显区别的。如果不注意此区分，将导致不合理地要求广告经营者去对广告的内容进行审查。有效性则要求广告经营者尽到足够的审查义务，对证明文件的效力进行查对。

最后，在《广告法》修订过程中，对于广告经营者承担的义务是"核实"还是"核对"有争议。最终通过的广告法将广告经营者的义务确定为"核对"。对于如何理解这里的"核对"，存在不同的理解。一种观点认为，在网络环境下，1994年《广告法》所确立的实质审查义务难以做到，核对的义务与广告主应对广告的真实性承担首要责任是相

---

① 国家工商总局广告监督管理司编著：《中华人民共和国广告法释义》，中国法制出版社2016年版，第108页。
② 胡康生主编：《中华人民共和国合同法释义》（第3版），法律出版社2013年版，第105页。
③ 朗胜主编：《中华人民共和国广告法释义》，法律出版社2015年版，第62页。

对应的，广告经营者只是扮演辅助角色，要求其承担审查责任是科学、合理的。①另一种观点则认为，按照2015年的《广告法》，广告经营者在某些情形不需要承担全面的实质性审查的义务，但也不意味着其仅承担形式上的审查义务。②

本书认为，争议在于广告经营者是否承担实质审查的义务。从文义上看，"核实"指审核是否属实，而"核对"则指审核查对。③两者显然是有区别的，"核实"强调的是内容的审核，而核对则是对文件的外在形式的审核。既然立法机关专门对该用语进行了修改，应当认为广告经营者没有实质审查的义务，因此第一种观点值得赞同。但是，这并不意味着广告经营者的审查只是程序性的，在某些明显违法的情形下其核对的义务与核实的义务可能相差不大。例如，广告经营者对于证明文件显示的有效期限或伪造印章的瑕疵有过错，可能会被认定为未尽到核对的义务，因此需要特别加以注意。

二 司法实践

在实践中，对于被告是否尽到审查的义务，通常依据法律法规的规定。在江阴合德聚力投资咨询有限公司与江阴市奥美广告礼品有限公司广告合同纠纷中，④原告江阴合德聚力投资咨询有限公司（"合德聚力公司"）委托被告江阴市奥美广告礼品有限公司（"江阴奥美公司"）在江阴市城市公交车车身上发布理财广告。江阴奥美公司合同

---

① 刘双舟主编：《新广告法精解与应用》，中国财政经济出版社2015年版，第81—82页。
② 国家工商总局广告监督管理司编著：《中华人民共和国广告法释义》，中国法制出版社2016年版，第109页。
③ 中国社会科学院语言研究所词典编辑室编：《现代汉语词典》（第7版），商务印书馆2016年版，第529页。
④ （2016）苏0281民初8080号。

签订后在江阴城市公交车 K11、K19 路发布了内容为"合德聚力、不吸储，不借贷，只做自己红娘，'房产抵押+公正双保险'，年化收益 15%"的广告。江阴市市场监督管理局认为，广告没有包含风险提示，对合德聚力公司作出罚款 6.2 万元的行政处罚，同时认定江阴奥美公司作为广告发布者未按规定进行户外登记，广告未警示风险和审查不严，没收广告费用 6.2 万元，并罚款 6.2 万元。原告合德聚力公司认为江阴奥美公司构成违约，要求后者赔偿损失。江阴市人民法院认为江阴奥美公司未按约定审查广告内容和广告审批资料，属于未尽到审查义务，应承担违约责任。

但是，在实践中，广告经营者是否尽到审查义务容易引起争议。在张某某诉河北燕赵资讯广告公司沧州分公司、河北燕赵资讯广告公司侵权纠纷案件中，[①] 原告张某某看到被告河北燕赵资讯广告公司沧州分公司、河北燕赵资讯广告公司于 2012 年 2 月 17 日发布在《燕赵都市报》燕赵资讯版的广告："本人陈某某，29 岁，1.65 米，肤白靓丽，无孩，经济优越，为有个完整的家无奈的我诚寻××男士交往，圆我多年人生梦想，满意即赴你处面谈，有缘发展 183×××6363 亲谈。"原告张某某的职业是律师，经人推荐与陈某某取得联系，双方相互发短信进行沟通，陈某某以索要彩礼为名从原告处骗取 24908.97 元。原告张某某为此向法院起诉，要求被告承担：一、连带赔偿原告由于其违法经营发布广告给原告造成的损失 34908.97 元的民事责任；二、连带赔偿原告支出的费用合计 355 元；三、连带赔偿逾期付款违约金 30018.63 元及其他违约金；四、本案的全部诉讼费。

河北省沧州市运河区法院（"运河区法院"）针对本案进行了审理。运河区法院认为：1. 二被告作为广告经营者、广告发布者提供的婚姻媒介服务，不属于《消费者权益保护法》第 2 条所述的生活消费

---

① （2015）沧民终字第 436 号。

需要购买或接受服务,故应适用《广告法》的规定。2. 被告发布了陈某某的婚姻媒介广告,原告利用该广告的信息与陈某某联系,建立恋爱关系,在此期间给予陈某某彩礼合计24908.97元。原告作为一名律师,未经深入了解轻信陈某某的谎言,对造成被骗损失应负主要责任。3. 被告虽辩称其已经核对了陈某某的身份证原件和户口本原件,但没能保留其有效的真实名称、地址的收据,导致无法在诉讼中提供该信息,对原告的损失负有一定的责任。基于以上理由,运河区法院根据原被告7∶3的责任比例判决被告赔付原告7472.7元,驳回原告的其他请求。案件受理费2550元,原告承担2324元,被告承担226元。

在运河区法院作出判决后,原、被告基于不同的理由均提起上诉。原告张某某的上诉理由是:第一,本案的案由是广告侵权纠纷,而不是广告合同纠纷;第二,本案应适用《广告法》和《消费者权益保护法》;第三,被告故意违法经营、发布虚假广告,构成欺骗、误导,并严重侵害了其人格尊严;第四,请求被告赔偿原告损失208234.49元。被告的上诉理由是:首先,被告作为新闻单位无权留存当事人的身份证和户口本原件,一审判决一方面认为被告已核对陈某某的信息,又认定被告未能保存陈某某的有效信息,两者相互矛盾;其次,原告无法证明其汇入陈某某的银行卡号为陈某某所持有,即使是其给予陈某某的彩礼,如感情破裂可以要求陈某某返还,并无实际损失;再次,一审的适用法律和案由均有错,应适用《民法通则》和《侵权行为法》。因此,请求驳回原告张某某的全部诉讼请求。

河北省沧州市中级人民法院("沧州中院")于2015年4月7日作出民事判决,认为上诉人河北燕赵资讯广告公司沧州分公司和河北燕赵资讯广告公司在为陈某某发布征婚广告时审查了陈某某的身份证、户口本原件,与本人相符,保留了身份证、户口本的复印件,其行为符合相关规定,二上诉人在刊登征婚广告中没有过错。上诉人张某某看到征婚广告后与陈某某取得了联系，确立了恋爱关系，其给陈某某的彩礼，是其轻信谎言被骗，与二上诉人河北燕赵资讯广告公司沧州分公司、河北燕赵资讯广告公司无关，二上诉人不应承担赔偿责任。原审认定二上诉人未能保留陈某某真实名称、地址的有效证据，与事实不符，判决二上诉人承担一定的赔偿责任，没有法律依据。原审判决确定案由为广告合同纠纷错误，应予改正。故判决：（1）撤销原审民事判决；（2）驳回张某某的诉讼请求；（3）一审案件受理费 2550 元，二审案件受理费 50 元，均由张某某负担。

可以看出，人民法院在处理广告经营者是否尽到审查义务时，会综合考虑案件的各种因素。如果一方的损失与广告经营者的审查义务无直接的关系，则会否定广告经营者的民事责任。在司法实践中，如果广告经营者未尽到广告审查义务，则应承担民事责任。[1]

第三节 广告经营者的过错责任

与 1994 年的《广告法》相比，2015 年的《广告法》对经营者的过错责任做了一些修改。因此，有必要阐述一下修改的内容。此外，对于过错责任的性质和举证责任，也值得探讨。

一 过错责任的局部调整

在 1994 年的《广告法》下，广告经营者在两种情形下需要承担过错责任：一是明知或应知广告虚假而仍然设计、制作的，另一是无法提供广告主的真实身份和地址的。对于第一种情形，广告经营者需要承担连带责任。在第二种情形下，广告经营者要承担全部民事责任。对于第

---

[1] 程远：《广告法理论与实务》，法律出版社 2018 年版，第 313—314 页。

一种情形下的民事责任是不难理解的,但第二种情形下的全部民事责任则可能让人费解。由于广告经营者无法提供广告主的真实名称或地址,考虑到《广告法》下其建立和完善档案管理制度等义务,广告经营者显然具有过错,要求其承担责任是无可厚非的,但理论依据是什么,值得商榷。

在广告经营者的民事责任方面,2015年的《广告法》作出了两个调整:第一,在广告经营者无法提供广告主的真实名称、地址和有效联系方式的情形,消费者有权要求广告经营者先行赔偿。2015年的《广告法》第56条增加了"和有效联系方式"的字样,一方面是限定了广告经营者承担责任的条件,这体现在"和"字上;另一方面又赋予了广告经营者新的义务,即提供的联系方式应当有效,而不是仅仅提供联系方式。根据立法解读,之所以要求广告经营者先行赔偿,是为了方便消费者维护自身的权益。[①] 在消费者维护其权益时,广告经营者应当提供广告主的信息,如果无法提供信息或提供不正确的信息,视为负有过错责任,应当对消费者先行赔偿。[②] 因此,在因广告主欺骗等原因难以取得联系时,依据本条广告经营者无法逃避其先行赔偿的民事责任。

需要注意的是,如果广告经营者审查了广告主的真实名称和地址,但广告主诈骗携款潜逃,而第三方审计事务所出具虚假资信证明的,审计事务所应在出具虚假证明的资金范围内承担连带责任。[③]

第二,在涉及生命健康产品或服务之外的虚假广告时,广告经营者明知或应知广告虚假而仍然设计、制作或代理的,应当承担过错连带责任。可见,《广告法》以是否涉及生命健康产品或服务来区分广告经营

---

① 王清主编:《中华人民共和国广告法解读》,中国法制出版社2015年版,第122页。
② 国家工商总局广告监管管理司编著:《中华人民共和国广告法释义》,中国法制出版社2016年版,第171页。
③ 王敏、俞薇:《广告侵权赔偿案件的有关法律问题探讨》,《法学评论》1998年第2期。

者是承担无过错连带责任还是过错连带责任。对广告经营者的无过错连带责任，下文将展开探讨，在此不予赘述。

二 过错责任的性质

我国《民法典》第178条规定，"二人以上依法承担连带责任的，权利人有权请求部分或者全部连带责任人承担责任"。如上所述，对于不涉及生命健康的产品或服务的虚假广告，广告法要求广告经营者承担过错连带责任。问题在于，该侵权责任的性质为何。有一种观点认为，广告经营者承担的是专家鉴证责任，理由如下。第一，广告经营者作为专业机构或专业人士，具有专业的知识；第二，广告经营者被施加广告审查的法定义务；第三，消费者作为广告的真正购买者与广告经营者存在直接的关系，广告经营者应当向消费者承担广告瑕疵鉴证服务的责任。[①] 笔者认为，此观点值得商榷。

首先，广告经营者的工作具有一定的专业性，但从广告经营者的专业性尚无法得出应承担专家责任的结论。在市场经济中，因分工而导致的专业化是一种较为普遍的现象。尽管要求具有专业知识的机构或个人承担连带责任有一定的道理，但并不意味着非要通过专家责任来调整。事实上，在侵权法上，通过注意义务来对侵权行为加以调整更为普遍。即使认为专业性是承担专家责任的一个条件，我们也需要进一步探讨广告经营者所承担的角色。在为广告主提供广告设计、制作或代理服务的过程时，广告经营者承担的是法律法规设定的具体义务，而不是没有限制的义务。

其次，如前所述，法律对广告经营者设定的义务，主要是广告的查

[①] 张保红：《论广告经营者专家鉴证责任》，《河南大学学报》（社会科学版）2015年第4期。

证义务和核对义务。在广告经营者未履行该义务时，其承担的是过错责任，这与专家责任没有必然的关联。

再次，从各国的实践来看，在专家责任的范围上一般包括律师、建筑师、医师、公认会计师、土地房屋调查师等，而且，专家责任以高度的职业道德和信任关系为其特征。① 从专家的范围来看，并不包括广告经营者，而且广告经营者与广告主之间并不具有类似的信任关系。

最后，认为广告经营者对广告内容承担瑕疵产品的鉴证责任，没有法理依据。一方面，消费者购买的广告是否为一种鉴证服务，本身值得商榷。这里涉及广告的功能。尽管广告的受众为消费者，但不应认为是消费者购买广告，广告费用的支付方是广告主。其实，消费者是借助广告去购买商品或服务，这是广告的作用所在，即广告通过增加消费信息，提供产品质量，拓宽选择的范围，来促进消费者偏好和购买的结合。② 另一方面，认为广告经营者在法定义务之外，还要对广告提供类似担保的鉴证服务，这是一种人为的牵强附会，因为此种观点似乎认为广告经营者类似于商品或服务的经营者，而两者实质上差异极大。

因此，认为广告经营者承担的民事责任在性质上为专家鉴证责任的观点没有说服力。

三 过错责任的举证

无论是在理论上还是实践中，都有观点认为虚假广告和违法广告之所以充斥于社会，是因为广告经营者受广告主之托，为了利益而"铤而走险""为虎作伥"。诚然，这种观点揭示了广告主和广告经营者之间存在着利益上的关系。而其中一个原因是广告经营者承担的是过错责

---

① 梁慧星：《论专家的民事责任》，载梁慧星《民法学说判例与立法研究》（二），国家行政学院出版社1999年版，第294—295页。

② 丁俊杰、康瑾：《现代广告通论》，中国传媒大学出版社2013年版，第79页。

任，而过错责任要求"谁主张，谁举证"，而对于广告经营者的过错，无论法院还是消费者均难以加以证明。① 因此，为了保护消费者的利益，广告经营者应承担举证过错责任。有观点认为，广告经营者承担的是专家责任，应当由广告经营者承担过错证明责任，因为只有专家才对专业行为有更清楚的理解。② 可以认为，这种观点主张对广告经营者的责任实行过错推定。

本书认为，尽管由广告经营者承担举证责任有助于保护消费者的权益，但根据现行法要求广告经营者承担过错举证责任依据不足。

第一，从《民法典》第1165条第2款的规定来看，法律规定有推定过错的，才能承担责任。基于文义解释，《广告法》第56条并无推定广告经营者具有过错的表述，立法解读也没有论及对广告经营者实施过错推定。

第二，从逻辑的角度来看，如果主张广告经营者承担过错举证责任，那么第56条涉及的其他广告主体（例如广告发布者和广告代言人）也应当就其过错承担举证责任。由于《广告法》已经区分涉及生命健康的商品或服务的虚假广告和不涉及生命健康的商品或服务的虚假广告，并对前者实行无过错连带责任，如果对于后者仍然实施过错推定，则不仅对于相关广告经营主体负担过重，而且无法在逻辑上区分涉及生命健康和不涉及生命健康虚假广告的重要性。

第三，《广告法》规定了广告经营者的查证义务和核对义务，表明过错责任是广告经营者的主要责任。如果认为由广告经营者承担过错举证责任，则难以与其基本的义务进行衔接，因为在广告经营者尽到法定义务时，应当认为其不应另行举证。

---

① 王发强：《对广告经营者、广告发布者应确立无过错连带责任》，《人民司法》2000年第9期。

② 张保红：《论广告经营者专家鉴证责任》，《河南大学学报》（社会科学版）2015年第4期。

基于以上理由，本书认为，在广告侵权案件中，过错的责任应当由受害人进行举证。在广告经营者违反法律规定时，其应承担违反法律规定而导致的责任，但应明确的是，此责任并不适用举证责任倒置。

第四节　广告经营者的无过错责任

2015年修改的《广告法》第 56 条第 2 款规定了广告经营者的无过错连带责任，这是一个较为重大的变化，如何理解该规定，其是否具有学理依据，广告经营者是否有免责事由，值得探讨。

一　无过错责任的理论依据

与主张广告经营者承担过错责任的观点不同，针对 1994 年的《广告法》，有一种观点认为广告经营者应当承担无过错责任。此种观点认为，之所以广告经营者要承担无过错责任，是因为要充分地保护消费者的利益。具体而言，其一，无过错责任不排除行为人的过错，只是其过错可以推定；其二，无过错原则采取举证责任倒置，可以避免受害人举证困难；其三，可以将广告经营者置于严格的监督之下，促使其严格审查广告内容，避免虚假广告的发生；其四，在制定法上，有《民法通则》和《产品责任法》作为依据。[①] 保护消费者是《广告法》的目的之一，因此以保护消费者利益作为要求广告经营者承担民事责任的理由具有正当性。然而，保护消费者是否必然要求广告经营者承担无过错连带责任，值得探讨。

从以上所举的理由来看，第一、第二点理由主要与举证责任有关。需要指出的是，如果仅仅是消费者在举证责任方面的困难，那么并不必

---

① 曹登润：《虚假广告经营者责任初探》，《政治与法律》1993 年第 5 期。

然要求广告经营者承担无过错责任，因为也可以采取过错推定的方式来实现，而在理论上过错推定和过错责任都以过错为基础，不同之处在于过错推定责任采用举证责任倒置。[①] 对于第三点，严格要求广告经营者是否必然能抑制虚假广告的发生，在实证上尚有待进一步的分析。从法社会学的角度来看，无论法律规定有多么严格，均无法避免违法行为的发生。正如有学者所指出的，为了遏制虚假广告，我国的监管体系和治理技术不断提升，但有效控制虚假违法广告数量的主要目标并没有完全实现。[②] 第四个理由将广告经营者放到与销售者类似的地位，也是有问题的。如果按照这一逻辑，广告经营者、广告发布者和广告代言人都认定为类似销售者，这一看法并未考虑到广告的自身特点。广告经营者是受广告主委托而提供广告设计、制作或代理的一方，如果将其视为销售者，那么同理为产品提供产品包装服务的一方是否也视为销售者？显然，这一观点是难以成立的。

还有一种观点认为，要求广告经营者承担无过错连带责任，不仅是为了充分保护消费者的利益，也是为了规范广告行为，促进广告业的健康发展，倡导诚实信用的社会风尚。[③] 就规范广告行为而言，《广告法》设立了具体的法律规则，这些规则明确了广告经营者的权利和义务，在广告经营者遵守这些法律规则时，应当可以达到规范广告行为的目的，无过错责任是行为违反《广告法》的后果，这一理由以果为因，难以成立。就倡导诚实信用的社会风尚而言，《广告法》第5条已经明确规定了广告经营者要诚实信用，依法经营，广告经营者承担过错责任还是无过错责任与社会风尚没有太多必然的关联。因此，这些理由没有说服力。

[①] 王利明：《〈侵权责任法〉的中国特色解读》，《法学杂志》2010年第2期。
[②] 杨彪：《广告法律规制的市场效应及其策略检讨》，《法学家》2016年第4期。
[③] 王发强：《对广告经营者、广告发布者应确立无过错连带责任》，《人民司法》2000年第9期。

笔者认为，对于广告经营者承担无过错责任，我国学界的探讨不多，现有的探讨缺少应有的深度，且不具有说服力。

二 无过错责任的承担

尽管学界对于广告经营者无过错责任的理论依据鲜有探讨，2015年修订的《广告法》第56条却旗帜鲜明地规定了广告经营者的无过错连带责任，即在涉及消费者生命健康的商品或服务的虚假广告中，广告经营者要承担无过错连带责任。按照立法者的解读，增加这一规定有两个理由：一是重视保护消费者的生命健康，二是与《消费者权益保护法》相衔接。[①] 从利益衡量的角度来看，立法者在这里选择了消费者保护这一理由。从政策的角度而言，可以说是有一定理由的。笔者并不否认消费者利益保护的重要性，而且，从第56条的表述来看，立法者根据是否影响消费者的生命健康对虚假广告做了区分，可以说立法者考虑到了消费者利益和其他广告经营主体利益之间的利益冲突，并为此作出了努力。然而，这并不等于说笔者赞成这一做法。恰恰相反，笔者的观点是，《广告法》关于广告经营者承担无过错责任的规定缺乏充分的学理分析。

首先，以是否涉及生命健康的商品或服务来界定广告经营者的责任是无过错责任还是过错责任，需要明确生命健康的具体内涵，即给出明确的清单，否则广告经营者将难以适从。在比较法上，法国对于关系消费者健康和安全的活动，要求具有专业的资格，[②] 有助于对健康和安全进行界定。在现实生活中，如果没有一个关于生命健康的明确界定，则可以说几乎所有的商品或服务均涉及消费者生命健康。例如，对于茶叶

[①] 朗胜主编：《中华人民共和国广告法释义》，法律出版社2015年版。
[②] ［法］伊夫·居荣：《法国商法》（第1卷），罗结珍、赵海峰译，法律出版社2004年版，第53页。

或咖啡产品，也有涉及生命健康的可能性，而对于生命健康的认识可能囿于现有的科技水平。

其次，该规定没有考虑广告经营者所起的作用。广告经营者提供的服务包括设计、制作和代理。从广告经营者与广告主的关系来看，两者之间或者是代理关系或承揽关系，要求代理人或承揽人了解被代理人或定制方的服务本来是困难的，要求其无论是否有过错均应承担民事责任，则过于严苛。而且，这里应当看到广告设计、制作和代理服务与商品安全与否并没有太多必然的关系。

最后，尽管立法解读广告经营者在承担民事责任后有权向其他连带责任人追偿，① 且不说如何确定超出自己赔偿数额，就广告经营者和广告主之间的关系而言，其依据代理合同或承揽合同来主张自己权利的可能性甚微，更不用说在实际的诉讼中出现的复杂问题，例如是否将有过错的广告发布者或广告代言人列为共同被告。

因此，《广告法》第56条关于广告经营者承担无过错责任的规定缺乏充分的学理分析，其合理性值得质疑。

三 抗辩事由

探讨广告经营者在广告侵权中是否有抗辩事由，需要从两个维度来展开，一是广告经营者与其他广告经营主体之间的维度，这是内部的维度，二是广告经营者与消费者之间的维度，这是外部的维度。针对第一个维度，主要是一种合同上的约定，不直接对抗第三人。然而，这也不是绝对的。在广告主或广告发布者修改了广告经营者设计或制作的广告内容时，广告经营者可以以第三人的行为进行抗辩。也就是说，在免责事由方面，对于广告侵权的一般免责事由，应当适用《民法典》第

---

① 朗胜主编：《中华人民共和国广告法释义》，法律出版社2015年版，第102页。

1175 条的规定，广告经营者可以主张第三人的行为作为抗辩理由。对于第二个维度，则可以以消费者的故意行为作为抗辩理由。例如，在提供涉及生命安全的深海潜水服务的广告代理时，对于潜水设备的宣称构成虚假广告，如果消费者因自己的故意行为导致死亡，广告经营者不应对此承担责任。在责任承担的范围上，也应当适用《民法典》相关规定，例如，如果受害人对于侵权的发生也有过错，根据《民法典》第1173 条，可以减轻广告经营者的责任。

第五节　本章小结

本章探讨了广告经营者与广告主、广告发布者和广告代言人之间的法律关系。在广告经营者与广告主之间，存在委托代理关系和（或）承揽法律关系。在广告经营者和广告发布者之间，通常形成广告发布委托代理法律关系，而在广告经营者与广告代言人之间，广告经营者既可以提供委托代理服务，也可以提供居间服务。在义务方面，广告经营者无进行实质审查的义务，但其仍应依据法律法规的规定进行审查。在过错责任的性质上，本书认为广告经营者的责任不是专家鉴证责任，要求广告经营者承担专家鉴证责任过于严苛。在举证责任方面，尽管举证责任倒置有利于保护消费者，但在现行法上无法律依据，本书认为，应当由原告承担举证责任。对于《广告法》规定的无过错连带责任，尽管有利于保护消费者，但无论是在学理上还是实践中均存在一些问题，值得进一步的商榷。在抗辩事由方面，广告经营者的抗辩事由包括第三人行为和受害人故意。

第四章

广告发布者的民事责任

广告发布者作为广告经营主体之一,在现代市场经济中发挥着重要的作用。我国2015年修订的《广告法》增加了包括广告发布者在内的广告经营主体的民事责任。遗憾的是,我国学界对于广告发布者的民事责任关注不多,为数不多的研究针对的是修订之前的广告法,而且所持的见解也有待商榷。本章拟从广告发布者的界定、义务、法理依据和责任方面展开探讨。

第一节 广告发布者的界定

根据我国《广告法》第2条,广告发布者是指为广告主或者广告经营者提供广告发布服务的一方。传统意义上的广告发布者,包括广播、电视、报刊等。应当说,对这些广告发布者是相对容易进行界定的。然而,随着互联网技术的发展,广告发布者的概念突破了传统意义上的含义。在互联网时代,各种媒介的出现打破了原有的媒介分割,出现了很多网络平台和媒介。在社会经济生活中,通过自媒体(如微博、微信、知乎等)发布广告越来越普遍。针对自媒体发展的情况,2015年修订的《广告法》将广告发布者的主体扩展到自然人。本节所探讨的广告发布者的界定，主要是在互联网广告的意义上予以展开的。

2016年7月4日原国家工商行政管理总局发布了《互联网广告暂行管理办法》（以下简称《互联网广告办法》）。《互联网广告办法》第11条对互联网广告的发布者做了界定。互联网广告发布者是指为广告主或广告经营者推送或展示互联网广告的一方。与《广告法》略有不同的是，《互联网广告办法》强调广告发布者有核对广告内容的能力，能决定广告的发布。换而言之，从《互联网广告办法》的规定来看，广告监管机关倾向于从以下两点认定广告发布者：一是对于发布有决定权，二是能够对广告内容进行核对。[1] 根据《互联网广告办法》第2条，互联网广告是指通过互联网媒介（如网站、网页、互联网应用程序等）直接或间接地推销商品或服务的商业广告。互联网广告的表现形式包括文字、图片、音频、视频等。在广告的具体形态上，互联网广告包括推销商品或服务的含有链接的文字、图片或视频等形式的广告，电子邮件广告、付费搜索广告、商业展示中的广告等。尽管《互联网广告办法》第3条第2款第4项将法律法规要求经营者应当披露的信息不视为广告，但在实践中哪些信息不属于广告并不容易确定，该项无法给出互联网广告和非广告信息的界限。[2]

互联网媒介的多样化和趋新性，给准确界定广告发布者带来了困难。就互联网平台而言，就包括电子商务平台、信息内容平台、社交平台、互联网金融平台、服务交易平台以及技术平台等。[3] 这些平台与广告发布者是一种怎样的关系？首先，互联网信息服务提供者是否是发布者？互联网信息服务提供者是指，通过互联网向上网用户提供信息服务

---

[1] 张国华：《工商总局张国华司长解读〈互联网广告管理暂行办法〉》，http://ft.people.com.cn/fangtanDetail.do?pid=14695，访问日期：2019年2月12日。
[2] 姚志伟：《新广告法规中互联网广告概念的合理性辨析》，《湖南师范大学社会科学学报》2017年第6期。
[3] 叶逸群：《互联网平台责任：从监管到治理》，《财经法学》2018年第5期。

活动的一方。《互联网信息服务管理办法》第 2 条将互联网信息服务区分为经营性互联网信息服务和非经营性信息服务两类。前者指通过互联网向上网用户有偿提供信息或者网页制作等服务活动,而后者则指通过互联网向上网用户无偿提供服务活动,这些服务活动具有公开性、共享性的特征。显然,经营性互联网信息服务和非经营性互联网信息服务的重要区别,是该服务的提供是否为有偿的。从《互联网广告办法》第 17 条来看,如果互联网信息服务提供者只是为互联网广告提供信息服务,而没有参与互联网广告的经营活动,则不构成广告发布者。但是,互联网信息服务提供者对明知或应知利用其信息服务发布违法广告的,有义务进行制止。

首先,对于互联网信息服务提供者能否构成广告发布者,有三种不同的观点。一种观点认为,只要互联网信息服务提供者收取的不是广告费,其就不属于广告发布者。[1] 另一种观点则认为,只有在互联网信息服务提供者未参与到广告活动中时,它才是互联网信息服务提供者。[2] 还有一种观点则以服务的内容来区分,如果互联网信息服务提供者不负责广告内容的编辑而仅负责广告的投放时,它就是广告发布者;如果它既不负责广告内容的编辑,也不负责广告的投放,只提供平台服务,则为广告信息传播者;如果它既负责广告内容的编辑也负责广告的投放,则兼具广告经营者和广告发布者双重身份。[3]

就其本质而言,这三种观点并没有实质上的不同。第一种观点和第二种观点均不否认互联网信息服务提供者能够成为广告发布者,所不同者在于在何种条件下成为广告发布者。第一种观点认为只有在收取广告

---

[1] 杨乐:《互联网广告主体及法律责任辨析》,《行政管理改革》2017 年第 4 期。
[2] 张国华:《工商总局张国华司长解读〈互联网广告管理暂行办法〉》,http://ft.people.com.cn/fangtanDetail.do?pid=14695,访问日期:2019 年 2 月 12 日。
[3] 刘双舟、赵玉瑾:《互联网信息服务提供者的广告审查义务探析》,《中国市场监管研究》2018 年第 4 期。

费时才构成广告发布者，第二种观点则暗示在参与广告活动时可构成广告发布者，但对何种活动会构成广告发布者则语焉不详。第一种观点以收取广告费作为区分广告发布者和非广告发布者的一个标准，固然有一定的道理，但《广告法》对广告发布者的界定并不以收取费用作为条件，而且在实践中常常会有资源置换的情形，严格上说也不是广告费。第二种观点未明确参与活动的程度和类型，难以提供明确的指引。第三种观点表面上看提供了三种不同的认定标准，实质上只是陈述一个观点：如果互联网信息服务提供者提供广告投放服务，则构成广告发布者，这显然也无法提供明确的指引。笔者认为，互联网信息服务提供者是否构成广告发布者，应以其是否从事广告发布行为来判断。如果第三方自行在互联网上从事广告发布行为，则互联网信息服务提供者不属于广告发布者。

其次，电子商务平台是不是发布者，这里需要先界定电子商务平台。根据《电子商务法》第9条，电子商务经营者是一个上位概念，指通过信息网络从事商品销售或提供服务的一方。《电子商务法》上的电子商务经营者包括：电子商务平台经营者、平台内经营者以及其他电子商务经营者。电子商务平台经营者是为交易双方或多方提供网络经营场所、交易撮合或信息发布服务的一方，例如京东商城、天猫商城。平台内经营者是指在电子商务平台上销售商品或提供服务的一方，例如各个品牌在京东商城或天猫商城设立的旗舰店或自营店。其他的电子商务经营者则指通过自建网站、其他销售网络销售商品或提供服务的一方，例如企业在自己的官网上直接进行产品销售或者提供服务。《电子商务法》第37条进一步要求，电子商务平台经营者显著标示自营业务和他营业务。在实践中，有的平台如京东公司开展自营业务，其应当显著予以标明。从电子商务平台经营者的定义可以看出，其可以从事信息发布业务，在其为自营业务进行发布广告信息时，它既是广告主，也是广告发布者。在平台内经营者自己发布广告时，电子商务平台经营者只是互联网平台信息提供者，而不是广告发布者。在电子商务平台经营者为平台内经营者提供广告内容编辑服务时，它是广告经营者。在平台内经营者委托电子商务平台经营者发布广告，或为平台内经营者提供广告点位时，电子商务平台经营者即为广告发布者。换而言之，对于电子商务平台经营者，应根据其所扮演角色的不同，而分别构成互联网平台信息提供者、广告经营者或广告发布者。

在姚某某与广州宝生园有限公司、浙江天猫网络有限公司产品质量纠纷中，原告姚某某在浙江天猫网络有限公司（"天猫公司"）经营的天猫网，向广州宝生园有限公司（"宝生园"）购买了单价38元的"280g野玫瑰蜂蜜"1瓶和单价为68元的"250g巢蜜"1盒。原告认为，宝生园在天猫网上宣传"280g野玫瑰蜂蜜"为天然野蜂蜜，有提神醒脑等功效，巢蜜包装上印有"100% NATURE"字样，"250g巢蜜"宣称有防治鼻咽、润肺消炎等功效，构成欺诈。一审法院广州市越秀区人民法院认定欺诈成立，但未涉及天猫公司的责任。原告提起上诉，认为天猫公司是提供网络交易平台服务的经营者，由于放任虚假广告的发布，应承担连带责任。二审法院认定宝生园和天猫公司属于共同经营人，应承担连带责任。再审法院广东省高级人民法院认定，销售方为宝生园旗舰店，天猫公司不是买卖合同当事人。对于网络平台的责任，天猫公司在本案中未参与虚假广告信息的制作、编辑或推荐，而只是对商品经营者提供的信息进行技术性的数据处理，如要求其对此类信息进行事前审查义务，将有悖于网络交易平台的快速交易特征，不适当地增加运营成本。由于原告在起诉前并未将违法事实告知天猫公司，天猫公司不应承担连带责任。[①] 可见，在本案中天猫公司不属于广告发布者。

再次，在程序化购买中，究竟哪一方是广告发布者？《互联网广告

[①] （2014）粤高法民一提字第52号。

办法》第 13 条规定，互联网广告可以程序化购买的方式进行发布。程序化购买，也称广告联盟，指通过 DSP（需求方平台）、ADX（广告交易平台）、DMP（数据管理平台）、SSP（媒介方平台）组成的广告服务系统。在这一系统中，DSP 服务于广告主一方，通过数据开发为广告主提供科学的决策建议。根据《互联网广告办法》第 14 条，广告需求方平台是指整合广告主需求，为广告主提供发布服务的平台。SSP 作为服务媒介资源的一方，通过联盟的方式将网络媒体的流量聚集在一起。《互联网广告办法》第 14 条将 SSP 界定为整合媒介方资源，为媒介所有者或管理者提高程序化的广告分配和筛选的平台。DMP 则作为数据管理平台，通过对大数据的挖掘和分析为 DSP 提高数据服务。ADX 是为 DSP 和 SSP 提供数据交换、分析匹配和交易结算服务的数据处理平台。

从《互联网广告办法》对广告需求方平台的界定来看，广告需求方平台的经营者是互联网广告发布者。由于广告需求方平台为广告主提供广告发布服务，认定其为广告发布者是没有问题的。问题在于，媒介方平台和广告信息交换平台是否可以成为广告发布者。有观点认为，《互联网广告办法》没有将媒介方平台和广告信息交换平台认定为广告发布者或经营者是尊重产业发展的现实。[①] 执法机关也认为，要求媒介方平台在短暂时间内核对广告内容和查验相关证明文件是不可能的。[②] 然而，从理论上看，媒介方平台间接地为广告主服务，其对提供服务的分配和筛选有决定权，可以构成广告发布行为，因此可以成为广告发布者。

[①] 杨乐：《互联网广告主体及法律责任辨析》，《行政管理改革》2017 年第 4 期。

[②] 国家工商行政管理总局广告监督管理司编：《〈互联网广告管理暂行办法〉释义》，中国工商出版社 2016 年版，第 40 页。

第二节　广告发布者的义务

《广告法》第34条规定了广告发布者的核对义务，即按照法律法规查验证明文件和核对广告内容的义务。这是广告发布者最为重要的义务。就查验证明文件的义务，《大众传播媒介广告发布审查规定》第4条要求，大众传播媒介应当查验广告证明文件的真实性、合法性、有效性。对广告内容进行审查涵盖很多的内容，包括审核广告内容是否真实、合法，是否符合社会主义风尚；广告的表现形式和语言文字是否合规；广告的整体效果是否具有误导。在新修订的《广告法》中，广告发布者有义务查验证明文件的种类、数量、出处以及其真实性、合法性、有效性。《广告法》第34条将原来的"核实广告内容"改为"核对广告内容"。可以认为，由"核实"到"核对"的责任内容变化，意味着广告发布者不再对广告的内容进行实质性审查。然而，由于《广告法》第56条规定了广告发布者的无过错连带责任，广告发布者的责任又较以往明显加重。在这里，我们似乎看到了立法政策的左右摇摆或犹疑不决。

从《广告法》第34条的规定来看，查验证明文件和核对广告内容是广告发布者的一项很重的义务，因为法律、法规对广告发布者的义务作了较为明确的规定，而且履行这一查验义务需要广告发布者付出更多的成本和承担更重的责任。在某种意义上，广告法律、法规已经为广告发布者套上了"紧箍咒"。例如，《广告法》第8条到第28条规定了禁止从事的广告行为，违反这些规定将被认为违反查明证明文件或核对广告内容的义务。在法律实践中，广告发布者违反《广告法》规定义务的情形，包括可以想象到的各个类型：一、广告内容与审查证明不一致，如北京搜狐互联网信息服务有限公司在手机APP（搜狐新闻）客户端上，发布的医疗广告的内容与广告审查证明的内容不一致；① 二、广告允诺不清晰，如北京搜狐互联网信息服务有限公司在网站上发布的"购房送40年车位使用权"的允诺不准确、不清楚；② 三、没有广告审查证明，如北京字节跳动科技有限公司在"今日头条"手机端应用程序中，发布的医疗广告未取得医疗广告审查证明；③ 四、没有合理提示风险，如北京新浪互联信息服务有限公司在其运营的APP客户端，发布的投资类信息流广告未对可能存在的风险及风险责任承担有合理提示或警示；④ 五、含有不当承诺，如北京新浪互联信息服务有限公司发布的教育培训广告中，含有对教育、培训的效果作出明示或暗示的保证性承诺；⑤ 六、未作广告提示，如北京搜狐互联网信息服务有限公司在网站新闻栏发布的广告，其上未标"广告"字样；⑥ 七、含有不当内容，如北京百度网讯科技有限公司发布的广告内容中，含有迷信内容；⑦ 八、含有绝对化用语，如北京京东世纪贸易有限公司在其官网上发布的广告内容中，含有国家级、最高级、最佳等绝对化用语；⑧ 九、广告内容与审批内容不一致，如北京京东世纪贸易有限公司在其官网上发布的保健食品广告，其内容与国家卫生行政部门批准的说明书不一致。⑨

在实践中，争议较大的一个问题是，互联网广告的发布者对于"二跳"广告具有何种审查义务。在展开讨论之前，有必要解释一下何谓"二跳"广告。简要地说，"二跳"广告是指通过两次链接进行跳转的广告。当用户看到一则广告时，通常是看到一个文字或图片形式的简短

---

① 京工商延处字〔2017〕第296号。
② 京工商海处字〔2018〕第495号。
③ 京工商海处字〔2018〕第358号。
④ 京工商海处字〔2017〕第1897号。
⑤ 京工商海处字〔2016〕第2491号。
⑥ 京工商海处字〔2016〕第2332号。
⑦ 京工商海处字〔2018〕第2286号。
⑧ 京工商经开分处字〔2015〕第480号。
⑨ 京工商经开分处字〔2015〕第479号。

的信息，点击这一信息就进入第一次跳转的页面，即"一跳"。在第一跳转的页面还存在链接，例如"了解详情请点击"页面，点击次页面就进入第二次跳转的页面，即"二跳"。在实践中，广告执法机关认为，广告发布者就"二跳"广告负有广告审查的义务。例如，北京搜狐公司在自己首页"爱丽女性"板块发布"糖尿病降糖神话"等文字链广告，该文字链广告由互易国际广告（北京）有限公司代理发布。在北京地区点击上述链接广告后，链接至康路网，在非北京地区点击该链接广告后，链接至广告专题页面，该专题广告页面不属于搜狐网，页面中存在违反广告监管法律的内容。广告执法机关认定，搜狐公司的行为构成未审查广告内容，故作出了行政处罚。①

另外一个案例，是"今日头条"发布的二跳广告。当事人通过"今日头条"手机端应用程序，发布"多年高血糖，影响正常生活，饭后一个妙招了解改善！"等文字和图片结合内容的保健品广告，链接页面含有"高血糖不要怕，北京同仁堂降糖有诀窍，点击了解详情"等文字内容。在"点击了解详情"的链接内容中，含有"百年老字号降糖有诀窍，请加同仁堂化糖方老师官方微信号"等内容，属于利用专家、消费者名义或形象作证明的违法广告内容。上述链接的内容由四川某公司委托广州某广告公司设计、制作和发布。北京市工商行政管理局海淀分局认定，当事人"今日头条"未对广告内容进行核对，因此对当事人的行为作出了行政处罚决定。②

对于"二跳"广告的责任承担，理论界与实务界存在不同的观点。一种观点认为，广告发布者对于"二跳"广告的审查范围是有限的，其不审查广告内容的真实性，也不审查广告是否违反广告规范，但广告

---

① 京工商海处字〔2015〕第847号。
② 京工商海处字〔2018〕第2189号。

发布者在明知或应知时有制止的义务。① 另一种观点认为，应当根据链接广告是否可以修改而作出认定：如果链接广告是无法修改的，则广告发布者的审查义务与主页的内容审查的义务是一致的；如果链接广告是可以修改的，广告发布者仍负有一定的审查义务，此时，如果广告主已通知修改的内容，广告发布者对于修改的内容有审查的义务；如果广告发布者不知情，则不承担责任。② 第三种观点认为，互联网信息服务提供者在广告发布时应负有主动审查的义务，包括对资助情况、关键词链接以及关键词链接所指向网页内容进行审查的义务，仅针对广告信息的表面依据进行审查。③

《互联网广告办法》第 2 条明确规定，互联网广告包括含有链接的文字、图片或视频等形式的广告，显然把"二跳"广告纳入该办法的适用范围，但问题在于，广告发布者是否对所有含有链接的广告都负有审查义务。基于"二跳"广告的始作俑者为广告主，有观点认为，广告执法机关应当对广告主予以惩罚，广告发布者应当加强对广告主身份信息的认证，在必要时通过"黑名单"制度加以惩罚。④ 也有观点认为，基于"二跳"广告在很大程度上是广告发布者引起的，广告发布者应当按照"红旗"原则进行审查。⑤ 笔者认为，由于互联网广告具有二跳、三跳等无数跳的特征，要求广告发布者对所有链接广告的内容进行审查是不可能的，法律不应当施加给当事人不可能履行的义务。即使

---

① 姚志伟、曾玉锋：《对"二跳"广告页面违规问题的思考》，《中国工商报》2018 年 4 月 10 日第 8 版。
② 程远、张燕：《广告发布者对"二跳"广告的审查义务》，《中国工商报》2018 年 4 月 10 日第 8 版。
③ 刘双舟、赵玉瑾：《互联网信息服务提供者的广告审查义务探析》，《中国市场监管研究》2018 年第 4 期。
④ 姚志伟、曾玉锋：《对"二跳"广告页面违规问题的思考》，《中国工商报》2018 年 4 月 10 日第 8 版。
⑤ 程远、张燕：《广告发布者对"二跳"广告的审查义务》，《中国工商报》2018 年 4 月 10 日第 8 版。

技术上是可能的，要求广告发布者承担审查广告内容的义务仍显过于严苛，因为这会以机器的工作能力高低来决定当事人责任的大小。当然，任由广告发布者对此完全不承担义务也是不可行的。根据《互联网广告办法》第10条第4款，在广告主书面通知广告发布者广告修改的内容时，广告发布者仍有义务审查广告的修改内容。如果广告主未将广告修改内容通知广告发布者，而广告发布者对此完全不知晓，则其无审查的义务。但是，如果广告发布者知道或应当知道广告主有违法行为，应当予以制止，至少不得为其提供发布广告的载体或途径。

第三节 广告发布者承担责任的理论依据

我国学界对于广告发布者为何承担民事责任研究不多，很多理论研究侧重于讨论广告主的民事责任和广告代言人的民事责任。根据1994年《广告法》第38条第1款，如果广告发布者知道或应当知道发布的广告是虚假的，在此种情形仍然发布广告的，其应当依法承担连带责任。同条第2款规定，如果广告发布者无法提供广告主的身份等信息，则其应当承担全部民事责任。以强化法律责任为重点的2015年《广告法》，则规定了广告发布者的先行赔偿责任，以及区分是否关系消费者生命健康的商品或服务的虚假广告，而要求广告发布者承担无过错连带责任和过错连带责任（见本章第四节的探讨）。尽管这一规定沿袭自《消费者权益保护法》的规定，但广告经营者、广告发布者和广告代言人是否应当承担无过错连带责任，始终是一个值得探讨的理论问题。我们必须探讨的是，法律要求广告发布者承担无过错连带责任的理论依据究竟为何？

责任源于行为。关于广告发布者民事责任的问题，其实涉及广告发布者在广告活动中所起的作用。对此，有两种截然不同的观点。一种观点认为，广告发布者是广告的最后把关者和监管者，广告发布者最有能力遏制广告欺诈的发生。如果广告发布者认真审查广告的内容，则广告欺诈将得到遏制。[①] 此观点主张，应当强化广告发布者的责任，甚至要求广告发布者承担惩罚性赔偿责任。另一种观点则认为，广告发布者在广告活动链条中的作用有限，它仅仅提供一个发布广告的空间，对于广告内容无从控制，尤其是对构成广告内容的素材来源无从控制。[②] 笔者认为，两者观点均有合理之处，但亦有不周延之处。第一种观点认为广告发布者应当起到一定的监督作用，具体体现在《广告法》要求的广告审查义务。然而，要求广告发布者进行实质审查不符合现实，尤其在网络环境下。从责任来说，广告发布者的审查是形式审查，而不是实质审查。第二种观点认识到广告发布者无法对广告内容进行控制，相比广告主和广告发布者而言，广告发布者可以选择不发布广告，但要求广告主或广告经营者进行修改的可能性不大。在此情形下，广告发布者对于广告内容的控制力其实是有限的。这也是《广告法》将核实义务改为核对义务的一个主要原因。

与广告发布者的作用相关的，是其承担责任的法理依据。一种观点认为，广告发布者之所以承担责任，是因为广告发布者发布的广告类似于发布者出售的商品。广告发布类似于广告发布者将某种信赖出售给消费者，消费者对于该出售的信赖享有信赖财产。[③] 换而言之，这种观点将广告发布者发布的信息视同商品，广告发布者应就此引起的消费者信赖承担责任。笔者认为，此种观点是值得探讨的。第一，广告发布者发布的信息对于消费者是免费的，消费者并未与广告发布者订立合同，消费者无法以合同为依据追求广告发布者的民事责任。第二，即使广告可

---

① 张保红：《论虚假广告发布者侵权责任》，《河南财经政法大学学报》2015 年第 2 期。
② 冯海波、赵克：《媒体在广告侵权中的责任探析：以重庆市第五中级人民法院审理的广告侵权纠纷案件为切入点》，《法律适用》2010 年第 5 期。
③ 张保红：《论虚假广告发布者侵权责任》，《河南财经政法大学学报》2015 年第 2 期。

能引起消费者的信赖，但需要明确信赖的对象为何，是信赖广告的内容还是信赖广告发布者本身，抑或对两者均产生信赖。如果信赖的是广告内容，除非广告发布者存在过错，广告发布者不应当承担责任。如果信赖的是广告发布者，应需要考虑信赖的依据是什么，是因为广告发布者收取费用，还是其能控制风险？如果以受有利益作为理论依据，那么要求其承担无过错连带责任是否合理？如果认为其能控制风险，增加其义务有一定的道理，但要求其承担无过错责任也过于严苛。而且，这里需要评估风险的大小和广告发布者自身的情况，例如，区分有影响力的发布者和没有影响力的发布者。对此不作区分而统统要求其承担无过错连带责任，明显是不合理的。

  信息的潜在风险或许是要求广告发布者承担民事责任的事实根据与法理依据。尽管与产品相比，信息具有无形的特征，但信息的传播也会带来风险，而且在互联网媒介上，由于信息传播具有便捷性和瞬间性，在虚假信息发布后，其后果难以彻底消除，在信息已经被推送或转发后更是如此。在这方面，信息具有与产品类似的一面，即其可以造成损害。然而，另一方面，是否要求广告发布者承担无过错连带责任，更多是一个政策性问题。在我国虚假广告泛滥成灾，而食品和药品风险居高不下，广告法强调关系消费者生命健康的商品或服务，其用意可能在于此。因此，我国法上的广告发布者在特定情形下承担无过错连带责任，确实有一定道理。但是，由于广告发布者不存在过错也要承担连带责任，其是否有动力去制止虚假广告，或者说会导致其放弃注意义务的提高而只采取措施防范概率风险，在出现侵权案件时是否真正有制度底气追究其无过错连带责任，诸如此类的深层次现象，尚有待于进一步的观察。

第四节　广告发布者的责任

《广告法》第 56 条第 1 款规定了广告发布者无法提供广告主的真实信息（包括广告主的名称、地址和有效联系方式）时，消费者可以向广告发布者主张先行赔偿。根据同条第 2 款，对于涉及消费者生命健康的商品或服务的虚假广告，如果消费者遭受损害，广告发布者应当与广告主承担无过错连带责任。对于不涉及消费者生命健康的商品或服务的虚假广告，如果消费者遭受损害，广告发布者具有故意或过失的，广告发布者应当与广告主承担连带责任。因此，广告发布者承担的民事责任包括：未能提供广告主信息时的先行赔偿责任，涉及消费者生命健康的商品或服务的虚假广告时的无过错连带责任，以及在不涉及消费者生命健康的商品或服务的虚假广告时的过错连带责任。此外，广告发布者侵权责任的抗辩事由也值得研究。

一　先行赔偿责任

《广告法》第 56 条规定广告经营者和广告发布者的先行赔偿责任，其初衷无疑是保护消费者。正如立法者所认为的，虚假广告的民事责任本应由广告主承担，但广告发布者无法提供广告主身份和联系信息的，消费者可能无法向广告主追偿，先行赔偿是从方便消费者获得赔偿的角度所做的规定。[①] 由于《广告法》第 30 条要求广告发布者在广告活动中应当订立书面合同，第 34 条要求广告发布者建立广告管理制度，广告发布者履行本条的义务应不存在困难。在广告发布者因无法履行提供广告主身份的义务而先行赔偿后，其可以向广告主进行追偿。

[①] 朗胜主编：《中华人民共和国广告法释义》，法律出版社 2015 年版，第 101 页。

在责任性质上，先行赔偿责任属于何种责任？有学者认为，不真正连带责任是两个以上主体对同一个民事主体负有法定义务的责任形式，包括《侵权责任法》第 43 条、第 85 条和第 86 条规定的先行责任。[1] 广告发布者的此项先行赔付责任即属于不真正连带责任。不同的观点认为，肯定不真正连带责任的学者基于连带责任产生原因、行为人是否具有共同过错以及是否具有追偿关系所作的区分难以成立，我国法上并不存在不真正连带责任。[2] 就证券市场的先行赔付而言，有学者认为其本身属于一种和解的制度安排，[3] 或者其实质并非一种连带赔偿责任。[4] 笔者认为，《广告法》下的先行赔付责任并非不真正连带责任，其并不具有连带责任的特征和依据，在性质上只是为了便于消费者主张权利而作出的一种制度安排，但它与和解性质的制度安排不同，具有强行法的强制性特征。

二 过错连带责任

在广告侵权案件中，除了关系消费者生命健康的案件不需要侵权行为人有过错之外，过错对于认定广告发布者是否承担过错连带责任至关重要，而在判断是否具有过错时，主要涉及广告发布者是否构成《广告法》第 56 条第 3 款的"明知"或"应知"。这里的明知或应知即为过错，相当于过错中的故意和过失。故意是指行为人具有希望或放任损害后果发生的主观心理状态，过失是指行为人因疏忽或轻信而未尽到注意义务的心理状态。故意和过失区别的主要意义，是当事人对于后果的发生是积极地追求、放任还是不追求、不放任。在实践中，相对而言，故

---

[1] 杨立新：《论不真正连带责任类型体系及规则》，《当代法学》2012 年第 3 期。
[2] 章正璋：《我国侵权法中没有规定不真正连带责任》，《学术界》2011 年第 4 期。
[3] 陈洁：《证券市场先期赔付制度的引入与适用》，《法律适用》2015 年第 8 期。
[4] 巩海滨、王旭：《证券市场先行赔付制度研究》，《财经法学》2018 年第 6 期。

意是较为容易判断的，可以通过当事人的行为来判断；而过失的判断要困难得多。在现代侵权法上，对过失的判断通常是采纳客观的判断标准：一是看行为人是否违反法律法规规定的义务；另一是看行为人是否违反一个理性人的注意义务。只要有任何一个义务的违反，就可以认定构成过失。① 有学者将合理的注意义务称作"善良管理人的注意"，即行为人应具其所属职业通常所具的智识能力。②

在广告法下，认定广告发布者构成过失的一个标准是其违反了法律法规规定的义务，包括第34条规定的查验证明文件和核对广告内容的义务。在原告施某某诉云南省人民广播电台虚假广告纠纷案件中，③王某某于2002年与他人在贵州省贵阳市注册成立了贵阳三元恒泰宝石有限公司（以下简称"三元恒泰"），总经理为任某某。2002年4月，王某某与他人注册成立了三元恒泰昆明分公司（以下简称"昆明分公司"），王某某担任分公司的经理（负责人）。为了在被告云南省人民广播电台（以下简称"广播电台"）处播出广告，王某某以云南分公司的名义向广播电台交纳了广告费160000元。2002年4月12日至7月26日，被告广播电台在其开办的"关爱人生"栏目中为昆明分公司发布了"在云南省完成500万粒宝石加工任务，需招揽宝石加工户"的广告。2002年5月28日，原告施某某与昆明分公司签订了加工定做合同，合同期为一年，为此原告向昆明分公司交纳了保证金3200元。

此后，王某某、任某某等人利用虚假广告进行诈骗，收取保证金后潜逃，后被公安机关抓获。昆明市盘龙区人民法院（"盘龙区法院"）根据刑法相关规定判处王某某、任某某有期徒刑，同时决定继

---

① 王胜明主编：《中华人民共和国侵权责任法释义》（第2版），法律出版社2013年版，第46页。
② 佟柔主编：《中国民法学·民法总则》，中国人民公安大学出版社1990年版，第242页。
③ （2004）昆民六终字第6号。

续追缴赃款 340100 元。2002 年 9 月 23 日，昆明市盘龙区工商行政管理局（下称"盘龙区工商局"）对广播电台作出没收广告费 160000 元、罚款 160000 元的行政处罚，理由是广播电台未依法查验有关证明文件、核实广告内容。原告以被告未履行法定审查义务，违法发布虚假广告，致使原告遭受财产损失为由诉至法院，请求判令被告赔偿原告合计人民币 3707 元。

昆明市西山区人民法院（以下称"原审法院"）驳回原告施某某的诉讼请求，理由是原告未能举证证明被告对于虚假广告的发布具有故意或过失，被告的损失应由广告主来承担，而不是被告来承担。原审法院作出判决后，施某某不服，因此向昆明市中级人民法院（下称"昆明中院"）提起上诉。上诉的主要理由是：被上诉人广播电台构成《广告法》第 38 条中的"明知或者应知"，原审法院认定其仅负有审查不严的过错与法律事实和法律规定不符。上诉人提交的公安机关对广播电台工作人员韩某的《询问笔录》证明：其审查营业执照时已发现王某某等发布的广告内容在经营范围、设立时间等方面与广告内容不符，存在着虚假信息，但被上诉人采取放任态度，仍制作发布该虚假广告。广播电台违反《广告法》第 27 条，未依法查验有关证明文件，核实广告内容，未尽到审查义务。法定审查义务是认定是否存在主观过错的客观依据，如果广播电台尽到了审查义务就会知道广告的虚假，未尽到审查义务导致其应知而未知，主观上即存在"应知"的过错，应当承担连带的赔偿责任。故请求撤销一审判决，支持上诉人一审提出的全部诉讼请求。

被上诉人广播电台则答辩称：第一，"审查不严"与"明知、应知"具有不同的法律含义，两者的后果并不相同。上诉人要求被上诉人承担虚假广告的民事连带责任，必须提出被上诉人对广告主的虚假广告"明知、应知"的证据。在上诉人举证不能的情况下，其事实主张不能成立。第二，广告审查是广告行为中的一个重要环节，对广告"审查不严"并不一定引发虚假广告。发布虚假广告属于民事欺诈（或构成刑事上的广告诈骗罪），是一种恶意民事行为（或刑事犯罪）。上诉人关于"审查不严"即为"明知、应知"的法律主张是站不住脚的。第三，上诉人的财产损失是由一起合同诈骗刑事犯罪所造成，该案已经盘龙区法院判决，保护了上诉人的民事权益，上诉人也未对该判决表示异议，现因追缴赃款工作进展不顺利要求被上诉人承担民事责任，提起的民事诉讼旨在改变已生效的判决不符合法定的程序，故被上诉人请求二审法院驳回上诉人的上诉请求，维持原判。

  昆明中院认为，一方面，被上诉人广播电台在为昆明分公司发布广告前，虽然依据法律、行政法规查验了该公司的营业执照，但未审查出广告内容中关于该公司的经营范围和设立时间等方面与营业执照及实际情况不符之处，发布了存在虚假内容的广告。根据昆明盘龙区人民法院（2003）盘法刑一初字第295号刑事判决书确认的内容，王某某等人利用虚假广告作为手段，引诱他人与其签订合同从而诈骗他人财产，被上诉人并不知晓王某某等人要求发布广告背后的目的，二者之间不存在共同的故意。广告主的诈骗行为与被上诉人审查中的疏忽在性质上不同，被上诉人与广告主不构成共同侵权行为。因此，可以认定被上诉人在审查广告内容时存在着过失，但并不能认定其明知广告虚假仍发布，且其过错程度并未达到应知广告虚假而仍然发布的程度。另一方面，广告作为一种信息发布的途径，其内容存在虚假并不必然导致他人财产的损失。从本案的情况看，上诉人财产损失是由于刑事犯罪分子的合同诈骗行为造成的，与被上诉人发布存在不实内容的广告之间没有直接的因果关系。上诉人虽然就被上诉人应承担连带责任向本院提交了相应的证据，但仅能证明被上诉人在发布广告过程中存在的审查不严的过失，该行为已被工商行政管理机关依法进行了行政处罚，但尚未达到《广告法》第 38 条第 1 款规定的"明知或者应知广告虚假仍发布"的证明标准，故被上诉人不应当承担连带责任。昆明市中院最后认定维持原判。

本案涉及的另一个问题是举证责任问题。在本案中，上诉人和被上诉人对于是否构成"明知、应知"，各自持有不同的意见。上诉人认为，被上诉人的广告被工商行政机关认定为虚假广告、审查不严，法定审查义务的违反构成是否有过错的客观依据，故被上诉人存在"明知、应知"。被上诉人则认为审查不严和"明知、应知"不同，前者不一定构成后者，因此，是否构成"明知、应知"要由上诉人举证证明。我国《民事诉讼法》确立了"谁主张，谁举证"的基本原则，除非有法律的特殊规定，应当由原告方提出举证。在本案中，昆明中院也要求上诉人提出证据来证明被上诉人明知或应知。

对于举证责任，有观点认为，"就虚假广告领域来说，受虚假广告侵害的消费者也处于弱势地位，广告发布者离相关证据资料更近，更有能力证明广告是否真实，自己是否尽了审查义务……应当让广告发布者承担主要举证责任"[1]。笔者认为，此种观点是值得商榷的。首先，尽管广告发布者可能更有机会接近证据资料，但以此为理由要求其承担广告内容真实义务没有依据。《广告法》第 4 条规定广告主对广告内容负责，体现了广告主为虚假广告的第一责任人，此种责任不得无理由随意扩大。其次，广告法将原来规定的"核实"义务修改为"核对"义务，体现了广告发布者只是进行形式审查，而不是实质审查。如果要求广告发布者进行实质审查，不仅责任过重，而且实施成本过高，在互联网时代该责任也难以实现。最后，如果按该种观点的逻辑，则不仅是广告发布者，广告经营者和广告代言人都应当对广告内容真实负有证明义务，这显然是行不通的。在《广告法》修订过程中，曾有意见提出广告发

---

[1] 罗士俐：《虚假广告发布者侵权责任机制探讨——兼评〈广告法〉有关规定的不足》，《嘉兴学院学报》2016 年第 28 卷第 1 期。

布者也要对广告内容的真实性负责,①该观点最终未被立法机关采纳。因为各个主体之间是有不同的职能和分工的,广告发布者只是为广告主提供辅助服务,广告主应当确保广告内容的真实,广告发布者仅对证明文件承担审查责任。②在司法实践中,作为广告构成要素的图片、照片、美术作品等,不属于广告发布者的审查范围。③

三 无过错连带责任

按照《民法典》第1166条,如果行为人损害了他人的民事权益,而法律规定无论行为人是否有过错都应当承担侵权责任,则行为人应承担无过错责任。作为特别法,《广告法》显然属于《民法典》第1166条所称的"法律"。根据《广告法》第56条,在涉及消费者生命健康的虚假广告中,消费者遭受损害的,广告发布者应当承担无过错连带责任。《广告法》第56条沿袭了《消费者权益保护法》第45条,规定在虚假广告涉及消费者生命健康的商品或服务时,广告发布者应当与提供商品或服务的经营者承担连带责任。

尽管这一规定的初衷是为了保护消费者,但要求广告发布者在前一情形中承担无过错连带责任是否合理,颇值得探讨。尽管立法认为,在实践中适用无过错原则的大多数案件中行为人都是有过错的,④但这只是说明这一责任制度实施的实际效果尚无不妥之处,却不能说明这一责任制度本身的合理性。这是因为:其一,以适用无过错原则的案件行为

---

① 《广告法修订草案第二次审议稿向社会公众征求意见的情况》,载朗胜主编《中华人民共和国广告法释义》,法律出版社2015年版,第262页。
② 刘双舟主编:《新广告法精解与应用》,中国财政经济出版社2015年版,第82页。
③ 冯海波、赵克:《媒体在广告侵权中的责任探析:以重庆市第五中级人民法院审理的广告侵权纠纷案件为切入点》,《法律适用》2010年第5期。
④ 王胜明主编:《中华人民共和国侵权责任法释义》(第2版),法律出版社2013年版,第54页。

人大多是有过错的，以此来说明无过错原则的合理性，本身就缺乏论证逻辑上的合理性。其二，既然运用过错原则也能解决特定事项的归责问题，那么法律针对该特定事项设置无过错原则的意义又何在？

由于无须考虑行为人是否有过错，行为人的责任明显加重。从利益衡量的观点来看，广告法以消费者利益作为唯一的考虑因素有欠妥当。首先，可以质疑的是，对消费者的倾斜保护是否可任意过度，或者说消费者的权益应否优先于所有主体的利益。更精确地说，即使消费者权益应当具有优先性，其优先程度应否有控制限度。依据商品或服务的重要性，要求广告经营者、广告发布者和广告代言人承担无过错连带责任，显然是忽视了其他主体的合理利益，如广告发布者在履行注意义务上的成本控制支出和风险防范费用。这一立法理念并不必然导致消费者保护水平的实际提高，更多地可能只是对制度本身的心理满足。在法国，就有学者认为，并非在任何情况下消费者本身都值得保护，法律对消费者的保护应当协调各方面的利益。① 梁慧星教授也认为，消费者保护政策在保护消费者利益的同时也保护经营者的利益，两者的利益应得到大体的平衡。②

其次，有一种比较盛行的观点，就是认为广告发布者承担无过错连带责任会促使广告发布者更加认真地审查广告。③ 这也是有疑问的。从心理学的角度分析，在过错责任归责的前提下，由于广告发布者能够控制其过错程度，如采取措施减少或避免过错出现，因而更加有动力去避免承担责任。相比之下，无过错连带责任只是应对大概率事件的一种损失分担机制，并不利于行为人积极采取措施去消除或降低违法行为。因

---

① ［法］伊夫·居荣：《法国商法》（第1卷），罗结珍、赵海峰译，法律出版社2004年版，第988页。
② 梁慧星：《消费者法及其完善》，《工商行政管理》2000年第21期。
③ 王发强：《对广告经营者、广告发布者应确立无过错连带责任》，《人民司法》2000年第9期。

为既然无论是否有过错行为人都要承担责任,那么,行为主体只能自认概率风险发生而承担责任,预防或减少虚假广告发布的动力反倒不易增强。由于要求行为人无论是否有过错均承担连带责任,广告发布者与其积极地采取措施进行广告审查,反倒不如为可能发生的无过错连带责任买份保险。

再次,即使是关系到消费者生命健康的虚假广告,广告发布者在其中所起的作用毕竟不同于广告主。有观点认为,广告发布者有能力证实广告内容的真假,如果广告发布者要求广告主提供合法有效的证明而广告主无法提供或提供的不符合要求,广告发布者应推定广告内容虚假。① 此种观点虽然有一定道理,但若不区分具体情形而一律推定广告发布者具有类似广告主的证明真实的义务,不仅没有法律依据,而且导致广告发布者的责任过重。例如,在不具有合法有效证明即发布广告时,广告发布者未履行广告内容核对义务,此时要求广告发布者承担责任于理有据;但在广告内容是否误导无法确定时,也要求广告发布者承担同样的责任则显然不合理。在理论上,无论广告发布者是否有过失,均要求其与广告主承担连带责任过于严厉。② 在《广告法》修订过程中,有人提出要广告发布者对广告内容的真实性负责,③ 这一建议没有被采纳。因此,此种观点也不符合立法的原意。

最后,尽管《广告法》设置了这样的责任,但其法理依据是什么,能否成立,值得探讨。有一种观点认为,广告发布者之所以承担无过错连带责任,是因为广告是一种商品,广告发布者要承担类似商品销售者

---

① 罗士俐:《虚假广告发布者侵权责任机制探讨——兼评〈广告法〉有关规定的不足》,《嘉兴学院学报》2016 年第 28 卷第 1 期。
② 程远:《广告法理论与实务》,法律出版社 2018 年版,第 311 页。
③ 《广告法修订草案二次审议稿向社会公众征求意见的情况》,载朗胜主编《中华人民共和国广告法释义》,法律出版社 2015 年版,第 262 页。

的产品质量责任或商品缺陷责任。① 笔者不认同此种观点，因为广告所涉及的是信息而不是商品，将其与商品相比并不合适。而且，在性质上认为虚假广告是商品缺陷，也无法理依据。另一种观点认为，广告发布者之所以承担审查义务，是因为广告发布者从中获利，此即报偿理论。② 此种观点虽然有一定道理，但广告发布者承担审查义务或责任，其实是因为其对于广告的传播起到了一定作用，作为广告设计、制作、发布链条的一环，其应当承担相应环节的义务，这是由于其所处的地位决定的，而不是因为其获得报偿。

从构成要件来看，无过错连带责任的构成要件有四个：一是存在侵权行为；二是受害人遭受损害；三是行为人的行为与受害人的损害之间具有因果关系；四是不存在法定免责事由。③ 在广告法上，有观点认为，广告发布者承担一般民事责任的要件包括行为要件、主观要件、结果要件和因果关系要件。在行为要件上，要求广告发布者实施了虚假广告行为；在主观要件上，要求广告发布者有过错，但在无过错责任中不要求过错；在结果要件上，要求虚假广告造成了损害的后果；在因果关系要件上，要求虚假广告行为和损害后果之间存在因果关系，并认为应由广告发布者承担消费者是否因信赖虚假广告造成损害的主要举证责任。④ 此种观点认为，由于虚假广告和损害结果之间具有因果关系，应由广告发布者承担主要举证责任。笔者认为，这种观点只是套用构成要件进行对应比照，为广告发布者承担责任的情形做了表面上的解说，并未阐释广告发布者何以要承担无过错连带责任。需要指出的是，在因果

---

① 王发强：《对广告经营者、广告发布者应确立无过错连带责任》，《人民司法》2000年第9期。

② 参见程远《广告法理论与实务》，法律出版社2018年版，第307页。

③ 王胜明主编：《中华人民共和国侵权责任法释义》（第2版），法律出版社2013年版，第53页。

④ 罗士俐：《虚假广告发布者侵权责任机制探讨——兼评〈广告法〉有关规定的不足》，《嘉兴学院学报》2016年第28卷第1期。

关系上，是广告发布者发布虚假广告的行为造成了消费者的损害，而不是虚假广告行为和损害之间的因果关系。如果不是这样理解，则广告发布者承担的是广告主的责任。对于应当由广告发布者承担主要举证责任的观点，笔者持不同意见。不仅是因为此种观点没有法律依据，而且也无法理依据。特别是将广告发布者的发布行为与消费者受损害的结果以因果关系形式联系起来的观点，实际上缺乏对因果关系本质的深刻理解。

确实，虚假广告要通过广告发布才能传递到消费者，但这并不意味着广告发布行为与消费者损害之间就存在因果关系。因为广告发布者只是在发布信息而非制造信息，虚假广告的信息制造者是广告主，广告发布者在发布广告时并未增减、重组广告信息内容，广告发布只是原因与结果之间的一个信息传递环节。而消费者之所以受到虚假广告的损害，原因在于虚假广告的信息内容，而非虚假广告的信息传递过程。因此，在广告主制造虚假广告信息内容与消费者受众受到损害之间才存在真正的因果关系，广告发布者的发布行为只是使这个因果关系得以成立的条件。好比汽车因违反交通规则而在高速公路上发生车祸，因车祸而受损害结果的原因是违章驾驶行为，而非允许车辆行驶其上的高速公路经营者。固然没有高速公路就没有其上车祸的发生，但高速公路允许车辆行驶，只是违章驾驶行为与车祸损害结果之间因果关系得以成立的条件，并非车祸损害结果得以产生的原因。进而言之，只有广告发布者对虚假广告的发布存有过错，如未履行审查义务，明知或应知是虚假广告等，广告发布行为与消费者受损害的结果之间才具备因果关系。可见，对于广告发布者责任的归责原则，过错责任是比无过错责任更为合理也更为有效的立法政策选择。另外，在司法实务中认定因果关系时，法院可以进行推定，但不能将举证责任倒置给广告发布者。也就是说，受害人需要证明虚假广告发布行为与其受损害之间的因果关系。

四 侵权责任抗辩事由

在国外,有的国家对作为发布者的媒体有特殊的规定。例如,在荷兰,媒体发布的广告被认定违反广告法规,但媒体通常不就违法广告承担损害赔偿责任。[①] 我国《广告法》第 56 条第 2 款规定了广告发布者的无过错连带责任,第 3 款规定了广告发布者的过错连带责任。在广告发布者承担无过错连带责任时,是否就没有免责事由?从我国相关法律的规定来看,在适用无过错案件的案件中,也允许侵害方提出法定的抗辩事由。例如,根据《产品质量法》第 410 条,在产品缺陷致人损害案件中,产品制造者可以产品未进入流通领域予以抗辩。根据《民法典》第 1240 条,在从事高空、高压等危险行为致人损害案件中,侵害人的免责事由有受害人的故意或不可抗力。根据《民法典》第 1166 条,行为人损害他人权益,无论是否有过错,如果法律规定应当承担责任的,依照其规定。这一条被认为不是独立的请求权依据,即该条不具有直接作为裁判根据的意义,需要本法或其他单行法规定不以过错为承担责任的条件。[②] 由于《广告法》要求广告发布者承担无限连带责任,显然存在要求广告发布者承担责任的依据。

问题在于,《广告法》并没有规定广告发布者在承担无过错责任时是否有抗辩事由。笔者认为,广告发布者应当有抗辩事由。理由是:第一,从广告的危害性来看,一般认为虚假广告的源头是广告主,发布虚假广告的民事责任主要由广告主承担。[③] 即使是对于广告主,广告主也

[①] Frauke Henning-Bodewig, *International Handbook on Unfair Competition*, München, Germany: Verlag C. H. Beck oHG, 2013, p. 407.

[②] 王胜明主编:《中华人民共和国侵权责任法释义》(第 2 版),法律出版社 2013 年版,第 55 页。

[③] 朗胜主编:《中华人民共和国广告法释义》,法律出版社 2015 年版,第 101 页。

具有免责事由（见本书第三章），对于危害程度小于广告主的广告发布者而言，更是有理由主张免责事由。第二，传统上广告发布者对于信息传播起到极其重要的作用，有的国家基于新闻自由原则赋予广告发布者免受追责的特权。即使在不保护商业言论的国家，赋予广告发布者一定的免责事由也是有必要的。进一步的问题是，除了主张《民法典》与侵权责任相关的免责事由（例如，受害人的故意、不可抗力和第三人的行为），是否还存在适用于广告发布者的独特免责事由？笔者认为，在互联网广告中，如果广告发布者发布广告后，广告主擅自修改内容而未告知广告发布者的，广告发布者可以主张免责，此时还要求广告发布者承担无过错连带责任，不具有合理性。

在广告发布者承担过错连带责任案件中，广告发布者有哪些免责事由？与无过错连带责任不同，广告发布者承担过错连带责任的前提是具有过错，即违反查验证明文件和核对广告内容的义务。如果广告发布者能证明自己不存在过错，则其无须承担连带责任。例如，在齐某某与《北京青年报》著作权纠纷案件中，原告齐某某是一位自由职业摄影师，被告《北京青年报》接受北京百人行广告有限公司委托在该报上发布一则房地产广告，广告中使用了原告的摄影作品"飞天女神"，原告以被告侵犯其著作权提起诉讼。《北京青年报》则辩称其为广告发布者，已经尽到了审查义务。北京市朝阳区人民法院认为，《北京青年报》在本案中仅为广告发布者，根据《广告法》的规定被告负有审查的义务，在本案中被告查验了房地产项目的相关证明文件，尽到了广告发布者的审查义务，且主观上无过错，故驳回原告的诉讼请求。[1]

如果原告的损失与被告无关，两者之间不存在因果关系，被告可以主张免责。在刘某某、天津市今晚传媒广告有限公司侵权责任纠纷案件

---

[1] （2003）朝民初字第2113号。

中，① 原告刘某某宣称其通过被告《今晚报》发布的信息购买了价值608元的高钙益生菌羊奶配方奶粉，认为被告发布虚假广告，要求被告支付十倍赔偿金6080元和退款608元。一审法院认为原告提交的证据不能充分证明其购买了本案的商品，也不能证明被告发布的广告与其权益受损之间有因果关系，因此驳回其诉讼请求，二审法院驳回上诉，维持原判。

在过错责任中，除了过错，还需要造成损害。如果广告发布者行为没有造成损害，其无须承担过错连带责任。此外，如果广告发布者发布的虚假广告与原告的损害之间不具有因果关系，广告发布者也可以主张免责。在广告实践中，有的广告媒介单位将全部或部分时段、版面承包给广告公司经营，在广告公司发布虚假广告或违法广告时，广告媒介单位是否可以其不是实际的广告发布者提出抗辩？答案是否定的，因为此时的广告发布者仍然是广告媒介单位，其不能逃避应承担的法律责任。② 本书认为，此种观点值得赞同。

第五节　本章小结

在广告法下，对于广告发布者的认定存在一定的难度，尤其在涉及互联网信息服务提供者、电子商务平台和平台内经营者的情况下，对此，应当根据其所承担的角色加以认定。在服务提供方仅提供信息服务，而不涉及信息发布时，其不属于广告发布者。在服务提供者既提供广告制作也提供发布行为时，其既是广告经营者，也是广告发布者。在广告发布者的义务上，其基本的义务是审查证明文件和广告内容核对，不应当要求广告发布者承担广告内容真实的义务，因为这已经超出其能

---

① （2019）津01民终2556号。
② 史新章编著：《广告监管执法常见疑难问题精解》，中国工商出版社2019年版。

力范围。在明知或应知的认定上,应结合案件涉及的证明文件和广告发布者的主观状态进行认定。即使是在关系消费者生命健康的虚假广告中,要求广告发布者承担无过错连带责任并无强有力的理论依据。在法律解释时,应当限定广告发布者承担无过错责任的范围,并认可在特定情形下其具有免责事由。

第五章

广告代言人的民事责任

2015年修订的《广告法》不仅规定了广告代言人的义务，而且第56条按照商品和服务是否关系身体健康和生命安全而要求广告代言人与广告主承担过错或无过错连带责任。从2015年《广告法》修订至今，有关广告代言人承担民事连带责任的案例尚为少见，一个重要的原因在于实践中对于广告代言的界定存在争议，而名人的认定对于构成广告代言有积极的意义。对于广告代言人承担无过错连带责任的理论依据，未成年人广告代言、集体代言、特型演员代言和评论类代言的责任问题，也值得进行探讨。

第一节 广告代言中名人的法律认定

名人是一个充满诱惑力的名词，在新媒体时代尤为如此。由于名人比普通人有更强的传播效益，并且在新媒体时代名人的传播效益愈加明显，现实生活中出现了越来越多的名人广告，并已成为各国普遍存在的市场现象。"名人"概念进入法律知识体系却是晚近之事，因而"名人"概念并未获得法律上的准确界定，其何谓法律上之"名人"以及名人法律地位，仍处于通说或共识的形成过程中。但是，名人概念在我国广告法上至为重要，因为广告代言的立法是以主体作为规制的中心，代言人的身份认定被视为是法律适用的先决性问题。① 具体而言，名人认定在广告代言活动中具有三方面的重要意义：识别是否构成广告代言；明确名人承担更严格的法律责任；区分名人代言与普通人代言的不同法律责任。

一 识别是否构成广告代言的重要因素

根据《广告法》第 2 条，广告代言主体以自己的名义或者形象对商品、服务作推荐、证明的行为属于广告代言。对于普通人而言，由于其形象未为社会公众所知晓，其必须表明自己的身份，以自己的名义进行代言。与此不同，名人不仅可以自己的名义做代言，也可以不表明自己的身份而以自己的声音、肖像或形象作代言。"对于一些知名度较高的主体，虽然广告中没有标明其身份，但对于广告所推销的商品或者服务的受众而言，属于较为知名，通过其形象即可辨明其身份的"，属于以自己的形象进行代言。② 由此可见，在识别是否构成广告代言上，是否为名人至为重要。如果普通人不以自己的名义，不构成广告代言，属于广告表演。而对于名人，即使未表明其姓名，如果其肖像、声音或形象出现在广告中，则构成广告代言。

有学者认为，以相关公众是否识别行为人的身份作为判断广告代言人的标准，偏离了法条的字面含义，因为按此解释广告代言仅适用于名人和自报家门者。③ 笔者认为，此种观点有合理之处，却有失偏颇。理由在于：其一，名人在广告代言中占主要地位，在立法者看来，名人代言虚假广告是立法关注所在。"近年来，名人代言虚假广告的情况时有

---

① 宋亚辉：《广告代言的法律解释论》，《法学》2016 年第 9 期。
② 朗胜主编：《中华人民共和国广告法释义》，法律出版社 2015 年版，第 6 页。
③ 宋亚辉：《广告代言的法律解释论》，《法学》2016 年第 9 期。

发生，追究其相应法律责任的呼声很高"，导致新增代言行为规范和法律责任的规定。① 其二，即使是广告代言仅适用于名人和自报家门者，按照《广告法》第 2 条，仍然需要其有推荐或证明行为。即要承担代言责任，不仅需要具备主体条件，尚需客观方面的行为要件，将构成广告代言直接等同于承担代言责任是不正确的。其三，立法者之所以强调名义或形象，其用意可能在于将名人排除广告表演的范畴，从而扩大广告代言的范围，以遏制非法代言的社会现象，也可能是立法者已经意识到广告代言和广告表演是客观存在的，故通过名人的形象这一概念对两者进行区分，避免将普通人的广告表演纳入广告代言，从而为前者预留相应的空间。笔者认为，在广告代言活动中区分名人和普通人是利大于弊的立法政策选择。

二 明确名人在广告代言中承担更为严格的法律责任

与普通人代言相比，名人在广告代言活动中能够起到更大的作用。这也是广告主不惜重金聘请名人代言广告的重要原因。名人在广告活动中不仅能够引起和凝固受众的注意力，② 而且名人自身具有的重要社会影响力能增强产品的可信度，并能够引起消费者的信赖。在一定意义上，可以认为名人代言即名人利用其名誉为其所推销的商品提供重要的担保。③ 实践表明，名人在广告中的代言可以提升广告产品或服务的销量，因为在竞争激烈的市场条件下，名人代言能使产品尽快进入成长期，形成竞争的优势地位，帮助企业积极创造需求和开拓市场。④ 由于名人的知名度和社会影响力，其不仅要承担社会责任，而且要承担比

---

① 朗胜主编：《中华人民共和国广告法释义》，法律出版社 2015 年版，第 6 页。
② 陈甦：《明星广告的广告责任分析》，《人民法院报》2007 年 4 月 19 日第 5 版。
③ 邱本：《必须严肃对待名人广告》，《文汇报》2005 年 6 月 8 日。
④ 陈谦：《名人广告探析》，《东方论坛》1997 年第 2 期。

普通人更为严格的法律责任。具体表现在：其一，在责任认定上，普通人根据具体的情况可能无须承担法律责任，而名人则必须承担法律责任。例如，在日本的司法实践中，日本法院会根据出演者的身份、知名度、经历、专攻领域及出演情况，对出演者是否构成侵权责任进行认定。如果是名人，通常要追究侵权责任，而对于一般形象代言人则给其预留了合理参与广告活动的空间。① 其二，在责任后果上，名人在广告代言中要承担比普通人更重的赔偿责任。我国学界对于广告代言人的责任有连带责任、补充责任以及有限责任等不同观点，但是无论哪种主张均不否认名人造成的损害要比普通人大，或者须考虑行为原因力的大小。②

名人承担更严格法律责任的依据在于：第一，权利和义务的一致性。由于在市场经济中身份的商业价值得到凸显，法律对于名人提供了更多的保护，例如名人的姓名、肖像和声音等均可作为财产权益受到法律保护。③ 名人在享有权利的同时也应当承担相应的责任。④ 第二，由于名人的社会影响力，在名人的言行不规范时，将对社会公众造成相比普通人更大的损害，因此法律上要求名人承担更严格的责任。第三，由于传播学规律，名人参与了广告活动，受众更易于注意到该广告，更易于相信该广告的表达内容。或者说，名人参与广告活动与该广告给受众的影响（包括因信任该广告而受到损失）之间，存在一定程度的因果关系。

---

① 于剑华：《商业广告中出演者的民事责任问题——来自日本法的启示》，《法学》2006 年第 8 期。
② 杨立新、韩煦：《我国虚假广告责任的演进及责任承担》，《法律适用》2016 年第 11 期。
③ 《民法典》第 1012 条、第 1018 条、第 1023 条。
④ See Note, 2 *Stan. L. Rev.* 497-498 (1950).

三 区分名人和普通人在广告代言中的不同法律责任

根据《广告法》第 56 条，关系消费者生命健康的商品或者服务的虚假广告，造成消费者损害的，广告代言人应当与广告主承担连带责任。这一规定以代言商品或服务是否涉及消费者生命健康而对广告代言人的责任进行区分。其用意是为了更好地保护消费者，有合理之处，但该条无视广告代言在致害事故中原因力和因果关系贡献度，却超出了共同侵权中的致害原因力范围。[①] 虽然该区分标准是否合理有待考证，但在法律责任上应区分名人还是普通人而适用不同，在立法政策上具有合理性。一方面，已有立法对两者承担的不同责任进行区分。例如，我国台湾地区 2015 年修订的"公平交易法"区分名人荐证者和一般人荐证者，对两者适用不同的法律责任。对于名人荐证者，须承担连带赔偿责任；对于一般人荐证者，则其仅在受广告主报酬十倍的范围内与广告主承担连带赔偿责任。这一规定考虑到名人和普通人在广告代言责任上的区分，有借鉴的意义。

另一方面，在理论上区分名人和普通人的责任也是合理和必要的：首先，两者的注意义务不同。在确定行为人代言过程中注意义务的高低方面，行为人知名度和身份特征上的差异起着决定性的作用。[②] 在侵权主观构成要件上，名人要承担比普通人更高的注意义务，因为普通人的代言报酬往往很低，很难要求其承担很高的注意义务。[③] 而名人代言人通常有自己的经纪人和律师团队，要求其承担较高的注意义务是合理的。其次，如在未显名的情况下，普通人参与广告只是一般的表演行

[①] 宋亚辉：《广告代言的法律解释论》，《法学》2016 年第 9 期。
[②] 宋亚辉：《广告代言的法律解释论》，《法学》2016 年第 9 期。
[③] 张保红：《产品代言人侵权责任论纲——来自三鹿事件的启示》，《法学评论》2009 年第 3 期。

为，表演者不承担广告代言的连带责任。而对于名人，其参与表演则可构成代言行为，在虚假广告的情形则须与广告主承担共同连带责任。最后，在因果关系认定上有差异。要构成广告侵权，要求代言人的行为和消费者受到的损害之间有因果关系，而判断因果关系的依据是代言人的代言是否是值得信赖的。[①] 尽管不排除普通代言人的代言也能够引起消费者信赖，但相比较而言，名人代言因其知名度和影响力更能引起消费者的信赖。这意味着在判断是否构成因果关系时，应对名人和普通人作出区分。

如上所述，名人是广告代言活动中的重要识别要素。我国现行法律没有对于名人广告中的"名人"进行法律界定，这导致广告法关涉名人的法律制度安排缺乏适用可能性。目前学界对名人概念有所阐释，但其界定内容与表达方式不一。有观点认为，名人是指在社会上有较高的知名度、对社会有较大影响力的公众人物。[②] 有的观点则称之为公众人物，并将公众人物界定为在社会生活中具有一定知名度的人，包括政府公职人员，公益组织领导人，文艺界、娱乐界、体育界的明星，文学家，科学家，知名学者，劳动模范等知名人士。[③] 也有观点认为，在界定公众人物的概念时，采用主客观相结合的标准更具有合理性。[④] 从汉语字义上看，公众人物指的是知名度较高、受到社会公众关注的人物，而名人则指著名的人物。[⑤] 由于名人和公众人物在具有一定知名度的要求上是相同的，为了论证方便，在本书中名人和公众人物是作为同义语来使用的。名人认定的法律标准，即具备名人的构成要素。名人的构成

[①] 张保红：《产品代言人侵权责任论纲——来自三鹿事件的启示》，《法学评论》2009年第3期。

[②] 赵颐：《名人广告探析》，《国际新闻界》2000年第4期。

[③] 王利明：《公众人物人格权的限制和保护》，《中州学刊》2005年第2期。

[④] 齐晓丹：《权利的边界——公众人物人格权的限制与保护》，法律出版社2015年版，第26页。

[⑤] 中国社会科学院语言研究所词典编辑室编：《现代汉语词典》（第7版），商务印书馆2016年版，第454、912页。

要素包括知名度、社会影响力、成名的时间、成名的区域、成名的领域、参与的公共事件等。

(一) 知名度

知名度是构成名人的核心要素。名人具有一定的社会知名度，其知名度的获得在很多情况下来自其取得的成就或持续的努力拼搏，在某些情况下来自媒体的频繁曝光或持续报道。前者如奥运会冠军，后者如网络红人"芙蓉姐姐"。对于知名度的认定，应当考虑这样一些因素：首先，要考虑其是否具备具有成为名人的基础，即其是否具有与其知名度相应的作品。例如，对于影视演员而言，其参演的作品、其在作品中扮演的角色为观众所喜爱的程度，可作为认定知名度的依据。对于主持人，其主持的节目质量、数量以及节目的影响力，可作为认定主持人是否知名的依据。对于作家，则须考虑其是否出版了有影响力的作品。其次，获得专业领域的认可也是认定具有知名度的重要因素。例如，运动员在世界性、洲际或全国性运动会上获得奖牌，可认为其具有一定的知名度。对于演员，其主演的作品获得国际大奖或有影响力电影节的奖项，可认为具有知名度。或者其获得国家认定的职称，如国家一级美术师，可认为在业界具有一定的知名度。[①] 最后，在广告活动中担任产品代言的数量，也可以间接地认定其是否具有知名度，这是因为，广告主通常情况下会考虑聘请在某个领域具有影响力的个人担任品牌或产品代言，如果某人已经担任过多个品牌或产品的广告代言，可以证明其具有一定的知名度。在我国的侵权纠纷司法实践中，当事人也经常提出

[①] 在马某某与杨某某名誉权纠纷案中，(2014) 深中法民终字第253号民事判决书认为，杨某某是国家一级美术师，可认为在业界有一定知名度，中国裁判文书网：http://wenshu.court.gov.cn/content/content? DocID = b7afb5ce - 3c93 - 4d76 - a57c - 47396ab5aa21，访问日期：2016年11月20日。

曾为某品牌做过代言来证明其知名度。①

(二) 社会影响力

社会影响力是认定名人的重要构成因素。公众人物的一个基本特征是其对社会意见的形成、社会成员的言行有重大影响力。② 社会影响力通常是和知名度相联系的。名人的知名度越高，其社会影响力也越大，而社会影响力又能提升知名度。一般而言，可以从几个方面来认定名人的社会影响力：一是从其担任的社会职务来认定，例如，某作家是中国作家协会的副主席，某位学者被推选为院士或学部委员，即可认定其在相关专业领域具有一定的影响力。二是从其参与的商业或公益代言来认定。例如，某话剧演员担任中国红十字会的形象大使，号召公众义务献血，某体育明星作为动物保护慈善公益大使，号召公众禁止食用国家珍稀保护动物，均可以认定其具有一定影响力。三是从是否有相应的追随者或粉丝来认定。在自媒体等新媒体迅速发展的当代社会，社会影响力可以其追随者或粉丝的数量来衡量。例如，在北京大学与邹某名誉纠纷一案中，法院认为，被告邹某在现实社会中具有较高的社会地位，投射在微博领域亦是重要的层级，对多达十几万的粉丝，其微博言论自然具有更大的社会影响力。③

(三) 成名的时间

成名时间在名人认定中具有两方面的意义。成名的时间是认定是否

---

① 例如，在迈克尔·乔丹和乔丹体育股份有限公司的案件纠纷中，最高人民法院认为，再审申请人迈克尔·乔丹除了为耐克公司代言"AIRJORDAN"系列产品外，还代言了"佳得乐"饮料、"恒适"内衣、"WheatiesBox"麦片等商品，反映了再审申请人个人形象和知名度得到了相关商品经营者的普遍认可，中国裁判文书网：http://wenshu.court.gov.cn/content/content? DocID=3fd06f2c-683a-4007-bef3-a75400ed0f1c&KeyWord=乔丹，访问日期：2017年4月21日。

② 李新天、郑鸣：《论中国公众人物隐私权的构建》，《中国法学》2005年第5期。

③ (2012) 海民初字第20880号，中国裁判文书网：http://wenshu.court.gov.cn/content/content? DocID=67a3c01f-220c-4f96-b3db-586ea8120a8d&KeyWord=邹恒甫，访问日期：2016年11月20日。

构成名人的一个重要因素。成名的时间既包括最早成名的时间，也包括成名后保持知名度的时间。在现实社会中，如果某个音乐艺人很早就成名，并且持续地发唱片、开个人演唱会，并跨界出演电影，其被认定为名人的可能性极大。相反，如果某个音乐艺人仅有一首单曲，该单曲也只流行一两年，之后没有其他有影响力的作品，其被认定为名人的机会将会降低。成名的时间与广告代言的时间具有密切的关系。一般而言，成名的时间越早，其代言广告的机会越多。在名人处于事业巅峰时，其被多家企业聘为代言人的可能性会更大。而在名人处于事业低谷时，其代言的机会也会相对减少。时间作为认定名人的重要因素的意义还在于，如果某一名人完全退出公众视野，其是否因为时间的经过而转变为普通人物。美国有判例认为，如果某演员保持低调 15 到 20 年，主动地避免所有媒体曝光，则有可能被认定为普通人物。① 但是，也有不同的判决认为，即便四十年后某一个人仍然是公众人物，尽管其避免所有的媒体采访。② 笔者认为，对此应综合考虑其是否还在媒体曝光、现有的影响力和参与公共事件等多方面因素。

（四）成名的区域

名人所具有的知名度总是有空间范围的，在什么区域有知名度的人才能被认定为名人，这涉及成名的区域认定。在比较法上，要提起仿冒请求，名人应当证明他/她在特定的区域具有值得保护的商业信誉或商业名声。③ 这也是法院审理相关具体案件的重要考虑因素。无疑，在全国范围内为公众所熟悉或知晓的个人当然是名人，如果某个个体只是在狭小的范围内或特定领域为人所知，一般情况下不宜认定为名人。

---

① Alan Kaminsky, "Note, Defamation Law: Once a Public Figure Always a Public Figure", 10 *Hofstra L. Rev.* 810 (1982).

② Nat Stern, "Unresolved Antitheses of the Limited Public Figure Doctrine", 33 *Hous. L. Rev.* 1088 (1996).

③ David Tan, *The Commercial Appropriation of Fame*, New York: Cambridge University Press, 2017, pp. 206-207.

(五) 成名的领域

成名的领域也是认定名人的一个要素。成名的领域与知名度具有一定的联系。在娱乐和体育领域的个体为公众所知晓的可能性更大，因为其会经常出现在媒体的曝光中。对于一些专业领域的名人，如从事京剧表演的名人，其知名度通常局限于某个特定群体，不一定为社会大众所知晓。需要指出的是，即便是在体育领域，也分为强势体育项目和非强势体育项目，如足球、篮球和排球三大球，由于其具有广泛的社会群众基础，为广大群众所喜爱，在该领域的球员更加为公众所熟知，也更可能进行广告代言。而一些非强势项目，由于受到关注较少，如举重或击剑，该领域的运动员为社会大众所知晓的可能性较小，其进行广告代言的机会也就很少。①

(六) 参与的公共事件

是否关涉公众利益或公共利益，也是认定构成名人的一个要素。在公众人物的属性中，存在着社会利益和社会公众的利益，即公共性。② 在判断特定主体是否构成参与公众事件时，首先要考虑是否具有参与公众事件的行为。该行为既可以体现为对于社会焦点问题的讨论，例如，在郭某某与方某某名誉权纠纷案中，法院认定新闻人士郭某某因热议社会焦点问题与他人发生针锋相对言论，引起了社会公众的广泛关注和讨论，其微博有相当多的粉丝，因此认定其为具有相当知名度的公众人物；③ 也可以体现在对于公益事业的积极参与，即自愿地投入到特定的公共事件中，例如，某演员在四川汶川地震灾难发生后捐款捐物，并通过演出积极发动自己的粉丝参与灾后重建工作。其次，要考虑参与

---

① 刘瞻：《运动名人代言与企业适配度之探讨——以中国企业为例》，《体育与社会研究》2014 年第 6 期。

② 王利明：《公众人物人格权的限制和保护》，《中州学刊》2005 年第 2 期。

③ (2014) 穗中法民一终字第 4258 号，见中国裁判文书网：http://wenshu.court.gov.cn/content/content?DocID=2b44adde-702a-411e-accb-f8336734e0cf&KeyWord=方舟子，访问日期：2016 年 11 月 20 日。

的动机是否为了影响公共事件的结果,即为了公益还是仅为了私益或兼具。例如,在美国有判例认为,股东要求更换管理层的事件并不构成公司治理意义上的争议(即不具有公共性),因为其主要的动机是为了保护自己的投资。① 最后,要考虑个人在该事件中的地位。如果其在公众事件中起到主导或重要作用,可以作为认定名人的因素。如果在公众事件中没有起到重要的作用,则不构成公众人物。②

(七)其他事实

在上述诸种标准之外,还有其他事实也可以作为构成名人的判断标准,包括获得的荣誉或奖章等。在现实社会中,有的人一辈子默默无闻,但因为某个著名奖项的评选或颁发而迅速成为名人。例如,某个作家在其奖品获得全国性或国际大奖之前,并不为读者所广泛知晓,直到其获奖时才被读者认可。与此类似,有的工人在自己的岗位上平凡地工作,却因被推选为"全国五一劳动模范"而成为名人。再例如,有的来自山区的教师,在工作岗位上一直默默无闻,后来因为其先进事迹被媒体报道而为人所知,并被推选为"全国优秀道德模范"而享有一定的知名度。有学者将此称为偶然性公众人物。③ 需要指出的是,一般而言,荣誉或奖章本身只是认定名人的一个要素,仅仅具有荣誉或奖章尚不足以认定其为名人,而应当结合其他要素(如事件的传播效果)来进行综合认定。

---

① Nat Stern, "Unresolved Antitheses of the Limited Public Figure Doctrine", 33 *Hous. L. Rev.* 1067, 1068 (1996).

② Nat Stern, "Unresolved Antitheses of the Limited Public Figure Doctrine", 33 *Hous. L. Rev.* 1067, 1068 (1996).

③ 齐晓丹:《权利的边界——公众人物人格权的限制与保护》,法律出版社 2015 年版,第 26 页。

第二节　广告代言人的界定

《广告法》第 2 条第 5 款将广告代言人界定为以自己的名义或形象对商品或服务进行推荐或证明的一方。依此界定，广告代言人的认定似乎是清楚的。但在实践中，认定是否构成广告代言人存在不少的争议，广告代言人的认定应遵循怎样的认定标准，众说纷纭，值得认真研究。

一　人格说

对于广告代言的认定，一种观点认为，广告代言的核心在于代言人利用了自己的独立人格，即体现了自己的名义或形象，并进而认为，对于名人，即使没有标明其身份，仍属于代言。[①] 此种观点是从代言的定义出发来区分认定广告代言，具有一定的合理性，因为在广告代言中通常体现代言人的人格，使用其名字或者形象。而在代言人为名人的情形，由于署名与否均不影响公众认知，名人的独立人格极为重要。但有学者认为，这一认定标准过于强调名人的要素，不符合立法的原意。[②] 在笔者看来，如果从立法的解读来看，很难认为这不符合立法的原意，因为在最初的《广告法》修订草案中并无规定"以自己名义或形象"[③]，该表述是在后来增加的，表明立法机关有意以此作为认定广告代言的要素。然而，这一认定标准确实存在两个问题：其一，当某个自然人标明了自己的身份，其行为就必然是广告代言吗？答案是"不一定"，也就是说，此时该行为只是"可能"构成广告代言，也可能构成

[①] 朗胜主编：《中华人民共和国广告法释义》，法律出版社 2015 年版，第 69 页。
[②] 宋亚辉：《虚假广告的法律治理》，北京大学出版社 2019 年版，第 182 页。
[③] 《地方和中央有关部门对广告法修订草案的意见》，载朗胜主编《中华人民共和国广告法释义》，法律出版社 2015 年版，第 219 页。

广告表演。例如，某名人或消费者提供某种劳务，为广告主进行宣传。在此情况下，显然不宜将其认定为广告代言人。比较法上，在澳大利亚仅在广告中提及某个名字并不表明该人为产品或服务做代言。在广告界，为了引人眼球，广告在商品或服务上使用名人的姓名或肖像不一定构成代言。①

其二，从广告法的体系上看，不仅有广告代言，还有普通的肖像许可使用，尽管两者可能会出现交叉。例如，在广告代言的情形下，代言人通常会授权对其名字或肖像用于被宣传的产品或服务上，但此为必要条件而非充分条件。在逻辑上，如果标明身份就属于广告代言，那么《广告法》第33条项下的肖像许可权将形同虚设，因为任何人其肖像一旦被使用，只要他被消费者加以辨认，都一概认定为广告代言人，则不存在肖像许可的适用空间，这恐怕不是立法的本意。而且，从广告法对于禁止利用广告代言人作推荐、证明和禁止利用专业人士、用户的名义或形象作推荐、证明的区分来看，立法者是有意对两者进行了区别对待。② 如果按照前述这一认定标准的观点，实践中出现的广告主聘请名人所作的一次性或短期的推广，也将被认定为广告代言。例如，某公司聘请某名人给消费者赠送产品或作视频直播，双方之间并未签订代言合同，支付的也不是代言费。在此种情况下，对该名人活动不宜认定构成广告代言。

二 合同说

另一种观点认为，应当从广告的形式、费用支付等方面进行辨别，

---

① Huw Beverley-Smith, Ansgar Ohly, Agnès Lucas-Schloetter, *Privacy, Property and Personality：Civil Law Perspective on Commercial Appropriation*, New York：Cambridge University Press, 2005, p. 24.

② 对比《广告法》第18条第5项和第21条第2项，可以看到两者是不同的。

如果签署的是代言合同,支付的是代言费,则应认定构成广告代言。① 此种观点是从合同形式方面来认定广告代言,具有一定的合理性。一般而言,签订广告代言合同是广告代言的一个重要组成部分,广告代言合同对于广告主和代言人的各种权利义务权利进行了诸多具体的约定。在实践中,很多艺人对于广告代言都有具体的要求,例如对肖像的使用必须经其同意,必须使用特定的表述,例如×××品牌形象代言人。在某种意义上,这一认定有助于区分广告代言和广告表演,后者只涉及劳务费,签订的不是代言合同。但是,在比较法上,有的国家(如美国)的执法实践认为是否构成代言,并不取决于代言人与广告主之间的权利义务关系。② 而且,如果仅从合同的形式来认定是否构成广告代言人,可能导致在实践中以演艺合同的方式规避《广告法》第38条第2款禁止利用不满十周岁儿童代言的情形,并导致以声称是广告表演来规避法律责任的情形。③

三 两要件说

还有一种观点认为,"广告中是否有代言人,是否是代言人应主要从两方面来判断,即'广告主以外'及'以自己的形象或者名义'"④。这一观点是从代言的定义来解释广告代言的,认为广告代言人有两个构成条件。同时,此种观点认为,"以自己的名义或者形象"

---

① 李婷婷:《不满十岁禁止代言广告》,新京报2015年9月1日,http://www.bjnews.com.cn/feature/2015/09/01/376273.html,访问日期:2016年8月12日。
② 陈会平:《美国广告代言指引:制度设计与法理启示》,《东方法学》2012年第3期。
③ 薛春雨:《"禁10岁以下广告代言"别成一纸空文》,《新京报》2014年12月25日,http://www.bjnews.com.cn/opinion/2014/12/25/347196.html,访问日期:2016年8月12日。
④ 《广告代言人的法律界定及行为规则》(以下简称"代言人界定规则")第1.1条(中国广告协会2017年8月17日发布),http://www.china-caa.org/cnaa/news_ view/140,访问日期:2017年9月5日。

指的是"代言人利用自己的独立人格对商品或服务作推荐、证明"。显然，此种观点将以个人名义或形象视为推荐、证明的上位概念，与法律的规定并不一致。将两者糅合在一块，在逻辑上不尽合理。而且，此种观点在"以个人名义或形象"列举时，却又指的是身份标示的行为，可以看出在概念使用上的不严谨。

四 本书观点

本书认为，广告代言和广告表演的区别是客观存在的，并非所有在广告中出现的人物均构成广告代言，应根据具体情形进行具体分析。就普通人所进行的广告代言而言，如果其不标明身份或者虽然标明身份但未进行推荐、证明，则其可能为广告表演，因为广告演员只在广告中扮演特定角色，并不表达独立推荐证明的意图。[①] 即使是对于名人，利用明星的姓名、肖像或形象做一次性的宣传和推广，未必就构成广告代言。如果其进行推荐或证明，构成广告代言；如果其并未进行推荐、证明，广告主也没有支付代言费，则不属于广告代言。

在认定是否构成广告代言时，还应对广告代言和肖像使用作出区分。一般情况下，如果某人为广告进行代言，则该代言内容必然会包括对广告代言人的姓名、肖像、形象或声音等使用，但反之则不然。也就是说，并不是所有使用肖像权的行为都构成广告代言。首先，如果只是使用肖像，没有进行推荐、证明，应当认为不构成广告代言，理由如上所述。有观点认为，如果是名人，则构成广告代言。这实际上涉及背景提示性广告中的肖像使用是否构成广告代言。笔者认为，对此仍应当根据具体情形进行具体的分析。如果该名人只是露个脸，一言不发，并没

---

① 国家工商总局广告监管管理司编：《中华人民共和国广告法释义》，中国法制出版社2016年版，第13页。

有进行推荐或证明的言语或动作，则不应认定为构成广告代言。举例而言，在现实生活中，常有餐厅在其内部悬挂名人的图片、签名的照片或海报剧照等，以彰显其餐厅影响力。在此情形下，除非明确表明名人做代言，如果一概认定餐厅内部悬挂名人的图片、签名的照片或海报剧照的行为均构成广告代言，显然不符合实际的情况。需要指出的是，如果未经名人同意将其图片或签名照片或海报悬挂在餐厅，可以构成对前者姓名权、肖像权的侵犯。

　　有人或许认为，这样的解释则将导致广告代言的适用空间过窄，导致广告代言人通过其他途径逃避广告代言的法律责任。这一担心不是完全没有道理的，因为客观地说，在实践中广告表演、肖像使用和广告代言之间的界限不是十分清晰。但笔者认为，这种担心是多余的，因为市场价格机制可以有效控制这一点。对于广告代言人而言，其收益通常是和风险相关联的。在实践中，代言费用显然要比演出费用或劳务费用高出很多。在风险方面，广告代言人为了避免法律风险，通常会要求广告主就产品或服务的质量和广告内容的合法性提供保证，并要求广告主承担连带赔偿责任。同时，就其义务而言，广告代言人在代言期间会被要求不得为竞品做代言，广告主会要求广告代言人在代言期间承担形象维持的义务。因此，无论在收益还是法律风险上，广告代言要比广告表演收益高得多，风险也高得多。因此，名人自己会在广告代言收益和法律风险之间作出理性选择，何况能够做广告代言的名人通常都有自己的经纪人团队。从广告主一方来说，也不会一方面向名人付出广告代言的费用，另一方面却让名人不做广告代言之事，而让名人以其他效果低于广告代言的形式替代广告代言。所以，本段开始部分表述的那种担心，实际上是不了解市场价格机制所致。

　　本书认为，认定是否构成广告代言人，需要遵循科学、合理的原则。首先，在本质上，广告代言是一种推荐、证明行为。因此，确定是广告代言还是广告表演，关键在于广告中的人物是仅仅吸引消费者的注意力还是影响消费者的购买行为。尽管两者的界限不是十分清晰的，但是对于仅仅是起到提示作用的行为，除非综合广告的具体语境认为构成广告代言，否则不应当认为是广告代言。其次，在认定是否构成广告代言时，需要考虑表演者在广告中的实际情况，包括其是否在广告发挥主导作用，如果是，即使出演行为不构成广告代言，也可以根据共同侵权理论追究出演者的法律责任。[①] 最后，适当考虑代言人是否具有知名度。如上文所述，在广告活动中名人对于广告代言的认定具有重要的意义。尽管有学者对于实践中将行为人的知名度和是否表明身份作为代言人的判断标准有不同意见，认为应从信赖的事实结构来寻找答案。[②] 但笔者对此持有不同意见，因为以信赖的表意行为作为认定标准仍需考虑身份特征等信息，而是否具有知名度对于认定广告代言人具有相当的重要性，理由在于在广告实践中名人作广告代言是原则，而从事表演或提供劳务是例外。由于名人与广告代言的密切关系，在认定是否构成广告代言时，需要综合考虑名人的知名度和社会影响力、合同期限的长短、合同费用的金额、合同签订情况以及广告的呈现形式。在名人作出表意行为的情形，消费者的信赖在认定是否构成广告代言上倒显得不那么重要。需要指出的是，在实践中，尽管有的代言合同名称是服务合同或策划合同，但实质上构成了对商品或服务的推荐或证明，在此种情况下，应当认定为广告代言。

第三节 广告代言人承担责任的理论依据

广告代言人为什么要对虚假广告承担连带责任，这涉及代言人承担

[①] 于剑华：《商业广告中出演者的民事责任问题——来自日本法的启示》，《法学》2006年第8期。

[②] 宋亚辉：《广告代言的法律解释论》，《法学》2016年第9期。

责任的理论基础。从理论上看，严格责任的基础可以是行为、关系和结果。也就是说，严格责任可以基于从事特定行为而产生、可以基于责任人与侵权行为人的关系或者以危险的制造为基础。① 对于广告代言承担责任的基础，我国学界的观点可以归纳为社会责任理论、有偿行为理论、信赖理论和产品责任相关理论。

一　社会责任说

社会责任理论认为，广告代言人尤其是名人具有一定的知名度，能够产生很大的社会影响力，故代言人对于社会公众具有社会责任，② 对这一社会责任的违反也构成了对法律责任的违反。因此，如果代言人的代言构成虚假广告，其应对由此引起的后果承担责任。然而，也有观点认为，仅仅是社会责任尚不足以引起法律责任，"仅以违反社会责任为据，尚不足以构成明显承担广告责任的充分条件"③。笔者认为，社会责任理论说明了名人与社会公众影响之间的关系，但社会责任在被法律明确规定之前，尚不足以引发法律责任。

二　有偿行为说

认为广告代言是一种典型的有偿行为，基于代言人的有偿行为和权利义务相一致的理论，主张代言人承担责任的基础是其提供的有偿行为，此为"有偿行为理论"。有偿行为理论认为，广告代言人承担民事责任的基础是有偿行为。"最适合的理论应该是报偿理论，既然代言人

---

① ［澳］彼得·凯恩：《侵权法解剖》，汪志刚译，北京大学出版社2010年版，第51—55页。
② 尹鸿：《公共性决定公共人物话语责任》，《人民日报》2010年12月9日第6版。
③ 陈甦：《明星广告的广告责任分析》，《人民法院报》2007年4月19日第5版。

拿了代言费，获得了相应的收益，就应当对代言广告造成的消费者损害负责。"[1] 有偿行为理论从代言行为是有偿的角度来考虑广告代言人的责任基础，具有一定的合理性，因为本质上广告代言是一种有偿的双务合同，收取代言报酬是广告代言合同的基本特征。不过，深究起来，主张广告代言人承担无过错责任的依据是有偿行为的观点，存在一些问题：

首先，有偿不是广告代言的核心特征，以有偿作为广告代言人承担责任的理论依据显然不足。广告代言的本质特征是为广告主提供商品或服务的推荐或证明，而不是有偿行为。如果认为广告代言的责任依据是有偿行为，则将无法解释立法上为何要对广告代言和广告表演进行不同的评价，因为广告表演也是有偿的。其实，有偿行为是广告代言人承担责任的必要条件，而非充分条件。我国合同法规定的大部分合同是有偿合同，但并不能得出合同当事人因此要承担无过错责任的结论。而且，如果认为有偿行为是广告代言人承担责任的基础，那么，在逻辑上广告代言人就不应为无偿代言的虚假广告承担责任，这一推论其实是令人难以接受的。[2]

其次，有偿行为理论认为广告代言人承担责任的原因在于有偿行为，但它无法解释广告代言人应当对消费者承担民事责任。广告代言人和广告主之间存在委托合同，基于合同的相对性，违反该合同只能导致违约方承担违约责任，无法得出广告代言人应向消费者承担无过错责任。广告荐证者与消费者之间并不存在荐证关系，因为消费者购买商品或服务的意思表示不是向广告荐证者作出的。[3] 其实，广告代言人之所以承担民事责任，更主要的是其社会影响力导致消费者作出购买决定，

---

[1] 程远：《广告法理论与实务》，法律出版社2018年版，第200页。
[2] 于林洋：《广告荐证的行为规范与责任解构》，中国书籍出版社2013年版，第101页。
[3] 于林洋：《虚假荐证责任性质之辨》，《法学杂志》2013年第6期。

而不是因为有偿行为。如以有偿行为作为理论依据,将导致无法解释广告代言行为带来的社会后果。

最后,从归责基础来看,如果广告代言人承担无过错责任原则,那么其基础应当是某种危险性,而不是有偿行为,因为在适用无过错责任的领域,通常具有某种危险性。在这些领域中,经营者的经营活动通常也是有偿的,但立法之所以对其适用无过错责任,不是因为其是有偿的,而是该经营活动可能会带来较大的风险。依此,有偿行为无法构成广告代言人承担无过错责任的基础。而且,在法理上,如果以行为作为损害的合理基础,除归责损害外,不具有导正行为的意义。①

三 信赖理论

信赖责任理论认为,广告代言人与广告主承担连带责任的理论基础是民法上的信赖原理。② 广告荐证责任的成立基础是信赖责任。"广告荐证私法责任的归责基础,在于由信赖利益保护规则导出的广告荐证者对消费者信赖利益保护的注意义务……"③ 信赖理论认为,由于广告代言人通常为名人,具有一定的知名度和社会影响力,在其代言行为引起了第三人的信赖时,应当承担法律责任。这就是信赖理论的核心,也是我国主流的解释理论。在信赖理论看来,如果明星号召广告受众从事某种选择,或宣称某种选择具有合理性,即引起了受众的注意和信赖,促使他人形成信赖并有所选择却使人信赖落空者,应为此承担责任。④ 信赖理论主张区分单纯引起受众注意的提示行为和引发受众信赖的表意行为。如果广告代言人在广告中发挥的作用是为了诱发受众信赖的个人表

---

① 黄茂荣:《法学方法与现代民法》,中国政法大学出版社 2001 年版,第 486 页。
② 宋亚辉:《虚假广告的法律治理》,北京大学出版社 2019 年版,第 171 页。
③ 于林洋:《广告荐证的行为规范与责任解构》,中国书籍出版社 2013 年版,第 107 页。
④ 陈甦:《明星广告的广告责任分析》,《人民法院报》2007 年 4 月 19 日第 5 版。

意行为，一旦消费者因信赖广告代言而遭受经济损失，则广告代言人应为消费者的合理信赖承担法律责任。①

信赖理论一方面注意到广告代言人对于消费者可能造成的影响，另一方面说明了代言人行为和消费者承受后果之间的因果关系，具有一定的解释力。然而，尽管信赖理论区分了提示行为和表意行为，但法律制度设置连带责任的理论基础是否即为信赖值得商榷。

其一，对于广告代言行为和消费者之间的信赖关系，在理论上只是一种推定，即只要有代言行为和第三人因代言而受有损失即可认定为具有因果关系，在逻辑上是一种结果推论。尽管《广告法》第56条规定了"造成消费者损害的"的字样，但由于广告责任不同于产品责任，在实践中对于这一损害很可能也是通过推定来实现。如果是这样，则实际上信赖与否并不十分重要。

其二，以信赖理论作为代言人承担责任的基础，将无法解释广告代言人不需要承担责任的情形。例如，如第三方没有相信其代言而购买产品或接受服务。同时，即使在广告代言违法的情况下，也可能出现无人遭受损害的特殊情况，因此会得出广告代言人无须承担责任的结论，这是令人难以接受的。而且，在广告代言行为违反法律构成社会性事件时，是否允许所有的消费者对广告代言人提出索赔要求，显然已经超出了信赖理论解释的范畴。

其三，信赖责任理论尤其不能作为《广告法》第56第2款的立法根据，因为出于信赖责任理论，消费者信赖的主要形成原因是对广告代言人的信任，但何以在"关系消费者生命健康的商品或服务"时就更为信赖，而在不"关系消费者生命健康的商品或服务"时就不够信赖。或者换个角度，同样在对广告代言人形成信赖并且信赖程度相同的情况下，何以广告推销"关系消费者生命健康的商品或服务"时，广告代

---

① 宋亚辉：《广告代言的法律解释论》，《法学》2016年第9期。

言人就要承担无过错连带责任；而在广告推销的不是"关系消费者生命健康的商品或服务"时，广告代言人承担的就是过错连带责任。显然，广告代言人承担责任这一点上或许与信赖责任理论相关，但其承担无过错责任这一点上，肯定与信赖责任理论不相关。

其四，尽管信赖责任为现代私法的一个重要原则，但并不意味着信赖原则的适用是没有条件限制的。一方面，法律并不保护所有的信赖，只有依具体情况是正当的，信赖才得到保护。另一方面，在与其他的原则发生冲突时，后者可能优先。例如，在法律行为交易中对于无完全行为能力人的保护原则优先于信赖原则。①

其五，如上所述，即使认为信赖责任可以作为代言人承担过错责任的依据，也无法得出代言人在不存在过错时也要承担无过错连带责任的结论。

四 产品责任相关理论

产品责任相关理论认为虚假广告代言的责任是产品侵权理论和产品责任延伸责任理论。产品侵权理论认为，产品代言责任的法律基础是产品侵权责任。"适用产品侵权责任法律规则，才能够建立产品代言连带责任的法律基础，才是确定其承担连带责任的法律依据。"② 此种观点认为，虚假广告责任与产品和服务致害责任是一致的，不是两种责任。"虚假广告的损害事实，是虚假广告宣传的商品或者服务致消费者损害，而不是虚假广告本身造成的消费者损害，因此，该责任性质，就是产品责任或服务致害责任。"③ 产品责任延伸理论则认为，广告代言人承担

---

① ［德］卡尔·拉伦茨：《法学方法论》，陈爱娥译，商务印书馆2003年版，第351页。
② 杨立新：《论产品代言责任及法律适用规则》，《政治与法律》2009年第10期。
③ 杨立新、韩煦：《我国虚假广告责任的演进及责任承担》，《法律适用》2016年第11期。

责任的基础是生产者产品责任的延伸。尽管广告代言人不是产品的制造人，但在某种意义上虚假信息的传播后果不一定比产品缺陷本身带来的后果要轻。从整体上看，广告代言是生产、销售等诸多环节中的一环，在缺陷产品的情形下，基于保护消费者权益的目的广告代言人应承担责任。[①] 在商品制造商不法牟利并宣传商品的情形下，产品的代言会使得高度危险容易发生，产品代言有潜在的高度危险性。[②] 笔者认为，那种认为广告代言人承担责任的依据是产品责任或产品责任延伸的观点，是值得商榷的。

首先，虚假代言责任不同于产品或服务侵权责任。尽管虚假广告代言的对象是产品或服务，但不等于说虚假广告责任就是产品或服务侵权责任。一方面，广告代言人之所以承担无过错责任，是因为他/她在虚假广告中对产品或服务进行了推荐或证明，而不是产品存在缺陷，否则就要求广告代言人承担广告主的责任，这是没有道理的。另一方面，如果认为广告代言人的虚假代言责任是产品或服务存在缺陷所致，则在产品或服务不存在缺陷的情形广告代言人无须承担责任，显然不当地限制了广告代言人承担责任的范围。而且，从行为规范和权益保护的角度来看，将虚假代言责任视为产品责任对消费者保护不周延，也不利于遏制虚假代言的行为。[③]

其次，从比较法的角度来看，除了我国台湾地区，并没有要求代言人承担无过错连带责任的立法例。在严格责任发源地的美国，对于产品责任区分制造缺陷、设计缺陷和警示缺陷，并根据缺陷的类型设置不同的责任。对于制造缺陷，即使生产者和销售者尽到注意义务，仍要对产品致人损害承担责任。对于设计缺陷和警示缺陷，生产者和销售者承担

[①] 王福友、徐培译：《论产品代言人侵权责任》，《法学杂志》2012年第9期。
[②] 姚辉、段睿：《产品代言人侵权责任研究》，《社会科学》2009年第7期。
[③] 于林洋：《虚假荐证责任性质之辨》，《法学杂志》2013年第6期。

过错责任。① 在美国，产品责任并未涵盖广告代言，对于广告代言仍然是依据普通法来承担过错责任，而不承担严格责任。② 即在民事责任上，广告责任和产品责任是区别对待的。

最后，如果认为广告代言是生产、销售等诸多环节中的一环，因此代言人需要承担无过错责任，那么从逻辑上，这一链条中的任何其他方，例如包装材料的生产商、商品条形码的服务商、物流服务提供商甚至仓储服务提供商等，都要承担无过错连带责任。这显然是不现实的，也不符合现行法律的规定，因为《民法典》第1204条规定的是运输者和仓储者的过错赔偿责任。在产品责任上，被侵权人不能直接向运输者和仓储者主张侵权责任。③ 对于虚假广告代言，也应做同样的解释。

本书认为，要求广告代言人承担无过错连带责任是我国立法者为了遏制虚假广告代言而作出的法政策安排，体现了立法者对于人的生命安全利益的强调，具有一定的现实性和合理性。但是，要求广告代言人承担无过错责任更多的是一种出于政策考虑甚至是宣传政策考虑的制度宣示，缺乏理论说服力。如下文要加以论证的，这一安排不具有充分的说服力。

第四节　广告代言人的无过错连带责任

根据我国《广告法》第56条第2款的规定，涉及消费者生命健康的商品或者服务的虚假广告，如果导致消费者遭受损害，广告代言人应当承担无过错连带责任。同条第3款则规定了在不涉及消费者生命健康

---

① 张岚：《产品责任法发展史上的里程碑》，《法学》2004年第3期。
② Arnold Harry Zudick, "The Liability of the Product Endorser", 45 Miss. L. J. 1031 (1974); 贺剑：《美国法上的广告推荐人责任》，载梁慧星主编《民商法论丛》第45卷，法律出版社2010年版，第320页。
③ 高圣平：《论产品侵权责任的责任主体及归责事由》，《政治与法律》2010年第5期。

的虚假广告时，广告代言人应当承担过错连带责任。根据立法者解读，这一条是从更加重视保护消费者生命健康角度所做的规定，与《消费者权益保护法》第 45 条是相互衔接的。①《消费者权益保护法》第 45 条第 2 款采用了较为广泛的规定，在涉及消费者生命健康的虚假广告或虚假宣传中造成消费者损害的，应当承担连带责任。通过对比《广告法》第 56 条和《消费者权益保护法》第 45 条，可以发现两者存在一些差异：第一，在范围上，《消费者权益保护法》的范围更广，既涵盖了虚假广告，也涵盖了其他虚假宣传，而《广告法》仅涵盖虚假广告这一形式。第二，归责的基础不同。《消费者权益保护法》采用一元归责，只要在虚假广告或虚假宣传中造成消费者损害，即应当与经营者承担连带责任；而《广告法》则采用二元归责，区分商品或服务是否涉及消费者生命健康，如果涉及，则广告代言人承担无过错连带责任；如果不涉及，则广告代言人承担过错连带责任。

《广告法》第 56 条沿袭《消费者权益保护法》第 45 条的规定，针对我国现实的实践情况对广告代言人的责任进行了政策考量。从发展历史来看，最早应该是源于 2009 年的《食品安全法》第 55 条，该条规定在虚假广告中推荐食品的一方，如造成消费者损害的，应当承担连带责任。"三鹿"三聚氰胺事件的爆发，社会公众对于广告代言人不顾产品质量而泛滥代言有很大的意见。立法者为了响应公众对于食品安全的忧虑，要求广告代言人与生产经营者承担连带责任。到 2013 年《消费者权益保护法》修订时，将食品扩大至"关系生命健康商品或服务"。应当说，《广告法》第 56 条的规定是立法者回应我国食品安全的严峻形势所做的一种政策安排，有其现实的意义。然而，在理论上，应当注意到政策和原则是有区别的，政策具有短期性，而原则较为稳定，立法的合理性应当以符合法律原则来衡量，而不是仅以立法政策来衡量，因为

---

① 朗胜主编：《中华人民共和国广告法释义》，法律出版社 2015 年版，第 101—102 页。

原则是公平、正义的要求，而政策只考虑目标的实现。① 从理论上看，此种根据现行规定的沿袭或扩大也有不足之处，因为各个法律的立法宗旨并不完全一致。如果不探求无过失责任的实质基础，而单纯主张将损害归属于行为人，则与行为责任或结果责任无异，"此种主张不能符合损害之归属上的伦理要求，也不能利用损害之归属来表现法律对于受规范者之主观责任的评价，以达到引导其行为向善的规范目的"②。

笔者认为，第 56 条 2 款的这一规定是值得商榷的：

首先，尽管没有人会否认生命健康对于人而言是重要的价值，但价值的优先是取决于特定的条件的，具有相对性，而不具有绝对性。在英国法上，很少有人认为法律对于个人安全健康的保护要比经济利益更大。③ 在大陆法系，在综合考虑各种要素后，如果对立的利益更为重要，则可能使最高位阶的利益无法得到保护，例如尊重他人的健康权可能遭受重大财产损害的情形。④ 在民法上，一个人的自治同样依赖于他的财物，而这只能通过危险损害他人的行为获得。⑤ 在我国，私法自治的理念尚未牢牢地扎根于大众心中，通过契约安排生活，私人财产的保护和自由理念的弘扬方兴未艾，将生命健康单独突出，容易让人认为其他的价值不重要。特别是，对人的生命健康价值的维护，应当以公平正义的方式实现。立法上认为只要虚假广告涉及消费者生命健康就要广告代言人承担无过错连带责任，这种轻易使无过错的人承担责任的做法未必有坚实的公平正义基础，而损害公平价值的制度安排必定会减损维护

---

① ［美］罗纳德·德沃金：《认真对待权利》，信春鹰、吴玉章译，中国大百科全书出版社 1998 年，第 41 页。
② 黄茂荣：《法学方法与现代民法》，中国政法大学出版社 2001 年版，第 486 页。
③ Simon Deakin and Zoe Adams, *Markesinis and Deakin's Tort Law* (8th Edition), New York: Oxford University Press, 2019, p.125.
④ ［奥］海尔姆特·库齐奥：《侵权责任法的基本问题（第一卷）：德语国家的视角》，朱岩译，北京大学出版社 2017 年版，第 178 页。
⑤ ［美］戴维·G. 欧文：《侵权法中过错的哲学基础》，载［美］戴维·G. 欧文主编《侵权法的哲学基础》，张金海等译，北京大学出版社 2016 年版，第 219—220 页。

生命健康价值的整体社会效果。因此，广告法上的这一强调虽然有相当的合理性，却不具有充分的说服力。

其次，从利益衡量的观点而言，要求广告代言人承担无过错连带责任是在消费者利益和广告代言人利益之间向消费者偏斜，未考虑到各方利益的平衡。换而言之，要求广告代言人在涉及生命健康产品或服务的虚假广告中承担无过错连带责任，没有考虑到行为人自由和消费者保护之间的平衡，偏离了法律正义之天平。① 即使《广告法》规定广告代言人承担无过错原则和过错原则，但无过错原则和过错原则的区分是模糊的。为使代言人和消费者的利益不过于失衡，广告代言人不应承担不相应的重大损失。② 在这一意义上，第56条的规定不是没有疑义的。

最后，从更为宏观的角度来看，第56条似乎没有考虑到分配正义和矫正正义的问题。"责任不是表现在行为上的意志的特质的产物，也不是行为的产物。它涉及我们都分享的人身和财产安全的利益，以及资源和风险在社会分配的方式。"③ 从《食品安全法》沿袭而来的第56条，将对食品安全的关注扩大到无所不包的生命健康，实际上是对于社会资源的分配。而在立法上，不仅涉及分配正义，也涉及矫正正义，而矫正正义是先于政治的、非工具性的，它们的意义在于独立于我们拥有某些它们可以为之服务的集体目标。④ 从这一角度看，《广告法》第56条的规定有值得进一步探讨的余地。

从广告法理论的角度来看，此种规定若干值得探讨之处：

其一，《广告法》第56条第2款仅针对虚假广告，未包括违法广

---

① 宋亚辉：《广告代言的法律解释论》，《法学》2016年第9期。
② ［英］托尼·奥诺尔：《侵权法的道德性：问题与答案》，载［美］戴维·G.欧文主编《侵权法的哲学基础》，张金海等译，北京大学出版社2016年版，第89页。
③ ［澳］皮特·凯恩：《法律与道德中的责任》，罗李华译，商务印书馆2008年版，第166页。
④ ［美］朱尔斯·L.科尔曼：《矫正正义的实践》，载［美］戴维·G.欧文主编《侵权法的哲学基础》，张金海等译，北京大学出版社2016年版，第74页。

告，在逻辑上显得不周延。尽管虚假广告是我们实践中较为突出的问题，但违法广告在数量上更为庞大。在广告代言人违反《广告法》的规定进行代言时，按照现有的规定，无论是否涉及消费者生命健康，广告代言人无须承担连带责任。这种结论显然是不符合法律逻辑的。

其二，《广告法》仅规定了广告代言的责任，在未构成广告代言责任时，广告代言人要承担何种责任并未明确。在美国，除广告代言责任外，广告代言人应承担直接参与者责任。① 在日本，广告表演者也需要承担法律责任。② 因此，广告法的规定存在漏洞。

其三，《广告法》第45条第2款未区分广告代言人的主观状态，一刀切要求广告代言人承担无过错连带责任，过于严苛。实际上，即使是在涉及消费者生命健康的虚假广告中，广告代言人也有故意、重大过失和一般过失的主观状态，在一般过失时要求其承担无过错连带责任，不符合公平正义原则。③

其四，在理论基础上，要求广告代言人承担无过错责任的依据之一是，广告是一种危险行为。然而，这种观点没有充分的基础，也无适用的客观基础，"无过错原则对于广告荐证者而言过于严厉，会不当地限制其行为自由，也有悖于法律归责追求的公平与正义"④。

其五，在美国，1969年发生的案件 Hanberry v. Hearst Corp. 首次确认产品代言人对消费者承担侵权责任。在该案中，被告为原告购买的鞋子做广告代言，原告在穿代言品牌的鞋子时滑倒并摔伤。法院根据《美国第二次侵权法重述》第311的过失虚假陈述判定被告承担责任，理由

---

① 于林洋：《广告荐证的行为规范与责任解构》，中国书籍出版社2013年版，第193—196页。

② 于剑华：《商业广告中出演者的民事责任问题——来自日本法的启示》，《法学》2006年第8期。

③ 于林洋：《广告荐证的行为规范与责任解构》，中国书籍出版社2013年版，第133—139页。

④ 于林洋：《广告荐证的行为规范与责任解构》，中国书籍出版社2013年版，第144页。

是被告对于所代言的产品拥有更多的知识和特别的信息。① 然而，在实践中，代言人是否应承担严格责任是不清楚的。在理论上，有学者认为，要求代言人承担无过错责任将是不公平的，因为代言人在施加压力让生产者保证产品安全方面没有多少权力或能力，也不负责将产品引入市场。②

笔者认为，按照关系消费者生命健康与否来区分不同的法律责任，只是众多的区分标准之一，不具有穷尽性。而且，如以上所言，在逻辑上也并不周延。实际上，就广告代言人承担的法律责任而言，可以有不同的区分标准。例如，我国台湾地区的做法是区分广告代言人是否是名人、专家和普通人而要求其承担不同的责任，在名人、专家为代言人时承担连带责任，在普通人为广告代言人时，以其收取费用的十倍为限。③ 在美国，理论上有学者认为，严格责任是否适用于产品代言人是不清楚的，即使适用，也应当对服务消费者的代言人特别对待，因为它们不同于服务于生产者客户的代言人，对于生产无直接的控制，也无法向其客户分散风险。④ 换而言之，基于代言人服务的对象来区分代言人承担的不同责任。从权利和责任一致的角度来看，这两种区分都是有意义的。

由于《广告法》第 56 条规定了广告侵权责任，可以认为广告侵权责任属于特殊侵权责任，而不属产品责任。在法律适用时，应优先适用《广告法》第 56 条的规定。如果出现了第 56 条无法涵盖的某种情形，需要进行法律解释和漏洞补充。例如，在违法广告代言的情形，即可认为出现了法律漏洞，对此应根据违法广告的具体情况予以处理。如果广

---

① A. H. Zudick, "The Liability of the Product Endorser", 45 *Miss. L. J.* 1029 (1974).
② Jay. S. Kogan, "Celebrity Endorsement: Recognition of a Duty", 21 *J. Marshall L. Rev.* 75 (1987).
③ 于林洋：《广告荐证的行为规范与责任解构》，中国书籍出版社 2013 年版，第 207 页。
④ A. H. Zudick, "The Liability of the Product Endorser", 45 *Miss. L. J.* 1031 (1974).

告代言人违反了《广告法》第 16 条的规定进行代言，其应根据《广告法》第 62 条承担行政责任。有疑问的是，此时广告代言人是否需要承担民事责任？尽管有观点认为广告代言人的行为与违法广告有原因关联性，应根据《民法典》关于共同侵权的规定来追究广告代言人的责任，但此种观点既未考虑广告代言人的主观状态，也没有考虑消费者的信赖要素，因此不具有说服力。换而言之，在现行法的框架下，可能需要通过制定立法解释或司法解释的方式，以明确关于虚假广告的规定能否适用于违法广告。

第五节　特殊广告代言的责任问题

除了上述一般性问题，广告法理论中特殊广告代言的责任问题也非常值得研究，包括未成年人广告代言、集体名人广告代言、特型演员代言和评论广告代言的责任承担问题。

一　未成年人广告代言的责任承担

《广告法》第 38 条第 2 款禁止十周岁以下的未成年人做广告代言，[①] 第 58 条对违反前款的行政责任做了规定。在未成年代言人因代言发生侵权时，其是否应当承担责任？根据《广告法》得出的答案是肯定的。但问题在于，广告代言人应当承担怎样的法律责任。对此可能有三种不同的理解。一种理解是，在此情形，未成年代言人的法律责任与成年代言人一样，应按照《广告法》第 56 条承担无过错连带责任或过错责任，由未成年人的监护人承担。另一种理解是，由于法律并没有明

---

① 对于禁止未成年人广告代言的法理依据的探讨，请参见王绍喜《禁止儿童代言广告的法理辨析与解释路径》，《时代法学》2018 年第 3 期。

确规定未成年代言人的责任,未成年人无须承担。[①] 还有一种观点认为,广告代言人应承担过错推定责任。[②]

之所以有上述不同的观点,是因为不同的人对于该条款与《侵权责任法》相互关系持有不同的看法。我国《侵权责任法》第32条规定,无民事行为能力人、限制民事行为能力人造成他人损害的,由监护人承担侵权责任。有财产的无民事行为能力人、限制民事行为能力人造成他人损害的,从本人财产中支付赔偿费用,不足部分由监护人赔偿。按照立法机关的解释,立法机关没有采用增加行为人责任能力的建议,也就是说,《侵权责任法》对责任能力问题没有作出规定。[③]《民法典》第1188条做了同样的规定。笔者认为,《侵权责任法》第32条的规定回避了责任能力问题不利于责任的明确化,因为在限制行为人是否有责任能力都不明确的情况下,为何要求限制民事行为人以自己的财产进行赔偿呢?这至少在理论上不具有说服力,也因此受到学者的质疑。[④]

对于未成年代言人在进行广告代言时所承担的法律责任,应按照其为无民事行为能力人还是限制民事行为能力人而有所不同对待。虽然《广告法》禁止无行为能力的十周岁以下未成年人作为广告代言人,但并不能排除其作为代言人的情形。首先,我国民法通说认为,无民事行为能力人没有侵权责任能力,因为其没有识别能力、认识能力或判断能力。[⑤] 对于十周岁以下的未成年人,由于其无独立的辨别能力,其因代

[①] 在执法实践中,有的执法机关没有对代言人进行处罚,就可能是采用此种观点。见上海金红叶纸业违法广告案,http://www.sgs.gov.cn/shaic/punish! detail.action? uuid = 02e4817054e745750154f262f1de28a2,访问日期:2016年8月12日。

[②] 参见姚辉、王毓莹《论虚假广告的侵权责任承担》,《法律适用》2015年第5期;齐晓丹:《权利的边界——公众人物人格权的限制与保护》,法律出版社2015年版。

[③] 王胜明主编:《中华人民共和国侵权责任法释义》,法律出版社2013年版,第180页。

[④] 姜战军:《未成年人致人损害责任承担研究》,中国人民大学出版社2008年版,第125—126页;胡雪梅:《我国未成年人侵权责任承担制度之合理构建》,《法学》2010年第11期。

[⑤] 张新宝:《侵权责任法》,中国人民大学出版社2010年版,第145页;张民安、林泰松:《未成年人的过错侵权责任能力探究》,《法学评论》2011年第3期。

言广告引起的责任可以适用《民法典》与侵权责任相关的规定，由其监护人承担。对于限制民事行为能力人，由于其对于广告代言本身已具备一定的辨别能力，由其承担相应的法律责任是合理的。但即便如此，未成年代言人也不应承担与成年代言人同样的责任。这是因为，"未成年人特别是儿童，心智发育尚未健全，不具备独立的判断辨别能力"[1]。如果对未成年代言人的责任与成年代言人的责任不做区分，将无法达成公平、合理的法律目标。

其次，从比较法的角度而言，在英美普通法中，未成年人通常对其过失和故意侵权行为负责。[2] 在美国法下，一个未成年人没有被要求像一个有理性的成年人那样去从事，而只被要求在相似环境下与自己的年龄、智力或经历相适应的注意来行事。[3] 在英国法下，判断未成年人是否承担侵权责任，应考察其所处的年龄是否应当预见、是否希望行为后果的发生以及是否有过失。[4] 即在英国法下，未成年人的注意标准仍是处于被告年龄的一般谨慎、理智的未成年人标准。[5] 在大陆法系，《法国民法典》第1384条第3款规定父母对未成年人引起的损害承担连带责任，该责任的基础是过错责任，在司法实践中采用的过错推定。[6] 根据《德国民法典》第828条第3款，未成年人是否承担侵权责任，取决于其行为时是否具备认识其责任所必要的理解能力。这里的理解力指的是未成年人认识到行为的不法性和引起责任的一般的精神能力，其是否

---

[1] 朗胜主编：《中华人民共和国广告法释义》，法律出版社2015年版，第108页。

[2] W. Page Keeton ed., *Prosser and Keenton on the Law of Torts* (5th Edition), St. Paul, Minnesota: West Publishing Co., 1984, p. 1071.

[3] [美] 丹·B. 多布斯：《侵权法》（上册），马静、李昊、李妍、刘成杰译，中国政法大学出版社2014年版，第259页。

[4] M. R. Brazier ed., *Clerk &Lindsell on Torts* (17th Edition), London: Sweet & Maxwell, 1995, p. 132.

[5] [奥] 海尔姆特·库齐奥主编：《侵权责任法的基本问题（第二卷）：比较法的视角》，张家勇、昝强龙、周奥杰译，北京大学出版社2020年版，第377页。

[6] 张民安：《现代法国侵权责任制度研究》（第二版），法律出版社2007年版，第214—215页。

承担责任要看是否尽到必要的、就其同龄人通常应有的注意。[①] 因此，严格上说，未成年人不承担无过错责任是各国较为普遍的做法。我国有学者也认为，基于对未成年人的特殊保护，未成年人承担的责任只能是过错责任。[②] 在限制行为能力人进行广告代言而构成侵权时，其所承担的法律责任应当不同于完全民事行为能力人，而不承担无过错连带责任。

再次，从名人作广告代言的角度来观察，要求未成年名人承担与成年名人同样的法律责任，不符合法律上界定名人的制度本意。法律在一定情形下把"名人"从普通社会成员中独立出来，并为此制定特殊的法律规范，其用意是推动名人在社会生活中起到更好的示范作用。广告法上规定作为代言人的名人承担连带责任，是因为名人在广告活动中应当对自己有明确的身份意识，对广告内容及其社会效果应保持较高的注意程度。但是，未成年名人显然不具备与成年名人相当的身份意识和注意能力，让未成年名人承担与成年名人同样种类和程度的法律责任，与广告法的立法意图不相符。即使让监护人代替未成年名人承担法律责任，亦与广告法的立法意图不符。这是因为，虽然监护人承担对未成年名人的监护职责，但其自身毕竟不是名人，并不当然具备名人应有的身份意识和注意能力，让监护人承担未成年名人的法律责任，实际上是让普通人承担名人责任。

因此，笔者认为，在责任承担上，应当对《广告法》第 56 条进行限缩解释，未成年人对于其广告代言行为仅需承担过错连带责任，而无须承担无过错连带责任。有观点认为，承认所有人具有同等的侵权责任能力，并规定未成年人侵权时由其本人与父母或其他监管人承担连带责

[①] ［德］卡尔·拉伦茨：《德国民法通论》（上册），王晓晔等译，法律出版社 2003 年版，第 156 页。

[②] 姜战军：《未成年人致人损害责任承担研究》，中国人民大学出版社 2008 年版，第 135 页。

任,同时在考虑受害人所受损害的性质、赔偿费用的性质以及当事人经济状况下,适当减轻未成年人应承担的赔偿数额。① 笔者认为此种观点值得商榷。一方面,在大多数国家,未成年人承担责任的前提或者是其具有辨识能力或判断能力,要求无民事行为能力人与成年人承担同样的责任,违反前者的现实发展状况,与现代社会保护未成年人的基本思想不相符。另一方面,在理论上,以损害的性质和当事人的经济状况作为减轻未成年人赔偿数额的理由不具有说服力。

需要指出的是,尽管未成年代言人承担过错连带责任,并不意味着他要承担全部的责任。根据《民法典》第1172条,连带责任人赔偿数额的高低取决于其责任的大小,在无法确定责任大小时,由各个责任人平均承担赔偿数额,超额支付赔偿额的一方有权向其他连带责任人进行追偿。因此,如果未成年代言人超出自己责任数额支付给消费者,他有权向其他连带责任人进行追偿。

二 集体广告代言人的责任承担

集体广告代言人,是指由不同个体成员组合起来的集体作为代言人。集体代言人通常表现为享有一定知名度的团队,形式上既包括具有独立法人地位的社会团体,也包括无独立法人地位的其他组织。由于集体代言人能体现团队合作、协同发力的精神,因此更为一些广告主所喜爱。在我国的社会生活中,集体代言已经是较为普遍的现象,例如,中国体操队代言安利的纽崔莱产品,中国国家跳水队代言蓝月亮专用洗衣液,等等。

集体代言具有一些不同于个人代言的特征,例如,由于管理体制上

---

① 胡雪梅:《我国未成年人侵权责任承担制度之合理构建》,《法学》2010年第11期。

的特殊性,集体代言在程序上要更加特殊:① 首先,签约的主体是社会组织,如体育界集体代言人的签约主体是相关体育管理中心或协会,国家运动员名义和个人名义的商业开发权通常属于相关体育管理中心或协会。其次,集体代言中的个体参加广告活动往往要受集体代言的约束,例如,国家运动员未经所属中心或协会同意无权对外签订代言合同。再次,集体代言内部有利益分配机制,例如对于国家对运动员商业开发活动的权益,在保障作为集体代言主要构成的运动员个人利益的基础上,还要体现教练员、相关管理人员、运动员输送单位等主体的利益,因此是一种集体分享的收益。最后,由于是集体代言,而集体中的成员可能有被调离或调整的可能,个别成员的更换将导致该运动员代言的合同自动解除。②

集体代言人应承担何种法律责任,值得探讨。对于具有独立法人地位的集体代言,直接适用《广告法》第 56 条的规定不存在障碍。然而,对于一些没有独立法人地位的集体代言(如中国体操队或中国跳水队等),如果出现集体广告代言违反法律规定的情形,应由作为签约主体的相关体育管理中心或协会承担法律责任。但作为集体代言的成员是否应承担责任,不无疑义。按照我国现有的管理体制,一般而言,集体代言的收益是各个管理中心分三分之一,参加广告和活动的运动员分三分之一,剩下的三分之一作为大赛运动员奖励。③ 由于集体代言是由作为整体部分的各个成员来完成的,按照受益者负担相应风险的原则,集体代言的各成员作为实际的受益者,应当承担相应的责任。如果其完全不承担责任,将是不公平的。但问题是,集体代言的各成员是否应就其

---

① 《国家体育总局关于对国家队运动员商业活动试行合同管理的通知》(体政字〔2006〕78 号)。
② 参见国家体育总局 2006 年 9 月 6 日发布的《国家×××队运动员商业开发合同》(参考文本)。
③ 参见聂磊旻《孙杨的广告故事》,《今日早报》2013 年 1 月 7 日。

代言承担无过错的连带责任？

笔者认为，各成员在作为集体代言人时并无独立的合同主体地位，原则上仅在受益的范围内承担补充连带责任。例如，在体育界集体代言广告活动中，如果集体代言出现违约违法行为，如违反合同约定为广告主的竞争者代言，或者违反《广告法》的规定给假冒伪劣商品代言，首先应由作为签约主体的有关体育管理中心或协会承担全部责任，如果此不足以赔偿受害人的，在其赔偿额不足范围内，受害人可以要求集体代言的各成员就其受益部分承担补充连带责任。这是因为：第一，集体代言具有不同于个体代言的特点，从权责一致的角度而言，其承担的责任应有所不同。由于集体代言的各成员并未享有全部的代言利益，则责任承担上也应有所限定，不应要求其全部赔偿受害方。第二，尽管要求集体代言的各成员承担连带责任有利于赔偿受害人，但各成员是否与签约单位构成共同侵权，法律并无明确的规定，要求成员承担连带责任的法律依据不足。第三，要求集体代言的各成员承担连带责任，将使一方赔偿后的内部追偿问题复杂化。尽管在理论上已赔偿的成员可以要求任何未偿付方进行赔偿，但在现实中已赔偿者再向所在签约单位主张赔偿的可能性非常渺茫，并且可能损害该集体代言人的内部团结和团队的稳定性。

在对广告活动中集体代言进行法律规范时，有两个问题需要特别注意。其一，集体代言中个别成员不当行为的外部责任与内部责任。由于集体成员的不当行为（如吸毒嫖娼）影响整个集体代言人的形象，从而损害广告主选择集体作为代言人的合同利益，因此，广告主可以追究整个集体代言人的违约责任，集体代言人不能以该行为是个别成员所为而免责。在集体代言人对外承担法律责任之后，可以在集体内部关系上追究实施不当行为的个别成员的法律责任。其二，集体代言人与合伙的区别。在广告活动中，有时有两个以上的个体为同一广告主做广告代言人，共同为广告主推荐或证明同一个商品或服务。在此种情形中，如果该两个以上的个体不是以一个集体名义出现，则其相互关系可适用合伙规则处理，不宜认定为集体代言人。

三 特型演员广告代言的责任承担

我国演艺界所谓的特型演员是指，与领袖人物具有高度肖像相似性的演员，其演艺生涯只局限于特定人物。[①] 在我国法律上，对于特型演员是否可以代言并无特别的规定。[②] 由于特型演员与特定领袖人物具有肖像上的相似性，在成功塑造某个人物形象后，其具有很大的知名度和社会影响力。例如，观众对于演员古某扮演的毛泽东、王某某扮演的周恩来、卢某扮演的邓小平的人物形象非常认可。那么，特型演员是否可以进行广告代言呢？在浏阳河酒案中，湖南浏阳河酒业有限公司想通过"一条名河，一首名歌，一位伟人"来演绎其品牌内涵。2007年5月，湖南浏阳河酒业有限公司与国家一级演员、毛泽东的扮演者王某在长沙签订了广告代言合作协议，王某成为湖南浏阳河酒业有限公司全系产品的形象代言人。湖南浏阳河酒业有限公司称，这是该公司品牌文化的回归，名歌、名河、名人、名酒的"四名"品牌内涵与浏阳的红色文化背景高度契合。然而，在该广告推出后引来一片争议，反对者认为广告找酷似"毛主席"的演员来做形象代言人明显误导消费者，企业拿"毛主席"来赚钱是对"毛主席"的极其不尊重。湖南省工商行政管理局很快叫停了该广告。在2015年《广告法》修订之后，也出现了特型

---

① 樊露露：《从特型演员到偶像明星的符号学解读》，《电影文学》2018年第2期。
② 原国家工商行政管理总局曾发布《关于禁止利用党和国家领导人的形象作商业促销宣传的通知》[工商广字（2007）122号]，禁止特型演员以国家领导人形象推销产品或服务，但利用国家领导人形象作广告本身即为1994年实施的《广告法》所禁止，因此，不能将之视为特有的规定。

演员以所扮演的人物形象进行代言的事例。①

　　对于限制其广告代言的特型演员，应当分成两类，一是扮演有政治意义角色的特型演员；二是扮演没有政治意义角色的特型演员，如扮演皇帝的演员、扮演孙悟空的演员等。在广告活动及其管理中，涉及特型演员能否做广告代言问题的，主要是指扮演有政治意义角色的特型演员。从理论上看，特型演员是名人也是拥有平等民事权利的主体，其可以从事广告代言。尽管其肖像上的特征容易让人联想到其所扮演的领袖，但观众是可以辨认出本人的。由于其具备了与众不同的辨识度，具有独立的人格。笔者认为，即使是针对扮演有政治意义角色的特型演员，一般性地禁止特型演员不得进行广告代言也是没有理论依据的，这将是对民事主体权利能力的特别限制，与现代社会法治观念不相符合。何况特型演员作为演员，同样有经济方面的需求。或许有观点认为，特型演员自己选定了这个职业，其应当放弃自己的利益。笔者认为，此种观点是片面的。和其他演员一样，特型演员的成功取决于某些偶然性。与其他演员不同的是，特型演员在肖像上与领袖人物的相似性要求更高。在国家对于特型演员没有给予特殊的津贴或补助的情况下，禁止其进行广告代言的理论依据不足。

　　但是，不应当一般性地禁止特型演员做广告，并不等于特型演员可任意以其扮演过的角色做广告。这是因为，广告活动是在现实社会生活中发生的活动，并不能纯粹以经济意义来看待。广告活动既然是一种意义表达，其表达内容与含义必然具有超出经济意义外延的可能，如具有伦理性、政治性、文化性意义等。因此，广告活动不能仅以推销商品或服务的效能来进行价值判断，还应当适合我国的政治生态和文化传统。特型演员做广告代言，应当避免产生不当的政治联想与隐喻。《民法

---

① 例如，刘某为山东"云门酱酒"所代言的广告，见 http://news.iqilu.com/other/20180321/3865048.shtml，访问日期：2019年8月25日。

典》第 185 条规定了对英雄烈士保护条款，特别是《中华人民共和国英雄烈士保护法》颁布之后，特型演员做广告代言时也要遵守这些法律规定。所以，特型演员本人可以做广告代言，但不能以其扮演的政治人物尤其是领袖人物形象做广告代言。

特型演员在做广告代言时，应当以本人形象或其扮演的英雄烈士、领袖人物、敏感人物之外的形象出现，避免使受众从广告角色上直接产生与其扮演的英雄烈士、领袖人物、敏感人物有关的联想。例如前面提到的王某案，如果他在广告代言时，受众从其形象上（包括面部特征、语言风格、肢体语言、做派气质、服装道具等）直接联想到毛泽东，其广告代言设计就是有不妥之处，应予限制；如果从其广告形象上不能直接产生是在扮演毛泽东的联想，而只是通过王某本人的名字和演艺经历而间接联想到王霙是曾经扮演过毛泽东的演员，则不应限制王某的广告代言活动。法律的正当制度安排是，在保护特型演员利益的同时，针对其所扮演的领袖人物的特殊性，可以对其附加一些额外的限制。例如，特型演员不得穿着其扮演领袖人物的服装、使用领袖人物标志性语言、手势等进行广告代言，让人误认为其在扮演领袖人物；另外也可以规定特型演员不得针对某些产品种类进行代言。最后，特型演员同其他演员一样，在进行广告代言时应承担《广告法》下的各项义务，违反义务则应当承担法律责任。

四 评论类广告代言的责任承担

随着社会经济的发展和社交媒体的出现，通过口碑或评论来进行营销成为一种市场现象，其重要性日益突显。在进行广告代言时，要求名人通过其社交媒体（如微博、微信、豆瓣或知乎）推送产品或服务信息的做法也屡见不鲜。在评论类促销活动中，名人或意见领袖对于其发布的言论是否要承担民事责任，值得探讨。同时，如果发表评论的是普通群众，其对于发布的评论是否需要承担民事责任，也值得研究。

如果评论者是名人或意见领袖，在其发表言论时与广告主存在利益关系，其是否构成代言？一种意见认为，由于两者存在利益关系，可以认定名人或意见领袖构成广告代言，要求其承担广告代言的责任。[①] 不同的观点则认为，发表评论属于评论人行使言论自由，除非违反法律，无须承担民事责任。本书认为，名人和意见领袖的评论是否构成广告代言，需要区分不同的情况。

其一，在名人或意见领袖和广告主之间存在代言合同关系时，广告代言人应当遵守《广告法》规定的各项义务和合同约定的义务，如其违反该等义务，应当承担广告代言的侵权责任或违约责任。

其二，在名人或意见领袖和广告主之间不存在代言关系，而仅仅进行一次性的促销或宣传时，其是否承担广告代言的责任？按照立法者的解读，只要是显示了其独立的人格，即构成广告代言。笔者认为，此种观点过于严苛。然而，从民法的角度，即使名人或意见领袖不承担广告代言民事责任，对于造成的损害还应当根据《民法典》来确定其责任。

其三，在非名人因特定的利益而发表言论时，是否应承担民事责任？例如，在实践中，出现的各种试吃或试住后发表的评论，或者广告主在营销时给消费者发优惠券要求参与活动的消费者通过微信朋友圈转发。由于其非名人，在不显示其真实姓名时，显然不构成广告代言，就其评论真实与否按《民法典》的规定承担法律责任即可。如果其显示真实的姓名和形象，是否应承担广告代言的责任？我们认为，如从权利和义务的对等性考虑，其不可能为广告代言人，则不应当承担广告代言人的责任。在实践中，商家为了进行推广而要求消费者进行活动转发，原则上不构成广告代言。但是，如果商家给予消费者足够多的费用，并

---

① 于林洋：《广告荐证的行为规范与责任解构》，中国书籍出版社2013年版，第36页。

以此作为消费者转发的对价,且转发符合广告代言的条件时,也可以认定构成广告代言。

其四,在评论者为企业员工时,对于其所任职公司产品的评论或转发是否承担法律责任?在美国的法律实践中,美国联邦贸易委员会并不认为所有消费者作出的评论均为代言,而会考虑消费者是否收到广告主的报酬、广告主是否提供产品、产品的价值以及是否收到广告主的评论请求等。如果消费者自己付费购买产品,将评论发布在自己的博客或电子发布平台,则不构成代言。[1] 在我国广告实践中,已经出现转发朋友圈导致承担法律责任的个案。但是,通常认为员工不承担责任,因为员工转发、发表评论往往是基于对于公司的热爱,是员工忠于所服务公司的表现,但不排除在个别情形下可能引发法律责任。

其五,评论者对于图书进行的推荐,是否构成广告代言?这涉及如何协调宪法上言论自由和广告法的关系(见本书第六章)。笔者认为,原则上对于图书的评论不构成广告代言,一方面是我国宪法规定了言论自由是公民的基本权利,如果将图书评论作为广告代言,将导致言论自由的空间受到挤压。另一方面,因为在实践中评论者无论是对于出版社还是作者均没有支付报酬,很多的评论是基于人情或对于图书的欣赏或喜爱。从整体上看,没有必要将此视为广告代言。

第六节　本章小结

本章对广告代言人的认定和民事责任问题进行了研究。首先,广告代言涉及一个较为特殊的群体,即名人。本章通过归纳实践中的司法案例,主张从知名度、社会影响力、成名的时间、成名的区域、成名的领域、是否参与公共事件等方面对名人进行法律认定。其次,对于广告代

---

[1] *Federal Register* Vol. 74, No. 198, 2009, p. 53126.

言人的认定，理论上有人格说、合同说和两要件说，本章认为应综合广告代言的本质、广告代言人的作用以及其知名度来判断是否构成广告代言人。对于广告代言人承担法律责任的理论依据，尽管在理论上有社会责任说、有偿行为说、信赖理论和产品责任相关理论等主张，但广告代言人承担无过错连带责任的理论依据并不充分。再次，对于《广告法》按广告涉及的商品或服务的重要性来区分广告代言人的法律责任，本章认为并无坚实的法理依据，可以有其他的区分标准。最后，对于未成年人代言、集体名人代言、特型演员代言以及评论类代言的责任承担问题，主张应当根据法律关系的性质与特点，在坚持公平合理原则的基础上，合理地分配责任。

第 六 章

广告民事责任上的利益衡量

本书前述各章分别探讨广告主、广告经营者、广告发布者以及广告代言人的民事责任。有的章节也直接或间接地涉及利益衡量，但没有深入地展开。如在本书导论中所述的，利益衡量是贯穿本书的一条主线。在虚假广告认定中，对于事实和意见的区分，对于广告绝对化用语应否禁止，对于广告是否构成合同的内容，以及广告经营者、广告发布者和广告代言人应否承担无过错责任，均涉及利益的衡量。本章拟在前述具体研究的基础上，对广告法中涉及的各种利益类型、广告法上的利益衡量、广告民事责任与言论自由的关系进行探讨。最后基于利益衡量对广告民事责任提出若干反思。

第一节　广告法中的利益类型

利益法学的倡导者黑克（赫克）认为，从历史的角度看，法律是利益的产物。[①] 此种利益不仅体现在立法中，也体现在法院的司法适用中。就前者而言，由于社会中存在多种利益和利益集团，在法律制定的过程中常常呈现各种利益的折中和妥协。如学者所指出的，我国现实生

---

① ［德］菲利普·黑克：《利益法学》，傅广宇译，商务印书馆2016年版，第16页。

活中已经出现了为自己的利益集团而进行相互争夺的现象。① 作为部门法的《广告法》，其制定与实施过程也不免如此。在确定广告经营主体广告法上的民事责任时，应当利用类型化的方法来判断责任的设定是否科学、合理。这是因为从评价法学的观点来看，制定法的合理与否应当接受公平正义理念的评价。

在现代法学方法论上，类型化是一种重要的法律技术。类型以平均或平均的状况为依据，考虑整体上或构造上的共同特征，并进行规范上的价值判断。例如，在民法上对于未成年人依据年龄来判断，相比于自然人的智力状态，更能确保法律的安定性。② 类型对于法律体系构造具有重要的意义。正如德国学者拉伦茨所说，"类型本身得之于……个别规定，而类型却又能帮助更理解、更适切地判断这些规定、其适用范围及其对于类型归属的意义"③。

因此，根据不同的标准可以将利益划分为不同的类型。在理论上，利益法学所指的利益包括生活利益、实用性利益和描述性利益。④ 生活利益指个人的利益，实用性利益指法律规范基于实用性而考虑的利益，而描述性利益则指基于概观和使用上的容易性的需要。⑤ 本节结合民法原理和《广告法》的相关规定对广告法上的利益类型展开讨论。

一　私人利益和公共利益

在大陆法系，权利区分为公法和私权。依据利益享有的主体不同，

---

① 梁上上：《利益衡量论》（第二版），法律出版社2016年版，第137—140页。
② 黄茂荣：《法学方法与现代民法》，中国政法大学出版社2001年版，第480—481页。
③ ［德］卡尔·拉伦茨：《法学方法论》，陈爱娥译，商务印书馆2003年版，第344页。
④ 我国有学者将此表述为"生活利益""实用利益"和"表达利益"，其中生活利益是指应采取法律保护的实际利益，实用利益则强调法律可以适用的，而表达利益则强调法律是容易适用的，见舒国滢《法学的知识谱系》，商务印书馆2020年版，第1058页。
⑤ 吴从周：《概念法学、利益法学与价值法学：探索一部民法方法论的演变史》，中国法制出版社2011年版，第244—246页。

可以将利益划分为私人利益和公共利益，公共利益包括国家利益、民族利益、集体利益、家庭利益等。① 在英美法上，在确定侵权责任的范围时，要考虑原告是否享有受法律保护的利益，潜在的被告享有的对于行动或不行动的自由的利益以及公众享有的对于此种行动自由的利益。② 在这里，原告的利益和潜在被告的利益属于私人利益，公众享有的利益则属于公共利益。区分私人利益和公共利益的意义在于，法律对于公共利益的保护通常要优先于私人利益。欧洲侵权法小组拟定的《欧洲侵权法原则》第 2：102 条第 6 项规定，在考虑利益的保护范围时，应考虑行为人的利益和公共利益，这里的行为人的利益即私人利益。

在我国广告法上，广告经营主体即广告主、广告经营者、广告发布者和广告代言人开展业务活动的利益属于私人利益，而根据《广告法》第 5 条广告经营主体在开展活动时应公平竞争的利益属于公共利益。《广告法》第 9 条第 5 项也规定，广告不得损害社会公共利益。需要指出的是，消费者的利益则既具有私人利益的一面，也具有公共利益的一面。作为公共利益的消费者的利益是抽象的、集体的利益，与其私人的利益不同。在广告民事责任上，则更关注私人利益，而不直接涉及公共利益，后者主要涉及行政责任和竞争法意义上的赔偿责任。《广告法》第 56 条和 69 条规定了侵权私人利益时应承担民事责任。

二 财产利益和生命健康利益

在民法理论上，根据权利的内容将民事权利划分为财产权和人身权。财产权指具有一定物质内容或直接体现某种经济利益的权利，如物权、债权等；人身权则指与人的身体、人格或身份不可分离而无直接财

---

① 梁上上：《利益衡量论》（第二版），法律出版社 2016 年版，第 120 页。
② ［澳］彼得·凯恩：《侵权法解剖》，汪志刚译，北京大学出版社 2010 年版，第 103 页。

产内容的权利，如生命权、健康权等。① 有学者认为，我国传统民法上将权利区分为财产权和非财产权，却对于非财产权中的人身权部分模棱两可，主张将人格权、身份权和财产权的区分作为民事权利的基本分类。② 将民事权利区分为财产权和非财产权的理论分类，对于广告民事责任的确定有意义，因为我国《广告法》第56条就是依据商品或服务是否涉及生命健康，而要求广告经营主体承担过错连带责任和无过错连带责任。如果虚假广告涉及的商品或服务关系消费者生命健康，则广告经营者、广告发布者和广告代言人应当与广告主承担无过错连带责任，否则，其就明知或应知的行为承担过错连带责任。需要指出的是，从权利类型的角度来看，可以认为将利益区分为财产利益和非财产利益是合理的。但是，将非财产利益中的生命健康利益与财产利益进行分类，由于并不属于同一概念层次，在逻辑上并不严谨。

三 消费者利益和广告业发展利益

根据法律所保护的利益不同，可以将广告法下的利益划分为消费者利益和广告业发展的利益。我国《广告法》第1条规定了广告法的立法目的，即"保护消费者的合法权益，促进广告业的健康发展"。从保护消费者权益的角度来看，《广告法》涉及消费者之处不胜枚举，其中最为关键的是：第4条规定了广告不得欺骗或误导消费者；第28条规定了以虚假或引人误解的内容欺骗、误导消费者的，构成虚假广告；第56条则按是否关系消费者生命健康，而要求广告经营者、广告发布者以及广告代言人承担无过错连带责任或过错连带责任。可以说，消费者

---

① 佟柔主编：《中国民法学·民法总则》，中国人民公安大学出版社1990年版，第69页。

② 邹海林：《民法总则》，法律出版社2018年版，第217—220页。

利益是《广告法》所保护的重要利益。同时,广告业的发展也是法律要保护的利益,保护的方式是通过明确广告活动中各方的权利和义务,确保各方的利益得到合理兼顾,以充分发挥广告在市场经济中的独特功能。基于此,《广告法》第 4 条第 2 款要求广告主对广告内容的真实性负责,第 34 条规定了广告经营者、广告发布者的查验证明文件和核对的义务,第 38 条规定了广告代言人的真实代言的义务。正是通过这些义务,保证广告业能够健康发展。此种立法方式,与我国《消费者权益保护法》以消费者和经营者作为主体的保护方式颇为类似。当然,这种区分貌似直接明了,但在进行具体利益衡量时并不好操作,因为在某种意义上消费者利益和广告业发展利益都是一种具有公共性质的利益,简单的利益取舍与协调,并不总能在具体的法律关系上得以实现。

四 广告主利益、广告经营者利益、广告发布者利益和广告代言人利益

在广义上,广告中的利益包括消费者的利益和广告经营主体的利益。就后者而言,根据广告活动中所涉及主体的不同,可以将广告活动中的利益划分为广告主利益、广告经营者利益、广告发布者利益以及广告代言人利益。在广告活动中,广告主是广告经营者、广告发布者和广告代言人的"金主",后者在某种程度上依赖于前者,由于受广告主委托,其通常按照广告主的意志提供服务。同时,广告主与广告经营者、广告发布者和广告代言人的利益也有不相符的一面。例如,在广告代言活动中,广告代言人对于广告主要求其承担的形象维持的义务、不得给竞争对手代言产品的义务等,会有自己的立场。在广告法上,此种区分直接明了,在分析各个活动主体的利益一致性或冲突时很有意义。

五　当事人利益、群体利益、制度利益和社会公共利益

有学者认为，可以将司法适用中的利益区分为当事人利益、群体利益、制度利益和社会公共利益。当事人利益即涉案当事人自身的利益，群体利益指在类似案件中对处于类似地位的原告或被告所产生的利益，制度利益指某一具体法律制度所保护的利益，社会公共利益则指整体利益，涵盖经济秩序、社会公德和公平正义理念。这种观点认为，各种利益之间是一个有机的层次结构，在这种结构中，当事人利益、群体利益、制度利益和社会公共利益呈现出从具体到抽象的递进关系，其中群体利益为当事人利益、制度利益和社会公共利益的桥梁。[1] 此种观点是从司法适用的角度来进行分类的，具有一定的合理性，但在《广告法》中适用的空间有限。

第二节　广告法上的利益衡量

上一节分析了广告中涉及的各种利益，这些利益会发生冲突，为此需要进行利益衡量分析。本节首先对利益冲突的形成加以探讨，然后对利益衡量的理论基础进行分析，最后基于比较法考察的基础对我国广告法上的利益衡量加以讨论。

一　利益冲突的形成

利益法学对于利益冲突的研究，有助于我们认识利益衡量。利益法

---

[1] 梁上上：《利益的层次结构与利益衡量的展开——兼评加藤一郎的利益衡量论》，《法学研究》2002年第1期。

学认为，法律是各种利益角力的结果。"法律是所有法律共同体中相互对峙且为得到承认而互相争斗的物质、民族、宗教和伦理方面的利益的合力。利益法学的核心就在于认识到了这一点。"① 在利益法学看来，在生活中，利益是相互处于冲突的状态的，而不是相互没有关联的，无论是针对私人间利益、私人利益和公共利益还是公共利益间，均是如此。利益法学进一步指出，利益冲突的类型包括私权冲突、立法者内部的冲突以及强制冲突。私权冲突指的是私权利益之间的冲突，立法者内部的冲突指的是立法者在不同立法理想的衡量和选择，而强制冲突指的是公共利益和私权利益之间的冲突。② 利益法学认为，制定法对利益的保护不存在于真空中，而是在充满利益的世界中进行的，对于每个规范要找出决定性的利益冲突。③ 在侵权法上，在确定受法律保护的范围，需要从价值上衡量相互冲突或对立的利益，包括是否需要尽可能保护某一利益和赋予他人最大的行动自由。④

《广告法》第56条按虚假广告中产品或服务涉及的利益而区别对待，这导致了利益发生冲突。这一规定是否有道理？首先，从法律条文自身可以看出，该条保护的是消费者的利益。这不仅与《广告法》第1条的立法目的相一致，而且由于法律条文限定的是虚假广告，从合法性的角度来看，是值得肯定的。其次，在确认保护消费者利益的前提下，立法者又对利益做了二次分类，即在消费者利益中又划分出生命健康利益和其他利益的类别。正如立法解读所阐释的，"这是从更加重视保护消费者生命健康的角度所做的规定"⑤。笔者对于此种划分也是持肯定

---

① *Ph. Heck, Gesetzesauslegung und Interessenjurisprudenz. AcP 112 (1914), S. 1 ff, 17.*，转引自［德］伯恩·魏德士《法理学》，丁晓春、吴越译，法律出版社2013年版，第234页。
② 吴从周：《概念法学、利益法学与价值法学：探索一部民法方法论的演变史》，中国法制出版社2011年版，第248—252页。
③ ［德］菲利普·黑克：《利益法学》，傅广宇译，商务印书馆2016年版，第18页。
④ ［奥］海尔姆特·库齐奥：《侵权责任法的基本问题（第一卷）：德语国家的视角》，朱岩译，北京大学出版社2017年版，第178页。
⑤ 朗胜主编：《中华人民共和国广告法释义》，法律出版社2015年版，第101页。

意见的。然而，这并不等于说第 56 条要求广告经营者、广告发布者和广告代言人承担无过错连带责任是论证充分的。

这是因为，保护消费者利益是一回事，要求广告经营者、广告发布者和广告代言人无论是否有过错都需要承担连带责任是另一回事。这里存在两个问题：第一个问题是，广告经营者、广告发布者和广告代言人是否等同于或类似于产品的制造者或销售者？如前所述，有观点认为广告发布者发布广告相当于销售有缺陷的产品（见本书第四章），笔者对此是明确予以反对的。尽管不可否认，在广告经营者、广告发布者和广告代言人有共谋时，可以依据《民法典》与侵权责任相关的规定要求其承担连带责任（通常不是无过错连带责任），但不能据此推导出这些广告经营主体就应当承担无过错责任。作为一种法政策，固然可以解释，但并无坚实的理论依据。第二个问题是，如何界定"关系消费者生命健康的产品或服务"？这里的"生命健康"指的是生命权和健康权，还是一个更为宽泛的、类似安全义务的概念？就目前的研究来看，缺少相应的讨论。

生命健康权最早规定于我国《民法通则》第 98 条。在理论上，生命健康权属于人身权，指的是公民享有的生命安全、身体健康和正常功能的维持的权利。[①] 由于生命权和健康权在权利内容上存在差别，我国《侵权责任法》第 2 条将生命权和健康权作为不同的权利进行规定，同时将身体权作为一项单独的权利。《民法总则》遵循《侵权责任法》的规定。[②]《民法典》对此予以保留。基于民法基本原理，我们有理由对《广告法》第 56 条突出生命健康提出以下质疑：

其一，从性质上看，身体权和生命权、健康权同样重要。为什么第

[①] 佟柔主编：《中国民法学·民法总则》，中国人民公安大学出版社 1990 年版，第 112 页。

[②] 李适时主编：《中华人民共和国民法总则释义》，法律出版社 2017 年版，第 338—339 页。

56条没有规定身体权？是因为身体权没有这两者重要？尽管身体和健康关注的内容不同，但对于身体安全而言两者常发生重叠。① 我国有学者认为，"在人格权体系中，生命、身体、健康是最重要的人格利益，具有至高无上性，在整个人格权甚至在整个民事权利体系中具有最高地位"②。有学者甚至认为，我国《民法典》人格权编将身体权置于健康权之前，是因为现代社会中身体权包含更重要的价值，维护身体的完整比维护健康重要。③ 因此，如果从权利类型化的角度来看，由于只是对人格权中的部分权利进行截取，并对其赋予不同的重要性，在体系上并不合理。

其二，这里的健康权是否包含心理健康？我国民法理论界对于健康权是否保护心理健康有争论。《民法典》第1004条规定自然人享有健康权。有学者认为，该条的健康权客体既包括身体健康利益，也包括心理健康利益。④ 如果如有的持肯定意见的学者那样认为健康权包括对精神分裂症、抑郁症等损害，⑤ 那么至少对于广告法上的适用应当设定限定条件，否则，无论是广告主还是广告经营者、广告发布者和广告代言人将难以承受此责任之重。

其三，第56条所涉及消费者的生命健康的商品或服务应如何界定？迄今为止，我国立法机关和执法机关对何种情形构成"关系消费者生命健康的商品或服务"均没有进行界定，对此问题，存在两种观点。一种观点认为，这里的商品或服务应当解释为对消费者生命健康具有一定危险的商品或服务，包括医疗、药品、医疗器械和保健食品。瑜伽、杠铃

---

① 王泽鉴：《侵权行为》，北京大学出版社2009年版，第102—103页。
② 王利明：《民法典人格权编的亮点与创新》，《中国法学》2020年第4期。
③ 杨立新：《我国民法典人格权立法的创新发展》，《法商研究》2020年第4期。
④ 王利明、程啸：《中国民法典释评·人格权编》，中国人民大学出版社2020年版，第179页。
⑤ 程啸：《侵权责任法》（第二版），法律出版社2015年版，第131—132页。

等健身器材尽管与健康相关,但由于不具有危险性,不属于这里所说的商品。[1] 此种观点的合理性在于,它提出了以具有危险性作为判定的标准,但其与第 56 条第 2 款立法本意是否相契合,是否可以对第 56 条第 2 款的适用范围进行限缩解释,却并无立法资料上的依据。何况,它仍然没有对这里的《商品或服务》作出具体化,而且它对于第 56 条中"健康"与否的本意判定显得有些随意或"想当然"。另一种观点没有提出明确的界定,但认为,在实践中,关系消费者生命健康的商品或服务主要指食品、药品和医疗服务领域。[2] 类似的观点认为,关系消费者生命健康和人身安全的商品和服务包括药品、保健食品、医疗器械、医疗。此种观点体现在立法讨论中,可以认为是立法者倾向的观点。[3]

笔者认为,以上观点有一个共同点,即都在限缩《广告法》第 56 条中"关系消费者生命健康的商品或服务"的范围,但仍然是通过列举了一些可能是典型的情形进行说明,但该项列举是不完全的,并且在说理上是不透彻的。从实质上看,列举式的不完全是因为它没有明确界定的标准,而这又显示出某种随意性。例如,仅从《广告法》的规定来看,似乎可以认为,除药品、保健食品、医疗器械和医疗外,化妆品、烟草、酒和农药也会属于"关系消费者生命健康的商品或服务"。由于《广告法》只是对部分产品的广告作出规定,对于众多的商品或服务并没有涉及,列举式的做法问题更为突出。例如,汽车产品、化学用品、电力、健身服务、食品安全检测服务等,也可能涉及消费者的生命健康,因此也可能属于"关系消费者生命健康的商品或服务"。因此,试图通过清单列举的方式来进行界定不具有可行性,而只能通过性质及程度等标准来进行界定。如果没有明确的判定标准,则难以适应法

---

[1] 程远:《广告法理论与实务》,法律出版社 2018 年版,第 200 页。
[2] 宋亚辉:《虚假广告的法律治理》,北京大学出版社 2019 年版,第 160 页。
[3] 《全国人民代表大会法律委员会关于〈中华人民共和国广告法〉(修订草案)修改情况的汇报》,载朗胜主编《中华人民共和国广告法释义》,法律出版社 2015 年版,第 186 页。

律适用的需要。

其实，即使我们可能对"关系消费者生命健康的商品或服务"进行界定，我们仍然可以质疑，虚假广告传递的信息与所涉及的商品或服务是否关系生命健康之间有必然的联系。笔者认为，得出这一结论的依据不足。正如有学者所言，某人走过要倒塌的墙而受到损害和告诉某人墙要倒塌而该墙果然倒塌导致其受伤害，这两者之间是不同的。① 在民法上，获悉死亡信息发生的休克损害，属于健康损害，在这种情形下，大多不是由信息的传递人负责，而是由造成死亡的责任人负责，意在强调传递信息者不承担责任。② 相较而言，广告代言人不过是商品或服务的信息传递人，其所传递信息之真假并非广告代言人所制作或设计的，而其所涉商品或服务的生产者或销售者，才是消费者生命或健康受到损害的致因者，除非广告代言人与广告主对致消费者受损具有共谋。尽管《广告法》第56条试图突出对消费者生命健康的保护，但由于缺乏类似《食品安全法》和《消费者权益保护法》的法律条文表述，致使该条对消费者生命健康的保护效用，并不能因加上广告代言人的连带责任而有所强化。而且，由于《广告法》缺乏"关系消费者生命健康的商品或服务"的明确界定，增加了该条在法律适用上的难度。

当然，不能排除有这样一种可能性，即立法者有意授权司法机关在实践中对此进行确定。也就是说，何种情形构成"关系消费者生命健康的商品或服务"，属于司法机关自由裁量的范畴。但即便如此，在司法机关未以司法解释的方式作出解释的情况下，探讨其界定仍然显得很有必要。③

---

① J. Cartwright, *Misrepresentation, Mistake and Non‐Disclosure* (4th Edition), London: Thomson Reuters (Professional) UK Limited, 2017, p. 66.
② ［德］迪特尔·梅迪库斯：《德国债法分论》，杜景林、卢谌译，法律出版社2007年第1版，第636页。
③ 限于篇幅，笔者将另行撰文探讨此问题。

其实，如果进一步思考，生命健康利益是否始终优先于财产利益，这也是值得商榷的。有一种观点认为，应当将利益区分为同质利益和异质利益。就利益的价值位阶而言，生命利益大于健康利益，健康利益大于财产利益。① 就一般情形，固然可以成立，但如果对此不加以限定条件，则生命利益总是优先于财产价值的观点也是有问题的。例如，在意外损害的场合，一个人免于意外损害的安全利益并不比他人所推进其选择目标的行为自由具有更大根本重要性，而且某些利益具有绝对优先排序在不完美的世界里是不适宜的，因为性命也会被以财产、金钱和便利一样的尺度来衡量。② 德国法学家耶林针对受害人是否因为一块手表的价值不大而否定受害人对侵害人的身体、健康等进行反击，给出了否定的答案。③ 尽管耶林针对的是法感，但可以看出财产价值并非总是低于生命价值。具体到《广告法》上，由于生命健康利益体现的是生命的价值，而广告发布者的利益则涉及自由，从更抽象层面来看则涉及生命和自由的价值冲突。而无论是从法的价值等级体系还是法的价值中心论的观点来看，④ 生命与自由之价值孰优孰劣，都始终是有争议的。

二 利益冲突的衡量

（一）利益衡量的理论基础

如前所述，在立法中基于不同的考虑会形成利益冲突。那么，如何解决利益冲突呢？这涉及利益衡量。利益法学的代表人物黑克认为，法律只把最后得胜的利益表现出来，对于每个规范要清楚决定性的利益冲

---

① 梁上上：《利益衡量论》（第二版），法律出版社 2016 年版，第 87—88 页。
② ［美］戴维·G. 欧文：《侵权法中过错的哲学基础》，载［美］戴维·G. 欧文主编《侵权法的哲学基础》，张金海等译，北京大学出版社 2016 年版，第 220—221 页。
③ ［德］鲁道夫·冯·耶林：《为权利而斗争》，刘权译，法律出版社 2019 年版，第 65 页。
④ 卓泽渊：《法理学》（第二版），法律出版社 2016 年版，第 220—221 页。

突是什么，为此不仅需要探究得胜的利益，也要探究加入冲突的利益整体，包括战败的对立利益。① 日本的星野英一教授认为，首先，要找出所对立的利益，为此需要使利益类型化；其次，考虑依据某一规定保护哪种利益和价值是妥当的，包括保护的利益、保护的程度和实现的价值判断；最后，根据常识对各种利益和价值进行调和。② 我国学者梁慧星先生认为，利益衡量是指法官在查清案件事实后，综合把握案件的实质，结合社会环境、经济状况、价值观点等，对当事人的利益关系作比较衡量，作出案件当事人哪一方应受保护的判断。③ 笔者认为，星野英一教授的衡量方法是值得借鉴的。为了进行利益衡量，必然先要找出所涉及的利益为何。

在我国《广告法》中，充满着各种不同的利益冲突。例如，第 34 条规定的广告发布者的核对义务，即是在消费者保护和广告发布者信息传播权的一种调和，《广告法》第 56 条也是立法者对于消费者利益和广告经营者、广告发布者和广告代言人利益的一种调和。类似的调和在《广告法》中还有很多。第 39 条为了保护儿童禁止在中小学、幼儿园做广告，但又设置了公益广告的例外，本质上也是一种利益衡量。

在找出各种利益之后，需要根据某种标准进行衡量。尽管在哲学上可能不存在一种关于利益分配的社会共识，在进行具体的利益衡量时，不得不设定一个衡量标准。梁上上认为，应当以社会公共利益作为利益衡量的支点和根基。④ 德国学者拉伦茨教授则认为，评价并非取向于一般性标准，而毋宁须同时考虑案件的具体情况。⑤ 在《广告法》的语境

---

① 吴从周：《概念法学、利益法学与价值法学：探索一部民法方法论的演变史》，中国法制出版社 2011 年版，第 285 页。
② 段匡：《日本的民法解释学》，复旦大学出版社 2005 年版，第 271—278 页，转引自梁上上《利益衡量论》（第二版），法律出版社 2016 年版，第 44—45 页。
③ 梁慧星：《裁判的方法》（第 3 版），法律出版社 2017 年版，第 291 页。
④ 梁上上：《利益衡量论》（第二版），法律出版社 2016 年版，第 123 页。
⑤ ［德］卡尔·拉伦茨：《法学方法论》，陈爱娥译，商务印书馆 2003 年版，第 279 页。

下,尽管多数的利益是可以区分的,但是也不尽然。例如,《广告法》第 1 条规定的消费者的利益和广告业发展的利益不容易加以区分。有观点认为,广告业的利益属于特定群体利益,针对的是特定行业和群体。[①] 如果按照同一的逻辑,那么也可以认为消费者的利益是群体利益,只是两者的范围大小不同罢了。《广告法》第 38 条的禁止未满十周岁儿童代言的规定,立法者认为是保护代言儿童的利益和其他儿童的利益,但从代言儿童自身的利益来看,则涉及其发展权的问题,禁止其代言是否可以起到保护其他儿童利益的作用,也需要进行利益衡量。这同样涉及利益衡量的标准问题。

我国《广告法》按虚假广告的商品或服务是否关系消费者生命健康,而要求广告经营者、广告发布者和广告代言人承担无过错连带责任和过错连带责任;而在我国台湾地区,则按照广告代言人是否名人而承担不同的责任。如果从利益法学的观点来考察,法律规定的背后体现的是不同的利益衡量标准。"所以,法律规范总是试图说明,是否以及在多大程度上一个冲突的利益要以牺牲另一个利益为代价来得到实现。"[②] 可以认为,我国《广告法》的区分标准是人身利益高于财产利益,而我国台湾地区则按照广告代言人的经济实力要求其承担不同的责任。如果进一步讨论,则涉及法律背后的价值判断,而价值的判断是利益衡量的一个内容。"价值判断为利益衡量之一……更看重什么利益,也是利益衡量的基础……"[③]

日本学者加藤一郎教授举例说明,日本法上就制造物规定了三种不同的责任类型:(一)个人一次性制造场合,行为人承担意思责任;

---

① 左亦鲁:《公共对话外的言论与表达:从新〈广告法〉切入》,《中外法学》2016 年第 4 期。

② 耿林:《强制性规范与合同效力——以合同法第 52 条第 5 项为中心》,中国民主法制出版社 2009 年版,第 161 页。

③ 梁慧星:《民法解释学》,中国政法大学出版社 1995 年版,第 321 页。

(二）个人企业和中小企业场合，行为人承担客观责任；（三）在有危险的食品、药品及由大企业制造的场合，行为人承担无过失责任。加藤一郎教授评论说，依据商品的危险性类型化对医药品课以重责可以实现，但在立法和裁判中对中小企业进行区分并不适宜。① 这一事例很好地说明了在利益发生冲突时利益衡量标准设定的重要性。加藤一郎教授所举的例子表明，以商品的危险性作为衡量的标准是有道理的，但区分企业的经济规模大小要求行为人承担不同的赔偿责任则是没有道理的，因为无论是在立法上还是司法适用中均难以实现。加藤教授主张以普通人的常识而不是专家来进行判断，然而常识的认定本身也是一个问题。有观点认为，利益法学由于放弃了与实质价值的结合，导致其无法回答评价的来源问题。②

本书认为，由于利益衡量本质上是一种价值判断，其无法脱离价值的评价。对于所涉及的利益，需要从立法论和解释论层面加以区分。在立法上，不仅考虑法律的规定，还要考虑其是否周全地考虑到各方的利益，法律的规定是否妥当。在解释论上，则需要法官在兼顾法律条文基础上，考虑受保护的利益、受损害利益的程度和比例原则，③ 以得出有说服力的结论。在行为人和受害人都无优先权利时，平等的理念有助于化解难题，此时需要评价和比较一方的行为所增进的利益以及另一方的安全所保护的利益。④ 例如，在解释论上，在适用《广告法》第38条第2款时，需要衡量的是禁止儿童代言所获得的社会整体利益与允许儿童代言所获得的利益相比何者更为重要，结合《广告法》的条文，应

---

① 梁慧星：《民法解释学》，中国政法大学出版社1995年版，第336—337页。
② 吴从周：《概念法学、利益法学与价值法学：探索一部民法方法论的演变史》，中国法制出版社2011年版，第418页。
③ [德] 卡尔·拉伦茨：《法学方法论》，陈爱娥译，商务印书馆2003年版，第285页。
④ [美] 戴维·G. 欧文：《侵权法中过错的哲学基础》，载 [美] 戴维·G. 欧文主编《侵权法的哲学基础》，张金海等译，北京大学出版社2016年版，第226—227页。

当认为该款并不绝对禁止儿童做广告代言。①

值得探讨的是，在利益衡量中是否要考虑现行法律？对此，有两种不同的观点。日本学者加藤一郎教授认为，在利益衡量时尽量不考虑现行法规，"应避开现存法规、法的构成和法原则"，主张对具体现实的利益进行利益衡量，并且基于普通人的立场。② 我国学者梁上上则认为，在进行利益衡量时有意识地将法律排除在外是不妥当的，"这种置法律于不顾的态度，并没有认识到利益衡量的根本所在，是对利益衡量的扭曲"，应当尊重基于现行制度利益所做的分析。③ 笔者认为，之所以两位学者有不同的观点，是因为两者的立论点不同。梁上上认为，利益衡量是法院判案的思考方法，利益衡量着重于利益在法律适用中的作用和法官在审判中的作用。④ 于此，自然不能无视现行法规。笔者认为，加藤教授之所以强调避开现行法规，是因为仅仅依据现行法规无法得出妥当的结论，那种认为依据法律条文就可以得出唯一正确结论的说法只是一种幻想，起决定性作用的是实质的判断。⑤ 加藤教授强调的是利益衡量中论理的重要性，因为如果不讲论理而只是卖弄利益衡量是危险的，要想说服法官，无论是实质的理由和形式的理由都是必要的。⑥

（二）美国法上的利益衡量

在理论上，尽管美国学者对于侵权法的目标和功能有不同的认识，从经济分析的角度来分析侵权法已成为近 30 年美国侵权行为解释中最

---

① 王绍喜：《禁止儿童代言广告的法理辨析与解释路径》，《时代法学》2018 年第 3 期。
② 梁慧星：《民法解释学》，中国政法大学出版社 1995 年版，第 317 页。
③ 梁上上：《利益衡量论》（第二版），法律出版社 2016 年版，第 141 页。
④ 梁上上：《利益衡量论》（第二版），法律出版社 2016 年版，第 46 页。
⑤ ［日］加藤一郎：《民法的解释与利益衡量》，载梁慧星《民法学说与立法研究》（二），国家行政学院出版社 1999 年版，第 273 页。
⑥ ［日］加藤一郎：《民法的解释与利益衡量》，载梁慧星《民法学说与立法研究》（二），国家行政学院出版社 1999 年版，第 289—290 页。

主要的理论。① 美国传统的侵权法理论认为，要构成侵权，原告必须证明：原告受到了伤害，被告的行为或过失必须与原告的伤害存在因果关系，被告未尽到其对原告的义务。这是从其基本要素来界定侵权。侵权法的经济分析理论则另辟他径，它的理论建立在伤害的成本和避免伤害的成本，即通过分析用于预防的成本和预期伤害的成本来确认是否构成侵权，并指出在无责任和严格责任下对于激励具有不同的作用。② 侵权法经济分析的理论是以社会财富最大化为目标的。正如波斯纳所认为的，财富最大化不仅是法院审判的指南，而且是一种真正的社会价值，普通法寻求而且应当寻求财富的最大化。③ 在理论上，有学者认为成本-收益分析无法很好地解释美国侵权法，在对侵权行为进行规制时，应当考虑花费的行政成本和总的收益效果，美国司法实践对医疗行为采用过失责任而非严格责任，即为一个恰当的例子。④

在广告法领域，美国学者也借助法律的经济分析方法对虚假广告和误导广告进行了讨论，其中一个主要的争论是信息过度问题。换而言之，在广告中是否需要将全部的信息向消费者披露。这其实涉及误导广告的界定，因为在要求全面披露时对消息的遗漏或忽略显然构成误导广告，而如果只要求披露足够的信息，则可能不构成误导广告。美国学者 Richard Craswell 认为，传统的观点认为通过广告主的行为就可以避免欺骗广告（deceptive advertising），而无须考虑成本和收益，欺骗广告指向的是，是否存在纯粹的事实问题，而不是在多大程度的问题。这种观点

---

① [美] 格瑞尔德·J. 波斯特马主编：《哲学与侵权行为法》，陈敏、云建芳译，易继明校，北京大学出版社2005年版，第6页。
② [美] 罗伯特·考特、托马斯·尤伦：《法和经济学》（第六版），史晋川、董雪兵等译，上海人民出版社2012年版，第188—193页。
③ [美] 理查德·A. 波斯纳：《法理学问题》，苏力译，中国政法大学出版社2002年版，第450—451页。
④ Richard A. Epstein, *Simple Rules for a Complex World*, Cambridge, Massachusetts: Harvard University, 1995, pp. 104-105.

是不准确的，因为涉及禁止可能具有欺骗倾向的广告是否对社会有利的判断。① 作者认为，为了避免消费者可能被误导而要求广告主增加充分的限定表述是荒唐的，不仅是无效力的，而且可能损害其他消费者的利益。应当基于成本利益分析，从减少损害的角度来判断是否存在欺骗广告。② 类似地，有观点认为立法者和监管者应当对成本和效益失衡有敏感性，信息的披露不应超出边际效益与边际成本的平衡点，而将更大的角色留给市场会更有优势。③

在司法实践中，美国最高法院的很多案件都涉及利益衡量。在《纽约时报》诉沙利文案中，原告是亚拉巴马州蒙哥马利郡的警察总长，他认为《纽约时报》发表的有关民权运动和马丁·路德金逮捕的一则广告是诽谤性的。由于涉案警察局在其监管的职责之内，原告认为被告侵犯了其名誉，因此对《纽约时报》提起诽谤诉讼。该案法院要处理的问题是，媒体对于政府官员行使职责行为的监督是否受到宪法中的言论和出版自由的保护。美国最高法院认定，由于原告无法举证被告《纽约时报》具有故意或严重过失，《纽约时报》受到美国宪法第十四条新闻媒体自由权利条款的保护，不构成侵权。④ 在这里，美国最高法院衡量的是原告的名誉权和新闻媒体自由的权利冲突，并认为新闻媒体的自由更值得保护。

需要指出的是，如果广告的宣称涉及误导，则无法主张美国宪法第一修正案的保护。在美国联邦贸易委员会诉高露洁棕榄公司案中，涉及的问题是通过电视广告形式向观众展示的剃须膏这一产品特性的证据是否误导消费者。在广告片中，广告演员展示了砂纸测试，表明"快速剃

---

① Richard Craswell, Interpreting Deceptive Advertising, 65 *B. U. L. Rev.* 679, 680 (1985).
② Richard Craswell, Interpreting Deceptive Advertising, 65 *B. U. L. Rev.* 681–696 (1985).
③ H. Beales, R. Craswell and S. C. Salop, The Efficient Regulation of Consumer Information, 24 *J. L. & Econ.* 522 (1981).
④ New York Times Co. v. Sullivan, 376 U. S 254 (1964).

须"品牌的剃须膏能将砂纸上的物质剃得很干净,而实际上被上诉人使用了树脂玻璃作为砂纸的替代品。由于为了突出广告效果广告主使用了替代品,美国最高法院认定被上诉人存在欺骗行为。①

(三) 德国法上的利益衡量

在学术史上,德国产生了以赫克为代表的利益法学,其在民法方法论上产生了非常重要的影响。② 在德国法上,利益衡量是司法操作中重要的法律技术。在司法裁判中,司法者会根据案件的具体情况赋予法益以重要性来进行权利或法益的衡量。③ 在宪法层面,德国法区分意见表达和事实陈述,意见表达主要涉及评价的主观性,而事实陈述则强调陈述内容和真实性之间的客观联系,两者的区分基础是保护的价值不同,整体上服务于言论自由和其他权益保护的平衡。④

在吕特一案的判决中,涉及自由表达意见和工商活动不受联合抵制影响的问题。作为新闻主管机关的原告呼吁电影院和影片出租人抵制将导演哈尔兰的影片列入播放节目单。德国联邦宪法法院认为,民法典可以限制自由表达意见的权利,但在解释时应当考虑其作为基本法的价值。联邦宪法法院对案件中涉及的利益进行了分析:首先,自由表达意见的权利是基本法上一项重要的权利,在民主制度中自由言论具有重要的作用,在价值秩序中言论自由具有特别崇高的地位。其次,如果言论自由侵害了其他的权利,则需要进行利益衡量。于此,如果言论自由不涉及私人事务,则该权利具有更高的重要性。再次,在认定呼吁抵制是否违背善良风俗,应考虑表达的目的、动机以及是否逾越必要的范围。联邦宪法法院认为,考虑以上因素,言论自由具有优先地位,因此否定

---

① [美] 约翰·D. 泽莱兹尼:《传播法判例:自由、限制与现代传媒》,王秀丽译,北京大学出版社 2007 年版,第 270—274 页。
② [德] 卡尔·拉伦茨:《法学方法论》,黄家镇译,商务印书馆 2020 年版,第 67 页。
③ [德] 卡尔·拉伦茨:《法学方法论》,陈爱娥译,商务印书馆 2003 年版,第 279 页。
④ 汪志刚:《德国法上的意见表达和事实陈述的区分》,《北方法学》2011 年 3 期。

了联合呼吁抵制违反善良风俗的认定。①

在 BGHZ131, 132 案中, 原告卡洛琳为摩纳哥王子翰尼叶三世的长女, 其与伴侣在餐厅隐蔽处用餐被记者拍照, 并被德国的几家媒体刊登在报刊上, 而在德国汉堡地区法院对该等媒体提起侵权诉讼。该案涉及隐私权和新闻自由之间的平衡。德国法院认为, 王室、国家元首和著名政治人物属于绝对的当代风云人物, 作为摩纳哥王子长女的原告也是如此, 因此, 新闻媒体可以未经其准许而发行或展示其照片。② 该案随后被上诉到欧洲人权法院, 欧洲人权法院肯定德国法院对私生活的保护涵盖个人的姓名或肖像等个人身份的观点, 但认为德国联邦宪法法院对于绝对的当代风云人物和相对当代风云人物的界定并不清晰, 以至于个人无法得知其私生活在何时何地能得到保护。欧洲人权法院在该案中援引欧洲委员会议会大会第 1165 号决议对于公众人物的界定而认定原告为公众人物, 应受到《欧洲人权公约》第 8 条的保护。③ 在该案之后, 德国从以前的倾向新闻自由的态度转变为公正客观地寻求隐私权和新闻自由平衡的立场。④

在德国法上, 还涉及个人自由权和公共利益以及新闻自由与国家安全利益的冲突。在这些场合, 需要对案件的具体情况进行具体的分析, 而不是假定某一种利益具有优先性。首先, 需要考虑受保护法益受到影响的程度, 其次, 需要考虑假定某种利益让步时受害程度的情况, 最

---

① [德] 卡尔·拉伦茨:《法学方法论》, 陈爱娥译, 商务印书馆 2003 年版, 第 281—282 页。

② B. S. Markesinis and H. Unberath, *The German Law of Torts* (4th Edition), Portland, Oregon: Hart Publishing, 2002, p. 445.

③ Von Hannover v. Germany, www.bailii.org/eu/cases/ECHR/2004/294.html, 访问日期: 2016 年 11 月 20 日。

④ 邱静:《基本人权与私法——以英国和德国为视角》, 载《为民法而斗争: 梁慧星先生七秩华诞祝寿文集》, 法律出版社 2014 年版, 第 502 页。

后，适用比例原则、最轻微侵害手段或尽可能减少限制的原则。① 可见，德国法对于利益的衡量考虑多方利益，具有较大的合理性。

(四) 中国法上的利益衡量

在民法上，我国学者梁慧星先生很早就对利益衡量的具体操作进行研究，他指出在进行利益衡量时应探究当事人双方利益和当事人利益与社会利益。就前者而言，需要确定当事人争执的利益，考察利益从何产生，并对不同的解释所导致的后果进行探讨。就后者而言，需要探讨哪种利益更值得保护。② 在华懋金融服务有限公司与中国中小企业投资有限公司委托投资纠纷上诉案中，③ 尽管最高人民法院并没有采用利益衡量的表述，但它认为华懋公司的实际出资行为与该部分利益产生具有客观实在的关联，根据公平原则中小企业公司应按照百分之四十的比例向华懋公司支付合理数额的补偿金。在该案中，尽管对于比例的具体分配可以进行讨论，但其无疑体现了利益衡量的司法理念。

在民法上，隐私权主体的权益和其他主体的知情权和言论表达自由权会发生冲突，需要国家作为中立者适用公共利益规则来予以平衡。④ 在我国司法实践中，围绕公众人物的名誉权与新闻表达自由发生多起纠纷。在孔某某与南京广播电视集团（南京广播电视台）等名誉权纠纷案中，⑤ 上诉人孔某某认为被上诉人的主持人吴某某在节目中使用"北大教授孔某某是教师还是野兽"的标题侵犯其名誉权。二审法院认定，孔某某作为公众人物，较一般人在承受社会舆论方面有较高容

---

① [德] 卡尔·拉伦茨：《法学方法论》，陈爱娥译，商务印书馆 2003 年版，第 279 页以下。
② 梁慧星：《电视节目表的法律保护与利益衡量》，载梁慧星《民法学说判例与立法研究》（二），国家行政学院出版社 1999 年版，第 206—222 页。
③ (2002) 民四终字第 30 号。
④ 张新宝：《从隐私到个人信息：利益再衡量的理论与制度安排》，《中国法学》第 3 期。
⑤ (2015) 一中民终字第 02203 号。

忍义务，被上诉人的评论属于行使监督评论权，手段得当，没有超出适当的范围，因而不构成侵权，驳回上诉人的上诉，维持原判。

我国学界对于《广告法》上的利益衡量则鲜有研究。然而，在司法实践中，涉及衡量各方利益的纠纷一直存在。在理论上，有观点认为，2015 年修改的《广告法》的目的是保护广大消费者，"这一公共利益压倒了广告主、广告经营者和广告发布者们的利益"，理由在于：第一，《广告法》第 1 条规定了保护消费者的合法权益，并且将其摆在"促进广告业的健康发展"的表述之前；第二，现代社会中消费者处于弱势地位，需要倾斜保护；第三，《广告法》以保护消费者不受欺骗和误导为纲，并设置了相应的内容。因此，"新《广告法》明确了人民作为消费者所享有的利益才是法律保护的最高利益"，新《广告法》从"广告促进法"转变为"消费者权益保护法"①。

基于以下理由，笔者对上述观点持有不同意见：

第一，从《广告法》第 1 条的规定来看，无法看出消费者的利益始终优先于其他的利益。尽管从逻辑上讲法条的排序与事项的重要性有一定的关联，但也不必然如此。例如，在 1994 年的《广告法》中，"促进广告业的健康发展"被放置在"保护消费者的合法利益"之前，但在解释上并没有认为其优先于消费者的合法利益。②从《广告法》修订的过程来看，在 2015 年 4 月 20 日的审议报告中，法律委员会还在使用"为了进一步规范广告活动，促进广告业健康发展，保护消费者合法权益"这一表述，③最后为何修改法条的顺序无从得知。但这一调整与

---

① 左亦鲁：《公共对话外的言论与表达：从新〈广告法〉切入》，《中外法学》2016 年第 4 期。
② 《国家工商行政管理局杨培青副局长就〈广告法〉答〈中国工商报〉记者问》，《中国广告》1995 年第 1 期。
③ 《全国人民代表大会法律委员会关于〈中华人民共和国广告法〉（修订草案）审议结果的报告》，载朗胜主编《中华人民共和国广告法释义》，法律出版社 2015 年版，第 191 页。

原《广告法》第1条相比，并无实质变化。① 而且，立法上实际上很难对此贯彻始终。例如，很难认为《广告法》第2条规定的定义比第3条的法律基本原则更重要，更无法得出法律责任条款因为放置在该法最后而比其他条款次要。因此，在探讨广告法保护的各种利益时，我们不能只看法律条文而忽视背后的其他目的。

第二，在《广告法》上，强调消费者保护优先，未必能达到保护消费者的目的。其实，早在1995年，执法机关的官员就认为《广告法》除保护消费者的利益外，还保护生产经营企业的合法利益。② 一方面，对消费者利益的保护依赖于从事广告经营活动的其他主体。如果对后者施加失衡的义务，则将导致法律规定形成虚设，导致法律规避情况的发生。很难想象，对广告其他主体利益的过度规制会最终带来有利于消费者的结果。其实，消费者和经营者之间相互依赖，不存在根本性的对抗：消费者地位的弱化，会缩减社会消费需求，抑制生产规模，造成经济衰退，而过分弱化经营者的地位同样会造成经济衰退，从而损及消费者的根本利益。③ 即使对于《消费者权益保护法》，理论上也认为在消费者利益和生产者、经营者的利益之间应得到大体的平衡。④

第三，从国外的情况来看，很少有立法例规定消费者权益具有优先性，更为常见的情况是强调各种利益的平衡。例如，在瑞典法上，法律曾一度规定只保护消费者的利益，但在法律修订时，立法明确规定同等保护消费者的利益和经营者的利益。⑤ 在美国法上，有学者也认为美国

---

① 刘双舟主编：《新广告法精解与应用》，中国财政经济出版社2015年版，第20页。
② 王纪平：《实施〈广告法〉，保证广告业健康发展》，《北京工商管理》1995年第4期。
③ 张严方：《中国消费者保护法基本框架之构想》，载《为民法而斗争：梁慧星先生七秩华诞祝寿文集》，法律出版社2014年版，第452页。
④ 梁慧星：《消费者法及其完善》，《工商行政管理》2000年第21期。
⑤ Frauke Henning-Bodewig, *International Handbook on Unfair Competition*, München, Germany: Verlag C. H. Beck oHG, 2013, pp. 514-521.

社会并没有允诺不惜一切成本来保护生命,而需要考虑各种社会成本。① 有学者主张,在对法律进行解释时,应当遵循比例原则,使社会总收益与社会总成本成比例。比例原则既反对管制不足,也反对过度管制。② 有学者进一步指出,应当对美国法院的实践作出一些改革,即要求原告指出被告广告宣传的替代方案,允许原被告对这些方案的成本或收益提出异议,允许原被告提出实证方面的证据,认真考虑所有信息是否具有实质性,惩罚性赔偿或刑事惩罚仅在成本收益达成平衡时适用,即被告应采取其他更有效率的行动,而不是被告当前的行动。③ 笔者认为,上述做法可供解释我国《广告法》时借鉴,即应当兼顾所涉及的不同利益,而不可偏颇。

第四,在理论上,有学者也认为保护正当竞争中的经营者的利益是与消费者保护相兼容的。④ 我国侵权责任理论主张对各种利益进行平衡保护,既不把受害人作为特殊保护对象,也不把侵害人作为特殊保护对象,原因在于所涉及的利益,更在于受害人的权利、利益与可能的加害人的行为自由在法律价值上具有同等重要性。⑤ 尽管我国《民法典》与侵权责任相关的规定也基于主体身份考虑特殊利益,但是这也不意味着特殊群体的倾斜保护就是一边倒,侵权责任在特殊利益的保护上仍须体现均衡精神。⑥

第五,从各国的实践经验来看,在衡量各种冲突利益时,通常要考

---

① [美] 盖多·卡拉布雷西:《事故与成本——法律与经济的分析》,毕竟悦、陈敏、宋小雅译,北京大学出版社 2008 年版,第 17 页。

② Cass R. Sunstein, *After the Rights Revolution: Reconceiving the Regulatory State*, Cambridge, Massachusetts: Harvard University, 1990, p. 181.

③ Richard Craswell, Taking Information Seriously: Misrepresentation and Nondisclosure in Contract Law and Elsewhere, 92 *Va. L. Rev.* 624-631 (2006).

④ Frauke Henning-Bodewig, *International Handbook on Unfair Competition*, München, Germany: Verlag C. H. Beck oHG, 2013, p.521.

⑤ 张新宝:《侵权责任法立法的利益衡量》,《中国法学》2009 年第 4 期。

⑥ 张新宝:《侵权责任法立法的利益衡量》,《中国法学》2009 年第 4 期。

虑比例原则。比例原则的基本理念是，只有满足以下条件下才能对个人自由及私法自治进行干预：该干预对于更高的利益而言是必要的；干预须适合所追求的目的；而且要以最和缓的手段来实现此目的。[1] 在美国和德国的司法实践中，我们已经看到比例原则发挥了重要的作用。在民法上，我国学者也认为在衡量各种利益时，即使在具体案件中判定一种利益的位阶高于另一种利益，也不能置位阶较低的利益于完全不顾，毕竟该利益也是值得保护的利益。也就是说，比例原则要求合比例、适度，着眼于相关主体利益的均衡，反对极端。[2] 在刘某某与云南省昆明市西山区人民政府收回国有土地使用权纠纷案中，[3] 最高人民法院指出，公共利益的实现经常是以私人利益的减损作为代价，"故在界定公共利益时应当遵循比例原则，对可能减损的私人利益与可能增长的公共利益加以权衡，通过权衡，最大限度地避免因小失大，同时应当对减损的私人利益给予必要的公平、合理的补偿或赔偿"。笔者认为，此种观点是合理的。

第六，就《广告法》上的利益而言，不仅涉及消费者利益和广告经营主体的利益，还涉及言论自由等基本权利。这些权利是否总是让步于消费者的利益，值得疑问。例如，就消费者关于点评或评价的意见发布，从更宏观的角度来看，同样是一种消费者利益。在法律实践中，对于书名中使用的绝对化用语是否构成广告的问题，[4] 就涉及消费者利益和宪法上表达自由的利益衡量，认为消费者的利益在此种情形也总是优先于表达自由的观点是没有说服力的。

---

[1] Vgl. Karl Larenz/Manfred Wolf, Allgemeiner Teil des Burgerlichen Rechts, 9. Aufl., Verlag, C. H. Beck Munchen 2004, S. 2., 转引自郑晓剑《比例原则在民法上的适用与展开》，《中国法学》2016 年第 2 期。

[2] 王利明：《民法上的利益位阶及其考量》，《法学家》2014 年第 1 期。

[3] （2017）最高法行申 8518 号。

[4] 秦桂霞：《书名中的"最好"属于绝对化用语吗？》，《中国工商报》2015 年 10 月 20 日第 7 版。

因此，从发展的角度来看，立法者可能需要重新对各种利益进行衡量，评估现行《广告法》上对于民事责任的设置是否具有社会妥当性。

第三节 民事责任的本质

本书前五章对广告主、广告经营者、广告发布者以及广告代言人的民事责任进行了探讨。不过，到目前为止，对于如何认识民事责任，本书尚未展开讨论，而对于一本探讨民事责任的专著，这显然是无法避免的问题。由于民事责任涉及法律责任的一般概念，本节拟结合现有的研究对此展开讨论。

在民事立法层面，我国《民法通则》将民事责任单独设立一章，被认为是具有中国特色的创新。该创新使我国民法理论有了自己的语言体系，可以在"义务"和"债"的概念之外，以"民事责任"来讨论违反义务而导致的私法上的法律效果。[1]《民法总则》确认了《民法通则》将民事责任单独规定的做法。有学者对此予以高度评价："《民法总则》以专章规定民事责任，是对《民法通则》中民事责任制度的历史性创举的延续，使得我国学者和司法实务足以使用我国自己的语言来表达民法的理念、结构与制度在中国的发展，是对人类法治文化发展的巨大贡献。尤为重要的是，《民法总则》以专章规定的民事责任，对于统合我国民商事法律中的民事责任制度具有基础价值。"[2] 在我国《民法典》制定的过程中，尽管对民事责任是否单设专章有过争论，但多数意见认为应当延续民法通则专章规定法律责任的做法，因此《民法典》第八章专门就民事责任制度做了规定。

民事责任与法律责任的概念紧密相关。因此，有必要来考察法理学

---

[1] 邹海林：《民法总则》，法律出版社2018年版，第417页。
[2] 邹海林：《民法总则》，法律出版社2018年版，第419页。

者对于法律责任的基本看法。在某种意义上，可以说，我国法理学界对于法律责任探讨不多。我国法理学者一般认为，法律责任是与义务和后果相关的。例如，有学者认为，我国法律责任的概念一是相当于义务，另一是因违法行为或违约行为而承担不利的法律后果。[1] 类似地，有的学者认为，法律责任是指特定主体因为违法或者特别的法定事由依法所承担的不利后果或特定义务。[2] 此外，对于法律责任，基于不同的角度有"后果论""义务论""处罚论"的观点。[3] 最近，有法理学者对法律责任的以往研究提出反思，认为现有的研究将法律责任与"法律制裁"和"法律义务"相混淆，不能对法律实践给出有效的理论解释。[4]

民法学者一般停留在部门法层面探讨民事责任问题。对于民事责任，可以将民法学者的观点归纳为"法律后果说"和"担保说"，前者认为责任是义务人不履行义务的法律后果，后者则强调责任为义务履行的担保。[5] 此外，还有一些不同的观点。例如，梁慧星教授认为，民事责任是一种特别的债，其以有效的法律义务的存在为前提，由国家强制力保障实现。[6] 魏振瀛教授则主张民事责任与债的分离，认为民事责任是基于违法行为形成的法律关系，与基于合法行为形成的权利和义务不同。[7] 可见，我国民法学者对于民事责任并未达成共识。

笔者认为，就民事责任而言，问题在于如何处理民事责任与民事义务和法律后果的关系。就民事责任与民事义务的关系而言，"对于民事责任的根本争议，在于是否应当区分民事责任与民事义务"[8]。一般而

---

[1] 沈宗灵主编：《法理学》，高等教育出版社1994年版，第404页。
[2] 卓泽渊：《法理学》（第二版），法律出版社2016年版，第278页。
[3] 卓泽渊：《法理学》（第二版），法律出版社2016年版，第278页。
[4] 蔡宏伟：《"法律责任"概念之澄清》，《法制与社会发展》2020年第6期。
[5] 王家福主编：《中国民法学·民法债权》，法律出版社1991年版，第221页。
[6] 梁慧星：《民法总论》（第五版），法律出版社2017年版，第84—86页。
[7] 魏振瀛：《民事责任与债分离研究》，北京大学出版社2013年版，第230页以下。
[8] 邹海林：《民法总则》，法律出版社2018年版，第417页。

言，民法学者均不否认民事义务的存在是民事责任得以成立的前提，① 但问题是，民事责任是否即违反义务的法律后果。如果答案是肯定的，则可以民事义务的概念来涵盖民事责任。对此，应当认为民事责任不同于民事义务。一方面，我国学者认为民事责任与民事权利和民事义务一起构成了法律关系，② 如果认为民事义务等同于民事责任，在逻辑上将破坏民事法律关系的完整性。另一方面，从立法层面来看，从《民法通则》到《民法典》，我国民事立法已经确立了民事责任的体系，从解释论的角度而言，民事责任在我国民法中已经脱离了民事义务的制度性束缚，获得了自身制度体系的独立。③

在法律责任与法律后果的关系上，可以认为，从法律后果的角度来解释责任的做法具有一定的影响力。有观点认为，"一个人在法律上要对一定行为负责，或者他为此承担法律责任，意思就是，他作相反行为时，他应受制裁"④。此种观点对我国学者影响很大，我国学者多倾向区分民事责任和刑事责任而强调赔偿或惩罚的后果。即使是新近提出反思的观点，也是如此。⑤ 笔者认为，尽管无法否认法律责任与特定的法律后果有一定的关联性，但就民事责任而言，仅将民事责任限定于赔偿是过于狭窄的。实际上，从制定法的角度来看，承担民事责任的方式除了赔偿，还包括停止侵害、排除妨碍、消除危险、返还财产、恢复原状、赔礼道歉等方式。⑥

在侵权法理论上，有学者指出英美侵权法上的"赔偿理论"和

---

① 邹海林教授是个例外，他认为，也有不以民事义务违反而承担民事责任的情形，见邹海林《民法总则》，法律出版社 2018 年版，第 420—421 页。
② 梁慧星：《民法总论》（第五版），法律出版社 2017 年版，第 84 页。
③ 邹海林：《民法总则》，法律出版社 2018 年版，第 421 页。
④ [奥] 凯尔森：《法与国家的一般理论》，沈宗灵译，中国大百科全书出版社 1996 年版，第 65 页。
⑤ 蔡宏伟：《"法律责任"概念之澄清》，《法制与社会发展》2020 年第 6 期。
⑥ 《民法典》第 179 条。

"威慑理论"认为侵权的主要功能要么是赔偿,要么是威慑,此种单一的工具主义(singular instrumentalist theories)有很大的不足,因为其无法对另一方面予以解释。① 该作者指出,侵权法的功能一方面在于确定和禁止特定形式的不法行为,另一方面向遭受此不法行为的受害人提供通过民事诉讼取得构成侵权一方的补偿的救济。② 笔者认为,此种观点颇有新意,值得注意。它的意义在于从不同角度对侵权责任进行解释,即从权利和义务的角度去解释责任,而不仅是基于义务的角度。

笔者认为,至少从民法的角度来看,以义务来解释民事责任的做法不具有充分的说服力。与从义务进行解释的角度不同,我国有学者认为,民事责任的正当性基础是民事主体的权利受侵害的救济请求权,而不是民事义务的违反,并从民事权利的享有秩序和矫正秩序两方面予以阐述,③ 具有一定的新意。不过,考虑到民事责任与民事权利和民事义务之间的关联,可以考虑从后两者的角度来阐释民事责任的本质,即赋予民事权利主体在义务主体违反法律义务时请求救济的权利,而义务主体负有履行该等义务的义务。

第四节　广告民事责任与言论自由

第二节探讨了利益冲突的形成以及在利益冲突形成之后应如何进行利益衡量操作。严格来说,这些操作主要还是在部门法上进行的。然而,在更为宏观的层面,还需要探讨广告的民事责任与言论自由的关系,特别是商业言论的保护问题。这不仅涉及广告的功能,而且有助于

---

① John C. P. Goldberg & Benjamin C. Zipursky, *Recognizing Wrongs*, Cambridge, Massachusetts: Harvard University Press, 2020, p. 229.
② John C. P. Goldberg & Benjamin C. Zipursky, *Recognizing Wrongs*, Cambridge, Massachusetts: Harvard University Press, 2020, p. 266.
③ 邹海林:《民法总则》,法律出版社2018年版,第421页。

对广告民事责任进行深入思考。在这方面，我国学界的探讨不多。本节对此展开探讨。

一　美国宪法对商业言论的保护

在早期，美国最高法院并不认可商业言论受美国宪法第一修正案的保护。在理论上，学者也认为，宪法第一修正案对言论自由的保护仅限于政治表达，对于其他形式的表达都是没有根据的。[①] 在 1942 年发生的 Valentine v. Christensen 案中，Christensen 购买了一艘海军潜艇，用来进行收费展示。他试图在纽约市的街头发布关于潜艇的传单，被告知纽约州法律禁止在街头发布这样的传单，只可以发布"信息或公共抗议"的传单，为此他印制了一张双面的传单，一面具有广告信息，另一方面是对纽约市不允许其停靠在市码头的抗议，迫使他只能停靠在州码头，双方因此产生纠纷。案件最后提交到美国最高法院。美国最高法院认为，尽管城市是行使传播信息和发布意见自由的合适场所，但美国宪法对政府限制纯商业广告没有施加限制。[②] 该案被认为是美国最高法院否定商业言论受宪法第一修正案保护的依据。

在 New York Times Co. v. Sullivan 案中，原告是亚拉巴马州蒙哥马利郡的警察总长，他认为《纽约时报》发表的有关民权运动和马丁·路德金逮捕的一则广告是诽谤性的。由于涉案警察局在其监管的职责之内，原告认为被告侵犯了其名誉，因此对《纽约时报》提起诽谤诉讼。该案法院要处理的问题是，媒体对于政府官员行使职责行为的监督是否受到宪法言论和出版自由的保护。在诉讼中，被上诉人的律师以 Valentine v. Christensen 案为由提出美国宪法第一修正案不保护商业言

[①] ［美］安东尼·刘易斯：《言论的边界：美国宪法第一修正案简史》，徐爽译，法律出版社 2016 年版，第 134 页。

[②] 316 U. S. 54（1942）.

论。该意见被美国最高法院驳回，因为广告可以对公众最为关心的利益或关切发表意见或传播信息。美国最高法院认为，《纽约时报》对广告收费的事实对于本案是无关紧要的。[1] 美国最高法院的这一认定，证明了至少是部分的商业言论是受宪法第一修正案的保护。[2]

在1976年的Virginia State Board of Pharmacy v. Virginia Citizens Consumer Council Inc.案中，被上诉人认为弗吉尼亚州禁止药品价格宣传、推广的法令违反美国宪法第一修正案和第十四修正案。美国最高法院指出，总的来说，社会对于商业信息的自由流通具有高度的利益，即使单个广告整体上是商业性的，也可能具有一般的公众利益。广告传播信息，商业信息的自由流通对于自由企业社会是不可缺少的，其应受宪法第一修正案的保护。[3]

在Central Hudson Gas & Electic Corp. v. Public Service Commission of New York案中，被上诉人纽约州公共服务委员会禁止所有电力公司做促销广告，包括促销性广告、形象广告和信息广告。美国最高法院指出，对于涉及商业言论的案件，应当对利益进行衡量，并提出了四步分析法：[4] 首先，确认某一言论是否受美国宪法第一修正案的保护；其次，受到宪法保护的商业言论是否合法，不具有误导性；再次，政府对商业言论的压制是否具有重大的价值；最后，限制措施是否能直接促进所宣称的政府利益。美国最高法院认为，对广告的压制减少了顾客决策所需的信息，不符合美国宪法第一修正案的宗旨。即使纽约州在能源保护方面有正当理由，禁令也不能过于宽泛，超过必要的程度。美国最高法院最后判定，该委员会的命令涉及所有的促销广告，而不考虑其对于整个能源行业的影响，不同意其对于上诉人中央哈德逊电气公司的禁

---

[1] New York Times Co. v. Sullivan, 376 U.S 266（1964）.
[2] R. H. Coase, Advertising and Free Speech, 23 *J. Legal Stud.* 1（1977）.
[3] 425 U.S. 765-766（1976）.
[4] 447 U.S. 564（1980）.

令，因此推翻了纽约州上诉法院的判决。

在美国法上，美国联邦贸易委员会是虚假广告和误导广告的执法机关。尽管商业言论受到美国宪法第一修正案的保护，但并不是所有的商业言论均会受到保护。如果商业言论是不合法的，政府主管机关是否有权对此进行管制？在美国联邦贸易委员会诉高露洁棕榄公司案中，被上诉方高露洁棕榄公司试图向电视观众证明，其生产的"快速剃须"牌剃须膏能剃掉所有的胡须。高露洁棕榄公司的广告代理商为此准备了时长为三分钟的电视广告片。在广告片中，广告演员告诉观众要进行剃须膏的砂纸测试，他将"快速剃须"用作像砂纸的东西上，之后一个剃须刀将这一物质剃除得很干净。联邦贸易委员会认为该广告具有欺骗性，后查明要达到电视展示的效果，砂纸要浸泡 80 分钟，而类似砂纸的东西实际上是由树脂玻璃做的模型，因此禁止播放该广告。被上诉人向第一巡回上诉法院提起上诉，上诉法院维持了该委员会的结论，认为被上诉人构成虚假宣传，但没有支持该委员会禁止在未来广告中秘密使用模拟道具的命令。美国最高法院支持该委员会的认定，并撤销原判，发回重审。[①] 可见，在构成虚假广告或误导广告的情形，被告关于商业言论受美国宪法第一修正案保护的主张不会得到支持。

二 广告民事责任与言论自由的关系

在我国广告法的理论研究中，很少有人探讨广告民事责任与言论自由的关系问题。在我国，这似乎不是一个理论问题。这一假定背后隐含的是对政府规制广告的认同。这与美国恰恰形成鲜明对比，因为美国最高法院会在个案中对立法的合法性进行司法审查。在经济学理论上，认

---

① [美] 约翰·D. 泽莱兹尼：《传播法判例：自由、限制与现代传媒》，王秀丽译，北京大学出版社 2007 年版，第 270 页以下。

为政府可以解决信息不完全、不对称问题有三个前提：政府是无所不知的，政府官员是大公无私的，政府是说话算数的。在现实中，这三个前提都是难以成立的。① 因此，对政府规制广告的认同就必然假定政府是无所不能的。可以说，这一假定决定了我国广告执法的理念。

从我国《广告法》第2条的规定可以看出，广告的功能是推销商品或服务。尽管在《广告法》修订的过程中有过是否涵盖公益广告的争论，但最后仅适用于商业广告。在现实生活中，人们对于推销往往是持消极的看法，但其实是忽略了广告所具有的其他功能。实际上，除推销商品或服务这一功能外，广告还承载着其他的功能。例如，广告对于供需、竞争和价格方面均有影响，而且会对消费者的认知和价值产生影响。② 我国《广告法》第3条要求广告内容符合社会主义精神文明建设和弘扬中华民族传统文化的要求，即为恰例。有证据表明，消费者在评估产品质量和作出产品是否安全的决定时更多依赖于广告，而不是产品保证。③

其实，从更宏观层面，广告所传播的信息被认为同样属于"思想市场"。由于"思想市场"对于传播真理和形成社会共识方面的重要性，美国宪法对其进行了保护。科斯教授认为，除提供信息外，广告能影响或改变人们的品位（taste），尽管这一功能与广告的便利、干净和美感相比经常被人们忽略。④ 同样，广告还具有促进竞争的功能。科斯教授认为，在政府管制方面，美国对于思想市场和货物或服务市场给予了区别对待，认为前者对于言论自由是重要的，因此受到更大的保护，而对后者则非如此。他认为，对于两者应当适用同样的标准。⑤

---

① 张维迎：《博弈与社会》，北京大学出版社2013年版，第199页。
② 丁俊杰、康瑾：《现代广告通论》，中国传媒大学出版社2013年版，第70页以下。
③ "Note, Harnessing Madison Avenue: Advertising and Product Liability Theory", 107 *Harv. L. Rev.* 902 (1994).
④ R. H. Coase, "Advertising and Free Speech", 9 *J. Legal Stud.* 1 (1977).
⑤ R. H. Coase, "Advertising and Free Speech", 14 *J. Legal Stud.* 1 (1977).

我国《广告法》的确对广告内容作了严格的规定。例如，禁止使用"国家级""最高级"等绝对化用语，而没有对事实和主观意见进行区分。例如，对于医疗、药品、保健品、医疗器械广告，不允许广告代言人作推荐或证明，教育、培训广告不得利用相关机构或受益者的名义或形象作推荐、证明。再如，禁止不满十周岁的未成年人作为广告代言人。从表面上看，这些禁止性规定不涉及言论自由，但从另一面来看，由于被剥夺了参与广告的表达机会，其实也涉及言论自由。其实，从管制的角度来看，这些禁止性是否是合理的、科学的，是值得探讨的。对于虚假广告的认定，尤其是误导广告，更容易涉及言论自由。在美国的执法实践中，对于欺诈的执法通常是合理的，但这仅占案件总量的一小部分。[1] 我国有学者认为，我国广告法采用事先管制和事后私法责任两种手段的效果并不理想，通过私法责任可以实现有效激励，但过于严厉的行政管制会压制言论自由和损害商业活力。[2]

有观点认为，我国《广告法》以消费者利益为最高利益，言论自由在广告法中鲜有体现，《广告法》并不是言论自由保护法或艺术创作促进法，"不管是广告主、广告经营者还是发布者，他们发布广告……首先要服务于广大消费者……广告主和广告商的'说'和'表达'是为了让消费者、而非发言者获取信息和明智决策。"[3] 笔者认为，此种观点值得商榷。首先，没有人认为《广告法》是言论自由法或艺术创作促进法，《广告法》所保护的是多种利益，而非单一利益，《广告法》第1条对此表达得很明确，毋庸多言。广告主和其他广告经营主体的表达也是需要保护的利益，因为如果没有他们广告业是无法健康发展的。其次，广告的言论表达属于营业自由，我国宪法上是肯定营业自由的，

---

[1] R. H. Coase, "Advertising and Free Speech", 12 *J. Legal Stud.* 1 (1977).
[2] 杨彪：《广告法律规制的市场效应及其策略检讨》，《法学家》2016年第4期。
[3] 左亦鲁：《公共对话外的言论与表达：从新〈广告法〉切入》，《中外法学》2016年第4期。

只不过基于公共利益会予以一定的限制，例如对于香烟广告的禁止和要求在香烟包装上标注"吸烟有害健康"。[1] 再次，广告主和广告商的表达显然是为了推销商品或服务，尽管其目的是获得消费者的青睐，但并不能因此认为他们的表达是为了消费者作出决策，因为广告的一个重要功能是告知和劝服目标受众。最后，此种观点还忽略了广告在有利于促进竞争方面的功能，[2] 而竞争的结果无疑是有利于消费者的。

其实，消费者的利益和言论自由未必总是冲突的。对于"国家级""最高级"等绝对化用语的禁止，其中一个理由是容易误导消费者，可能不正当地损害同类商品或服务。仔细分析，这个理由未必能够成立。如果允许广告宣称中使用这些用语，那么可能出现的情况是所有的商家都会做类似的宣传，因此不大可能存在不正当竞争的问题。由于广告主有义务证明广告内容的真实性，无法证明将被视为虚假广告，消费者的利益未必就会受到影响。因此，如果既不采用绝对禁止的方式，也不采用全部允许的方式，那么在一定程度上可以通过对事实和意见的区分来达到消费者利益和自由言论的平衡。综合而言，这种方式或许是较优的方案。这可从我国司法实践中得以验证。另一个理由是社会经济生活是不断发展变化的，对于任何商品或服务的表述都不是绝对的。尽管这种说法有一定的道理，但并不具有说服力。因为从营销的角度而言，大部分的广告都是有期限的，广告的宣称也只会在营销期限内存在。如果广告宣称在特定期限内是合理的，应当允许其存在。如果其逾越了法律划定的界限，则应承担相应的责任。从逻辑上看，我国《广告法》第11条允许在广告中使用数据、统计资料、调查结果等资料，这些资料无疑也是有期限的，如果我们允许这些资料在广告中使用，那么依据同理也可以通过期限来进行限制，而不是绝对地禁止。

---

[1] 林来梵：《宪法学讲义》（第二版），法律出版社2015年版，第334页以下。
[2] 丁俊杰、康瑾：《现代广告通论》（第三版），中国传媒大学出版社2013年版，第72页以下。

在社会生活中，企业在其官方网站发布的新闻稿也被视为广告，对于企业介绍的里程碑和所获的荣誉被认为是广告，甚至企业招聘信息上的企业介绍也被视为广告。在电子商务网站上的产品信息哪些是纯粹的信息，哪些是广告，不无疑问。《广告法》第14条禁止大众传播媒介以新闻报道方式变相发布广告，包括以通讯、评论、消息、人物专访、专家访谈、纪实报道、报告文学、专家咨询、科普宣传等形式发布广告。① 在理论上，有学者对媒体发布的"软文广告"的形式进行分析，认为其危害性被大大地低估，并提出可以对"软文广告"采用惩罚性赔偿责任。② 对于社会生活中的植入广告的隐蔽性，有观点认为应通过行政执法机构来纠正广告经营主体和消费者之间的对称、平衡和无误导性。③

笔者认为，这些问题并不仅是广告问题，也涉及公司的商业言论或表达自由。在理论上，"言论应从广义解释，包括语言、文字、歌舞、艺术、漫画、摄影，凡能传达人的见解、思想的，无论其为政治语言或商业言论，皆涵盖在内"④。一方面，随着新媒体形式的出现，新闻和信息的界限进一步融合，在某些场合仅仅是从发布主体是否为新闻机构来判断并不具有可行性。有学者认为，不能全面禁止人物专访、专题报道类"软广告"，因为其与广告发布行为的界限很模糊。⑤ 如果在某人物专访或专家咨询中提及某一产品，是否违反了可识别性的要求？而且，应当依据什么标准来区分广告和新闻？实践中有的执法官员认为，这取决于广告发布主体是否为新闻机构，如果某报道是由新华社发布的

---

① 朗胜主编：《中华人民共和国广告法释义》，法律出版社2015年版，第27—28页。
② 应飞虎、葛岩：《软文广告的形式、危害和治理——对〈广告法〉第13条的研究》，《现代法学》2007年第3期。
③ 李剑：《植入式广告的法律规制研究》，《法学家》2011年第3期。
④ 王泽鉴：《人格权法：法释义学、比较法、案例研究》，北京大学出版社2013年版，第307页。
⑤ 陈柳裕、唐明良：《广告监管中的法与理》，社会科学文献出版社2009年版，第91页。

则是新闻，如果是企业发布的，则不属于新闻。有观点提出区分广告和新闻的标准，一是是否有偿，二是是否偏离新闻的功能。① 这一区分依然是不清晰的，在修订后的《广告法》删除付费要求后更是如此。

另一方面，从我国 1994 年《广告法》的制定至今，尽管社会经济领域发生了深刻的变化，但广告规制始终坚持加强干预和严格规范的不变战略，然而广告执法未能达到预期的社会效果。② 一个重要的原因在于过于强调法律规制，而忽视了市场主体和其中的相关利益诉求。如果从成本-利益分析的角度来考察，至少就"软文广告"而言，我国执法机构的投入成本要远远高于所获得的收益。与此相关，对于"软文广告"，应当界定多大的范围，进行何等程度的监测，这些都是值得分析和思考的。笔者认为，由于涉及高成本执法和言论自由问题，更为可行的做法是由行业协会（例如中国广告协会）或在各省级市场监督管理局下设专门的机构来判定某一信息是否属于"软文广告"，是否属于法律准许的商业言论。

在比较法上，有学者对仅仅展示企业的形象和标志是否作为广告受美国联邦贸易委员会管制是有争论的。③ 在美国法律实践中，公司法人的商业言论从以往的否定转向肯定，在长期内其受保护的程度会加强，而不是相反。这反映了公司法人作为独立主体参与共同体治理的倾向。④ 在司法实践中，美国最高法院也将商业言论作为"思想市场"的一部分，从而扫除了否定对其进行绝对保护的障碍。⑤ 而科斯教授早在 1977 年就认识到这一点，他指出，除非法院采取所有的广告受宪法第

---

① 陈柳裕、唐明良：《广告监管中的法与理》，社会科学文献出版社 2009 年版，第 93—94 页。
② 杨彪：《广告法律规制的市场效应及其策略检讨》，《法学家》2016 年第 4 期。
③ R. H. Coase, "Advertising and Free Speech," 27 *J. Legal Stud.* 1 (1977).
④ 秦前红、陈道英：《公司法人的言论自由——美国言论自由研究领域中的新课题》，《法商研究》2015 年第 3 期。
⑤ 李一达：《言论抑或利益——美国宪法对商业言论保护的过去、现在和将来》，《法学论坛》2015 年第 5 期。

一修正案保护或任何广告都不受宪法第一修正案保护的立场，否则就很难划出界限。① 波斯纳法官也指出，尽管商业言论在防止政治权力垄断方面可能不像政治言论那样重要，但对两者区分对待的做法是难以解释的，何况在当代社会两者是常常结合在一起的。② 笔者并不认为我国必须采用美国的做法，但是在商业言论方面，美国的理论和实践可以为我国未来广告规制的发展提供一些启发。

第五节 对中国广告民事责任的反思

在从宏观层面探讨了利益衡量中的利益类型、衡量标准、民事责任的本质以及广告民事责任与言论自由的关系之后，本节将对广告民事责任的责任基础、举证责任、因果关系、损害赔偿和免责事由提出反思。

一 责任基础

从理论上看，侵权法所调整的矛盾是受害人的权益和可能加害人的行为自由，在宏观上体现为不特定的将来的受害人和不特定的潜在加害人行为自由维护之间的冲突，在微观上则体现为特定受害人权益保护和特定加害人行为自由维护之间的冲突。③ 这一理论对于广告法上的民事责任同样适用。由于广告主为广告信息的源头，要求其承担类似产品生产者的责任争议不大。也就是说，基于广告信息尤其是虚假广告信息的危害性，《广告法》第1条将消费者保护作为立法目的之一，要求广告主就引起的危害承担责任是正当的。然而，在确认广告相关主体的责任时，应当综合考虑涉及的各种利益。从利益衡量的角度来看，《广告

---

① R. H. Coase, "Advertising and Free Speech", 21 *J. Legal Stud.* 1 (1977).
② R. Posner, *Economic Analysis of Law*, New York: Wolters Kluwer, 1986, pp. 636-637.
③ 张新宝：《侵权责任法立法的利益衡量》，《中国法学》2009年第4期。

法》既保护消费者的利益，也应兼顾广告主的利益。例如，《广告法》第9条禁止绝对化用语的使用，没有区分事实和意见，没有考虑是否引起误导，导致在执法和司法上产生很大的争议。可以说，杭州方林富案的一审判决正是基于利益衡量的一个实例。在该案中，尽管杭州市西湖区法院认同杭州市西湖市场监督管理局关于方林富炒货店的广告宣称违反《广告法》第9条的结论，但该法院认为原告宣称的产品是大众比较熟悉的日常炒货，广告不会对消费者产生太大的误导，考虑到社会危害性较小，将20万元罚款变更为10万元。①

在我国民法典立法中，学者就广告性陈述是否应纳入合同内容产生争论，背后反映的是广告主利益和交易安全利益的冲突。从广告主一方来看，由于广告性陈述并不针对特定对象，要求其纳入合同内容将会导致极其严重的后果，例如广告主可能无法满足所有有购买意愿的消费者的要求。从责任的角度来看，由于我国《消费者权益保护法》规定了惩罚性赔偿，广告主承担的责任更加严重。正如朱广新敏锐观察到的，"一般商业广告的非要约性，揭示了商业实践中普通消费者相对于商人的弱势地位，这在一定程度上也可作为催生消费者权益保护法的一个因素"②。与很多国家限定自然人起诉的做法不同，我国法律赋予消费者提起起诉的权利，因此，在一定意义上，可以说《广告法》是另一部保护消费者权益的法律，《广告法》将消费者利益置于突出地位的做法具有我国本土的特色。但是，笔者认为，对于消费者利益的保护机制，还是应当坚持类似欧盟法律规定的比例原则。

对于广告经营者和广告发布者而言，《广告法》设置了先行赔偿责任，目的在于督促广告经营者和广告发布者留存广告主的相关信息。一般而言，做到这一点并不难。广告经营者和广告发布者之所以承担民事

---

① （2016）浙0106行初240号。
② 朱广新：《合同法总则研究》（上册），中国人民大学出版社2018年版，第76页。

责任，是因为无法提供法律所要求的信息，即存在某种过错。在过错责任场合，要求广告经营者和广告发布者承担民事责任具有正当性。问题在于，在关系消费者生命健康的虚假广告中，广告发布者是否要承担无过错连带民事责任。显然，立法者在这里进行了利益衡量，即生命健康利益要大于广告发布者的利益。从利益上看，广告发布者的利益既包括自身获得经济报酬的利益，也包括信息传播的利益。而无辜者不受法律制裁的社会期待与生命健康不受非法侵害的社会期待之间，究竟何种优先是难以确定的。在很多情况下，无辜者受法律制裁所造成的社会危害可以甚于生命健康受到非法侵害的社会危害。或许有人会认为违法的利益不值得保护。然而，这一观点只是基于实在法的观点立论，并且假定在出现虚假广告时，广告发布者获得的经济利益都是非法利益。其实，简单的逻辑推论告诉我们，这种假定是不周延、不充分的。暂且不论广告发布者对于虚假信息能否容易辨别，在当代互联网社会中信息的传播或表达自由也是一种利益，尽管对它的保护同样有一个界限。如果观察社会中的各种现象，例如豆瓣的评价、知乎的评论或者对于书名或图书、美食和电影等推荐和评论，就可以理解信息和表达自由的重要性。

  对于广告代言人而言，从《广告法》的规定来看，显然立法者也进行了利益评价。例如，禁止未满十周岁的未成年人进行广告代言，既是基于保护代言儿童的"三观"，也是保护其他儿童的利益，防止人人争当小明星。但是，此种评价并不具有科学性和合理性，而带有某种明显的家长主义的色彩。从逻辑上看，如果是家长因价值观不正确、方法不正确而影响儿童价值观的形成，则应当限制的是家长，与儿童可否作为广告代言人之间并不具有必然的关联。[①] 从利益衡量的角度看，这里涉及的利益是代言儿童自己的个性发展权利益、财产利益和抽象的其他儿童的利益。这里似乎涉及个体利益和社会利益，其实不然，因为这里

---

  ① 王绍喜：《禁止儿童代言广告的法理辨析与解释路径》，《时代法学》2018 年第 3 期。

存在代言广告内容合法和不合法的区分。如果未满十周岁的儿童代言的是合法的广告而不是虚假广告，儿童是否可以进行代言呢？按照《广告法》的规定，答案也是否定的，但这样的规定并没有充分的理由。

在代言的虚假广告关系消费者的生命健康时，广告代言人是否要承担无过错连带责任？基于利益衡量的方法，这里冲突的利益是广告代言人的经济利益和消费者的生命健康利益。与代言人自身的经济利益相比，消费者的生命利益更为重要。但是，与社会公平期待利益相比，我们很难找出更为重要的利益，而让各方当事人能够感受到公平正义的合理而可靠的实现，是法律最为基本的任务。对于广告代言人的民事责任，有学者建议适用有限连带责任原则，即广告代言人的责任份额不超过全部赔偿额的10%，认为此能兼顾消费者权益的保护和广告代言人的行动自由。① 这也是基于利益衡量的立论。

简而言之，尽管《广告法》对广告相关经营主体的民事责任做了规定，但不代表该等规定是合理的。针对社会关注的广告代言问题，《消费者权益保护法》直接规定了无过错连带责任，《广告法》沿袭同样的做法。但是，暂时性的公众关注可能导致草率的立法。② 这一问题同样存在于我国广告法之中。

二 举证责任

侵权法具有实体性的、程序性和结构性的内容，程序规则包括对相关举证责任的分配。③ 在侵权法上，举证责任或证明责任是法律的重要

---

① 于林洋：《广告荐证的行为规范与责任解构》，中国书籍出版社2013年版，第138—139页。

② Cass R. Sunstein, *After the Rights Revolution: Reconceiving the Regulatory State*, Cambridge, Massachusetts: Harvard University, 1990, p. 181.

③ Jules L. Coleman, *Risks and Wrongs*, New York: Cambridge University Press, 1992, p. 361.

问题。正如有的学者所指出的,适当的、明智的证明责任的分配是法秩序中最为必要的或最值得追求的内容。① 在设置举证责任制度时,核心的问题是如何在双方当事人之间分配举证责任。而如何分配举证责任不是一个诉讼程序问题,而是一个实体法问题,需要从实体法中寻找答案。② 在广告法中,应当由哪一方承担举证责任,同样涉及不同利益的衡量。"举证义务的分配为法律提供一个手段,使其能够表达和作出与责任判定相关的各种利益的地位的价值判定。"③ 我国 2015 年《广告法》第 4 条规定广告主对广告内容的真实性负责。这一规定是对 1994 年广告法的重大改变。由于 1994 年的《广告法》没有规定广告主有对广告内容的真实性负责的义务,导致实践中执法部门需要证明广告是虚假的或违法的,这给执法工作带来了很大的困难,因此在 2015 年广告法修订时做了上述规定。

在虚假广告纠纷中,如何分配举证责任?对于广告主而言,《广告法》第 4 条第 2 款要求广告主对广告内容的真实性负责。广告主对于广告内容的真实性负有举证责任,因为它是广告活动的发起人和原动力,对于广告内容材料的真实性有最便利获取的条件。④ 问题是,如何理解《广告法》第 4 条第 2 款?首先,根据法律的文义,广告主负责的对象是"广告内容的真实性",这意味着:一方面,广告主对"广告内容"的真实性负责,从字义上看,负责的内容不包括"广告的形式",可能是因为后者难以证明。对广告形式的违法可构成违反《广告法》第 3 条,而不适用第 4 条;另一方面,广告主对广告内容的"真实性"负

---

① 参见[德]莱奥·罗森贝克《证明责任论》(第五版),庄敬华译,中国法制出版社 2018 年版,第 113 页。

② 李浩:《民事证据规定:原理与适用》,北京大学出版社 2015 年版,第 80—81 页。

③ [澳]皮特·凯恩:《法律与道德中的责任》,罗李华译,商务印书馆 2008 年版,第 139 页。

④ 国家工商总局广告监督管理司编著:《中华人民共和国广告法释义》,中国法制出版社 2016 年版,第 18—19 页。

责,从字义上看,这里不包括"合法性",合法性问题应适用其他的法律条文。其次,在明确广告内容的真实性的含义之后,应当明确的是,广告主举证责任的内容,既不包括广告形式的真实性,也不包括广告内容的合法性。换而言之,在民事责任上,对于广告形式的真实性、合法性和广告内容的不合法,应当是由原告来承担举证责任,而不是广告主。最后,广告执法部门是否完全没有举证责任?笔者认为,在例外的情形,广告执法部门应当承担举证责任。在执法机关依据法律原则进行执法时,其应当承担举证责任,因为原则过于抽象需要具体化。在比较法上,根据芬兰的法律规定,广告主对于广告的真实性具有证明的义务,但如果是执法机关依据与误导广告无关的一般原则认定被告的陈述构成误导,则执法机关有义务证明涉案当事人的广告是误导广告。[1] 此种做法值得借鉴。

对于广告主的举证责任,可以考虑比较法的不同做法。在英国法下,存在三个不同层次的举证责任:第一,由于某一陈述可能是模糊不清的,原告应就他实际理解的含义承担举证责任,仅仅说陈述是可诉的或由法院来确定其通常的含义是不够的。[2] 第二,对于是否构成信赖,由原告承担举证责任。如果原告证明陈述是实质性的,则法院可以推定信赖被告的陈述,对此,被告应举证反驳其陈述被原告所信赖。[3] 第三,对于陈述和损害的因果关系,原告不必证明陈述是真实的,而只需要证明虚假陈述对他造成影响。[4] 在荷兰法下,原告应证明广告是误导

---

[1] R. M. Hilty, F. Henning - Bodewig, *Law Against Unfair Competition*: *Toward a New Paradigm in Europe*? New York: Springer-Verlag Berlin Heidelberg, 2007, p.174.

[2] J. Cartwright, *Misrepresentation*, *Mistake and Non - Disclosure* (4th Edition), London: Thomson Reuters (Professional) UK Limited, 2017, p.28.

[3] J. Cartwright, *Misrepresentation*, *Mistake and Non - Disclosure* (4th Edition), London: Thomson Reuters (Professional) UK Limited, 2017, pp.67-68.

[4] J. Cartwright, *Misrepresentation*, *Mistake and Non - Disclosure* (4th Edition), London: Thomson Reuters (Professional) UK Limited, 2017, p.66.

的。然而，在两种情况下举证的责任转移给被告：第一，根据《荷兰民法典》第6：195条第1款，广告主在大多数情况下要对广告中的宣称是正确的提供证明。这仅适用于被告直接或间接对广告的内容负责的情形，且此种举证责任的划分不是不合理的；第二，如果广告被认定是误导的，根据《荷兰民法典》第6：195条第2款，被告应证明对广告的发布不存在过错。但是，这些特殊规定不适用于中间诉讼程序（interlocutory proceedings）。[1]

在美国法下，区分字面虚假宣称和误导性宣称，在法律上有着实际的意义。美国第七巡回区法院认为，对于字面虚假的广告，原告无须证明广告宣称实际欺骗消费者或有可能欺骗消费者；而对于误导性广告，原告必须证明对消费者构成欺骗，也就是说，广告在该语境下具有误导性。对于误导性广告，法院在判例中要求原告必须通过外在证据证明被告的广告宣称具有对消费者构成误导或混淆的倾向。构成消费者误导或混淆的证据包括在消费者调研中相当数量的消费者认为广告的宣称具有原告所主张的信息。[2] 外在的证据不仅包括消费者调研的信息，也包括法院自己的反应、证人在法庭的证词、收到的投诉等。可见，与字面虚假的广告宣称相比，法院对于误导性广告的认定更为严格。法院会考虑广告向普通消费者所传达的信息。例如，有法院认为，理性的消费者不会认为HAVANA CLUB来自古巴，因为产品的包装上已经表明了波多黎各的字样，所以不构成误导性广告。[3] 在司法实践中，美国法院通常根据广告宣称的性质来确定由谁来承担举证责任。

在BASF Corp. v. Old World Trading Co. 案中，法院对广告宣称的举

---

[1] R. W. de Very, *Towards a European Unfair Competition Law: A Clash Between Legal Families*, Leiden, The Netherlands: Martinus Nijhoff Publishers, 2006, p. 108.
[2] Thomas M. William, *False Advertising and the Lanham Act: Litigating Section* 43 (a) (1) (B), New York: Oxford University Press, 2012, p. 53.
[3] Thomas M. William, *False Advertising and the Lanham Act: Litigating Section* 43 (a) (1) (B), New York: Oxford University Press, 2012, p. 68.

证责任进行了区分：如果被告的广告宣称其产品是超级的，原告应证明被告产品的质量是普通的或低劣的；如果被告的广告宣称是基于测试或研究得出的，则原告应提出测试无法证明被告所作出宣称的证据。① 这一区分合理地对原被告的举证责任进行了分配，体现了法院平衡各方利益的思想。与由广告主绝对地承担举证责任相比，这一思路有值得借鉴之处，因为它从请求权的基础方面强调了违反法律规则和违反法律原则的区别。

我国有学者主张，为了保护消费者的利益，广告经营者应承担举证过错责任。笔者认为，尽管由广告经营者承担举证责任有助于保护消费者的权益，但根据现行法的规定，无法要求广告经营者承担过错举证责任（见本书第三章）。在广告侵权案件中，过错的责任应当由受害人进行举证。作为证明责任分配的一个原则，原告只需证明权利产生规范的构成要件，而被告只需证明权利妨碍规范、权利消灭规范或权利排除规范的构成要件，即原告证明诉争权利的产生，被告证明诉争权利妨碍、消灭或排除。② 在因侵权产生的请求权中，过错属于权利产生规范的构成要件，过错责任应由原告承担责任。③ 在广告经营者违反法律规定时，广告经营者应承担违反法律规定而导致的责任，但此责任并不实行举证责任倒置。对于广告发布者和广告代言人，亦应如此。

有疑义的是，在广告经营者、广告发布者和广告代言人在关系消费者生命健康的产品或服务承担无过错连带责任的情形，应当由谁来证明？笔者认为，在无过错责任中，原告需要证明存在关系消费者生命健康产品或服务的虚假广告，即权利产生规范的构成要件，而被告要证明

---

① 41 F. 3d 1090.
② ［德］莱奥·罗森贝克：《证明责任论》（第五版），庄敬华译，中国法制出版社2018年版，第133—134页。
③ ［德］莱奥·罗森贝克：《证明责任论》（第五版），庄敬华译，中国法制出版社2018年版，第427页。

自己不存在过错,即权利妨碍规范的构成要件。当然,正如笔者在本书第三、四、五章所述,基于利益衡量,要求广告经营者、广告发布者和广告代言人承担无过错连带责任无充分的法理依据。

三 因果关系

在理论上,因果关系处于损害和责任的中心,是行为人不法行为和发生损害汇集为侵权行为的重要链条,并分别受到损害和责任问题的影响。[①] 在侵权法上,因果关系分为事实因果关系和法律因果关系,有学者也称为责任成立上的因果关系和责任范围的因果关系,前者指的是被告的行为与权利受侵害之间的因果关系,后者指的是权利受侵害与损害之间的因果关系。[②] 在因果关系上,我国民法学者一般主张相当因果关系说,只要求原因事实和损害结果之间在通常存在可能性。[③] 需要指出的是,在已构成法律因果关系时,被告也可能无须承担责任。即使被告的侵权行为造成原告的损失这一事实上的原因已经明确,在损害的发生不可预见或不同寻常时,被告不对原告的损失承担责任。[④] 这实际上是对原告的权利和被告行为之间的一个平衡。

值得注意的是因果关系的举证。因果关系的举证是各种可能性之间的平衡,涉及作为行为人的行为自由的利益和作为受害人的人身和财产安全及修复负面后果利益的平衡。[⑤] 在侵权法中,通常由受害人证明其所受损害与被告行为之间存在因果关系,但在有的情形下推定存在因果

[①] [美]戴维·G. 欧文:《前言:为什么哲学对于侵权法是重要的》,载[美]戴维·G. 欧文主编《侵权法的哲学基础》,张金海等译,北京大学出版社2016年版,第19页。

[②] 王泽鉴:《侵权行为》,北京大学出版社2009年版,第183—184页。

[③] 程啸:《侵权责任法》(第二版),法律出版社2015年版,第227—228页。

[④] [澳]皮特·凯恩:《阿蒂亚论事故、赔偿及法律》(第六版),王仰光等译,中国人民大学出版社2008年版,第125—126页。

[⑤] [澳]皮特·凯恩:《法律与道德中的责任》,罗李华译,商务印书馆2008年版,第185页。

关系，一个理由是被告比原告拥有更可靠的或更多的信息。[①] 因此，我们需要基于利益平衡来考察哪一方有义务就因果关系进行举证。

在广告侵权纠纷中，因果关系是确定广告主应否承担民事责任的一个构成要件。在我国，法院通常要求原告证明被告的虚假广告与损害之间具有因果关系。由于《消费者权益保护法》规定了惩罚性赔偿，消费者就虚假广告或违法广告提起的诉讼中通常要求三倍的赔偿。这导致法院在判决时，对于因果关系要求很高，即法院会根据常识和经验来判断是否存在因果关系。在这里，原告需要对虚假广告造成其损害进行举证，而被告需要对广告与被告的损害之间不存在因果关系进行举证。对于误导广告，如何认定因果关系是否存在？笔者认为，可以借鉴英国的司法实践，如果误导涉及实质事项，则可以推断因果关系的存在，但应允许被告证明该因果关系不存在。例如，原告明知广告误导而购买产品，或者原告根本没意识到广告存在误导。

在确定因果关系时，针对的是被告的侵权行为与损害结果之间的联系，因此，对侵害没有起作用的因素不是侵害的原因。[②] 这一论述有助于考察被告的哪些因素是造成损害后果的原因。对于广告经营行为而言，需要区分不同的情形来确定广告经营者对于因果关系的举证责任：首先，在先行赔偿责任下，由于广告经营者在不能提供广告主的真实名称、地址和有效联系方式时要承担责任，原告应就被告的未提供该等信息和其受损害之间的因果关系进行举证。其次，在过错责任下，原告应就被告的过错（即明知或应知）与其损害的因果关系承担责任。在这里应强调的是，被告是就其设计、制作、代理虚假广告中的过错承担责

---

① Jules L. Coleman, *Risks and Wrongs*, New York: Cambridge University Press, 1992, pp. 213-214.

② Richard R. Wright, Causation in Tort Law, *Cal. L. Rev.*, Vol. 73, No. 6, 1985, p. 1771, 转引自韩强《法律因果关系理论研究——以学说史为素材》，北京大学出版社 2008 年版，第 223 页。

任，而不是就虚假广告的发布或推荐承担责任。最后，在无过错责任下，应当由谁来承担因果关系的举证责任？有学者指出，在严格责任原则下，由于不需要考虑被告的行为是否存在故意，没有线索来验证行为的故意与造成损害结果之间的因果关系。①

对于广告发布行为而言，需要明确的是，因果关系是指广告发布者发布虚假广告的行为造成了消费者的损害，而不是虚假广告行为和损害之间的因果关系。如果不这样理解，则要求广告发布者承担广告主的责任。因此，原告需要证明广告发布者的行为对其造成了损害，而不是虚假广告造成其损害。在先行赔偿责任下，被告可以提供法律要求的广告主、广告经营者的名称、联系方式而主张免责。在过错责任下，被告则可以通过其履行法律规定的查证、核对义务而主张免责，证明两者不存在因果关系。在无过错责任下，不应由原告就该因果关系进行举证，可以采用法律推定的方式，但为了保护被告的利益，应当允许被告证明原因和结果之间不存在因果关系，例如，原告明知广告虚假而故意购买商品或服务。

就广告代言而言，我国学界一般认为是广告代言人的代言行为造成了广告受众的损害，广告代言人承担民事责任的理论依据是信赖责任。然而，如本书第五章所述，信赖理论并不具有很强的说服力。例如，如果广告代言人为普通消费者，其是否能引起受众的信赖值得商榷。正如 Pincus 法官在 Crocodile Dundee 案中所言，在广告中仅仅使用图像并不能得出公众对之产生信赖的结论。② 但也不能因此而得出广告代言不能引起任何信赖的结论。正确的看法是，广告代言人的代言行为是导致原告遭受损害的一个原因，即两者之间具有因果关系。就因果关系的举证

---

① [美] 托尼·奥诺尔：《侵权法中的必要条件和充分条件》，载 [美] 戴维·G. 欧文主编《侵权法的哲学基础》，张金海等译，北京大学出版社 2016 年版，第 374 页。

② C. Wadlow, *The Law of Passing-Off*: *Unfair Competition by Misrepresentation*, London: Sweet & Maxwell, 2011, p. 523.

而言，在过错责任下，原告应就虚假广告代言和所受损害承担举证责任，而在无过错责任下，不应由原告就该因果关系进行举证，可以采用法律推定的方式，但为了保护被告的利益，应当允许被告证明原因和结果之间不存在因果关系，例如，广告主未经广告主同意而擅自使用其肖像、名义或声音等。

四　损害赔偿

在广告构成合同内容时，守约方可以基于缔约过失责任和违约责任要求违约方赔偿损失。就广告构成侵权而言，由于广告针对不特定的对象，对于广告侵权行为的判断与其他侵权行为存在差异。换而言之，对于广告侵权行为，可以是可能的损害，而并不要求实际的损害。在针对未成年人身心健康的情形，侵权还具有社会公益性，导致相应的救济也有所不同（见本书第二章第五节）。由于《广告法》规定的受害人主要是消费者，对于消费者所受的损失，通常是按照《消费者权益保护法》规定的三倍予以赔偿。这与国外普遍将虚假广告作为不正当竞争的手段之一，受害人主要是经营者的情形大相径庭。由于消费者保护的价值定位，可以预见损害赔偿这一问题在广告法上的意义有限。在司法实践中，经营者之间涉及的广告侵权纠纷都是诉诸《反不正当竞争法》来解决。在2017年《反不正当竞争法》修订后，1993年《反不正当竞争法》所包含的广告方式已然不存在，《广告法》和《反不正当竞争法》并驾齐驱的框架已经确立。在此情况下，最高人民法院有必要根据《广告法》作出司法解释，对原有关于反不正当竞争案件纠纷的司法解释作出调整。在我国司法实践中，已经出现准许原告向被告赔偿广告费用的案例。如果允许经营者基于《广告法》提出损害赔偿，则主张侵权方承担广告民事责任可以大有作为。对此问题，可以考虑借鉴国外的相关司法实践。例如，在美国的司法实践中，法院可以借助市场调研对虚假广告的赔偿额作出裁定。也可以参考澳大利亚《公平交易法》的做法，在法律上作原则性规定，借助司法实践对此加以明确（见本书第二章第三节）。

五　免责事由

在广告实践中，免责事由是较为重要的问题，因为在出现免责事由时被告可以提出抗辩，从而避免承担相关法律责任。因此，免责事由构成广告相关主体是否承担民事责任的重要考量因素。从理论上看，有两种考察免责事由的思路，一是实体法的思路，另一是程序法的思路。从实体法上来看，民法上的抗辩权与请求权是相对立的。[1] 在原告提出权利主张时，被告可以通过提出抗辩事由否定原告的主张。从程序法的角度来看，在举证责任上，原告需要就权利产生规范的前提条件予以证明，而被告必须对原告诉讼主张所依据规范的前提条件加以证明，包括权利妨碍规范的前提条件、权利消灭规范的前提条件或权利排除规范的前提条件。[2] 诉讼法的免责事由与责任的承担构成对立的两端，在存在免责事由时，可否认责任的承担。本质上，免责事由服务于侵权行为法的总目标，即协调不同人相互之间和平相处。[3]

笔者认为，上述两种思路对于考察免责事由是颇有帮助的，因为在免责问题上我们不仅需要有实体法的法律依据，也要考虑到程序上的影

---

[1] 这里的抗辩包括免责事由。见王泽鉴《民法思维：请求权基础理论体系》，北京大学出版社 2009 年版，第 315 页以下；梁慧星《裁判的方法》（第 3 版），法律出版社 2017 年版，第 321 页以下。

[2] ［德］莱奥·罗森贝克：《证明责任论》（第五版），庄敬华译，中国法制出版社 2018 年版，第 130 页。

[3] Richard A. Epstein, *Simple Rules for a Complex World*, Cambridge, Massachusetts: Harvard University, 1995, p. 92.

响。在实体法上，基于利益衡量的考量，对于意见和事实的区分，旨在限定广告主承担民事责任的范围，对于"最佳"等广告用语设定的种种例外，亦是如此。对于实质性的要求，也是如此。如果广告主对于消费者的决策未产生实质性影响，广告主无须承担责任。在德国法上，未对竞争产生显著性的轻微损害可以作为免责事由。[①] 之所以设立轻微违法不予以救济制度，主要在于社会成员对于社会交往的容忍义务，这样的制度安排可以避免行为自由受到无法预见的限制和诉讼爆炸。[②] 对于广告经营者、广告发布者和广告代言人的免责事由，也是基于行为自由和权益保护的平衡需要。

具体而言，对于虚假广告，广告主可以主张免责事由。广告主的免责事由包括合同约定的免责事由和法定免责事由。就前者而言，主要是广告主提出的免责或限制责任的声明；就后者而言，既包括《民法典》与侵权责任相关的免责事由，如原告的故意行为、第三人的行为，也包括《广告法》上的免责事由。例如，广告性陈述属于合理的夸大，属于主观意见而不涉及事实，原告不信赖或不知道广告性陈述，广告性陈述就未产生实质性影响。对于职业打假人，广告主还可以主张其故意购买，广告性陈述与原告的损害之间不存在因果关系。

对于广告经营者和广告发布者而言，除了主张《民法典》与侵权责任相关的免责事由，也可以基于《广告法》的规定要求免责。例如，在过错责任中，证明其已经尽到查证、核实文件的义务，则无须承担民事责任。在先行赔偿责任中，可以主张已向原告提供相关信息而要求免责。对于"二跳"广告链接的内容，如果对于广告内容的修改不知情或者技术上无法进行控制，广告发布者可以主张不承担民事责任。

[①] Frauke Henning-Bodewig, *International Handbook on Unfair Competition*, München, Germany: Verlag C. H. Beck oHG, 2013, p. 254.

[②] [奥] 海尔姆特·库齐奥:《侵权责任法的基本问题（第一卷）：德语国家的视角》，朱岩译，北京大学出版社 2017 年版，第 182—183 页。

对于广告代言人而言，可以依据《民法典》与侵权责任相关的规定请求免责。例如，对于第三方擅自使用其形象的行为，广告代言人可以主张该行为属于第三人行为的抗辩。对于损害是由受害人故意造成的，广告代言人可以主张免责。广告代言人也可以提出代言行为和损害之间不存在因果关系的抗辩。此外，可以主张其属于劳务表演，不构成广告代言。对于宣称代言人未使用过产品的主张，可以通过证明自己使用过来主张免责。

第六节　本章小结

本章从利益衡量的角度对广告民事责任进行了研究。为了进行利益衡量，首先对广告法上的利益类型进行划分，借助利益法学的研究分析了利益冲突的形成，并基于比较法的视角对利益衡量的理论基础进行了探讨。其次，探讨了民事责任的本质，指出以往从民事义务角度进行的讨论有不足之处，应当基于民事权利和民事义务的角度对民事责任予以阐释。再次，探讨了广告民事责任与言论自由的关系，通过考察美国宪法对商业言论保护的理论和实践，对我国广告法上的民事责任和言论自由的关系进行了评析，指出应衡量消费者的利益和其他方的利益，不可偏执于一面。最后，从理论基础、举证责任、因果关系、损害赔偿和免责事由的角度对广告法上的民事责任提出反思和完善意见。

结　　论

　　1994 年的《广告法》对于广告的民事责任做了简要的规定，2015 年《广告法》修订时增加了民事责任的规定。但整体而言，在民事责任上，修改后的《广告法》未有实质性的提升。在笔者看来，其中一个重要的原因在于法学理论上的储备不足。广告法向来被认为是一个"小法"，由于在学科划分上属于经济法，而且很多学者没有认识到广告民事责任的特殊性，认为广告民事责任适用民法的一般规定，导致我国学界对于广告民事责任的研究没有深入展开。本书对广告法上的民事责任进行了研究。促使这一研究的重要动因是追问广告法上民事责任制度的设定是否公平合理。正如有学者所指出的，现代立法缺乏对于调整对象进行透彻的学理分析，立法往往在法律科学没有来得及进行梳理的情况下匆促出台。[1] 笔者认为，《广告法》关于民事责任的规定即为一个例子。本书关注的主题是应当如何思考广告法上的民事责任制度，如何科学合理地设置广告法上的民事责任。而这涉及广告民事责任是否有其特殊性。

　　本书的结论是，基于广告受众的不特定性和其可能引起受众信赖的

---

[1] R. Alexy and R. Dreier, *Statutory Interpretation in the Federal Republic of Germany*, 转引自张志铭《法律解释学》，中国人民大学出版社 2015 年版，第 88 页。

特征，广告法上的民事责任有其特殊性。这一特殊性既体现在合同责任上，也体现在侵权责任方面。就前者而言，表现为广告主是否要对广告性陈述承担民事责任和如何承担民事责任。具体而言，在广告性陈述可否构成合同内容问题上，本书的结论是，虚假陈述可以构成合同的内容，但要对进入合同的内容进行判定和限制。在认定标准上，在广告性陈述或允诺符合内容具体、确定，对合同订立有重要影响，并且该陈述或允诺的接受方有理由相信是合同内容时，应该认定构成合同条款。应当区分广告性陈述的不同情形来确定广告主的民事责任。在符合特定条件构成合同内容时，对该陈述的违反要承担违约责任；在该陈述未构成合同内容时，取决于广告主主观上是否存在故意，广告主要承担缔约过失责任或侵权责任。在侵权责任上，则需要考察侵权构成要件下的特殊性，如信赖问题和因果关系问题。就信赖问题而言，应当以普通消费者的标准作为认定标准，并考虑案件的具体情况。在因果关系上，既要考虑到信赖因素，也要考虑到受害人的注意程度。就广告侵害未成年人的身心健康而言，应当考虑到广告的特征，并基于广告法体系建构该等侵权行为的构成要件和责任承担方式。同时，应当允许广告主基于广告的特点提出《民法典》下的和《广告法》上的免责事由，合理地分配原告和被告的举证责任。

对于《广告法》有关广告经营者、广告发布者和广告代言人无过错连带责任的规定，本书认为需要进一步进行理论探讨。本书的结论是，基于是否涉及生命健康利益的类型区分在逻辑上并不缜密，广告经营者、广告发布者和广告代言人对于虚假广告承担的是过错责任，而不是无过错责任。笔者认为，在坚持过错责任的前提下，对于广告经营者、广告发布者和广告代言人的民事责任，可以考虑在涉及生命健康利益时，相比于一般的财产利益，其所承担的责任更重。在广告代言人的民事责任上，则须再进一步区分广告代言人是否为名人，在广告代言人为名人的情形，相比于普通人，广告名人承担的民事责任要更重。这样的区分对于建构广告法上的民事责任体系更为科学、合理。

为了评判广告法上民事责任的现行规定是否科学、合理，本书引入了利益衡量的分析方法。利益衡量是贯穿本书的一条主线。《广告法》上的相关主体包括广告主、广告经营者、广告发布者和广告代言人。从内部来看，这些主体相互之间形成特定合同关系。从外部来看，这些主体与包括消费者在内的第三方利益存在某种冲突。基于利益衡量的视角，需要对广告中的各方利益进行类型化分类，明确利益衡量的衡量标准和操作方法。通过对不同广告经营主体的内部和外部的利益分析和基于司法实践中的案例，笔者认为，利益衡量对于深入认识广告民事责任的本质和完善广告民事责任有着重要的意义，并对广告经营主体承担民事责任的责任基础、举证责任、因果关系、损害赔偿以及免责事由提出了反思，希望能推动进一步的理论研究和法律实践的发展。

最后，需要指出的是，与大多数国家的立法例不同，我国采用《广告法》单独立法的模式。在许多国家，广告只是作为不正当竞争的一种手段来加以规制，更加侧重的是经营者利益的保护，而我国恰恰是将消费者的利益保护作为一个重要的目标，而将作为商业手段的虚假宣传留给《反不正当竞争法》来规制。以往的实践表明，这导致了两者在法律适用上的不一致。同时，在广告民事责任的立法上，我国《广告法》基本上沿袭了《消费者权益保护法》的规定，此种立法虽然有利于保持立法上的衔接一致，但也导致《广告法》无法针对广告的特点而对民事责任进行不同的解释，影响其发挥应有的功能。本书的初步结论是，如果《广告法》只为消费者提供法律保护，而经营者之间的广告纠纷收归《反不正当竞争法》，则广告民事责任发挥的机能将较为有限。例如，在损害赔偿问题上，它难以为原告提供充分、有效的赔偿。

在未来发展方向上，一种可能性是采用大多数国家采纳的《反不正当竞争法》模式，通过立法将两部法律进行整合，适用统一的民事责任；另一种可能性是通过司法解释的方式对广告民事责任进行扩张解释和细化，发挥其类似《反不正当竞争法》上民事责任的效果。

参考文献

一 中文类

（一）著作类

陈甦主编：《证券法专题研究》，高等教育出版社2006年版。

陈甦：《法意探微》，法律出版社2007年版。

陈甦主编：《当代中国法学研究》，中国社会科学出版社2009年版。

陈甦、谢鸿飞主编：《民法典评注·人格权编》，中国法制出版社2020年版。

陈洁：《证券欺诈侵权损害赔偿研究》，北京大学出版社2002年版。

陈聪富：《因果关系与损害赔偿》，北京大学出版社2006年版。

陈柳裕、唐明良：《广告监管中的法与理》，社会科学文献出版社2009年版。

程啸：《侵权责任法》（第二版），法律出版社2015年版。

程远：《广告法理论与实务》，法律出版社2018年版。

崔建远：《合同法》，法律出版社1998年版。

崔建远：《合同法总论》（第二版上卷），中国人民大学出版社

2011年版。

崔建远：《合同解释论：规范、学说与案例的交互思考》，中国人民大学出版社2020年版。

丁俊杰、康瑾：《现代广告通论》（第三版），中国传媒大学出版社2013年版。

国家工商总局广告监督管理司编著：《中华人民共和国广告法释义》，中国法制出版社2016年版。

耿林：《强制性规范与合同效力——以合同法第52条第5项为中心》，中国民主法制出版社2009年版。

韩世远：《违约损害赔偿研究》，法律出版社1999版。

韩世远：《合同法总论》（第四版），法律出版社2018年版。

韩强：《法律因果关系理论研究——以学说史为素材》，北京大学出版社2008年版。

胡康生主编：《中华人民共和国合同法释义》（第3版），法律出版社2013年版。

黄茂荣：《法学方法与现代民法》，中国政法大学出版社2001年版。

姜战军：《未成年人致人损害责任承担研究》，中国人民大学出版社2008年版。

朗胜主编：《中华人民共和国广告法释义》，法律出版社2015年版。

李适时主编：《中华人民共和国民法总则释义》，法律出版社2017年版。

李昊：《交易安全义务论——德国侵权行为法机构变迁的一种解读》，北京大学出版社2008年版。

李浩：《民事证据规定：原理与适用》，北京大学出版社2015年版。

梁慧星：《民法解释学》，中国政法大学出版社1995年版。

梁慧星：《民法学说与立法研究》（二），国家行政学院出版社1999年版。

梁慧星：《民法总论》（第五版），法律出版社 2017 年版。

梁慧星：《裁判的方法》（第 3 版），法律出版社 2017 年版。

梁上上：《利益衡量论》（第二版），法律出版社 2016 年版。

梁治平编：《法律的文化解释》，生活·读书·新知三联书店 1994 年版。

梁治平：《寻求自然秩序中的和谐——中国传统法律文化研究》，中国政法大学出版社 1997 年版。

梁治平：《法辨：法律文化论集》，广西师范大学出版社 2015 年版。

李永军：《合同法》（第三版），法律出版社 2010 年版。

林来梵：《宪法学讲义》（第二版），法律出版社 2015 年版。

刘燕：《会计师民事责任研究：公众利益与职业利益的平衡》，北京大学出版社 2004 年版。

吕叔湘、朱德熙：《语法修辞讲话》，商务印书馆 2013 年版。

刘双舟主编：《新广告法精解与应用》，中国财政经济出版社 2015 年版。

欧洲民法典研究组、欧洲现行私法研究组编著：《欧洲示范民法典草案：欧洲司法的原则、定义和示范规则》，高圣平译，中国人民大学出版社 2012 年版。

齐晓丹：《权利的边界——公众人物人格权的限制与保护》，法律出版社 2015 年版。

秦雪冰、蒋倩编著：《广告文案》，上海人民美术出版社 2020 年版。

冉克平：《意思表示瑕疵：学说与规范》，法律出版社 2018 年版。

沈达明、梁仁洁：《德意志法上的法律行为》，对外贸易教育出版社 1992 年版。

史新章编著：《广告监管执法常见疑难问题精解》，中国工商出版社 2019 年版。

宋亚辉：《虚假广告的法律治理》，北京大学出版社 2019 年版。

沈宗灵主编：《法理学》，高等教育出版社 1994 年版。

史尚宽：《债法总论》，中国政法大学出版社 2000 年版。

舒国滢：《法学的知识谱系》，商务印书馆 2020 年版。

苏力：《是非与曲直——个案中的法理》，北京大学出版社 2019 年版。

佟柔主编：《中国民法学·民法总则》，中国人民公安大学出版社 1990 年版。

王家福主编：《中国民法学·民法债权》，法律出版社 1991 年版。

王利明、崔建远：《合同法新论总则》，中国政法大学出版社 1996 年版。

王利明：《合同法研究（第四卷）》（第二版），中国人民大学出版社 2017 年版。

王利明、程啸：《中国民法典释评·人格权编》，中国人民大学出版社 2020 年版。

王利明主编：《中国民法典释评·合同编·通则》，中国人民大学出版社 2020 年版。

王清主编：《中华人民共和国广告法解读》，中国法制出版社 2015 年版。

王胜明主编：《中华人民共和国侵权责任法释义》（第 2 版），法律出版社 2013 年版。

王泽鉴：《民法学说与判例研究》（第 1 册），中国政法大学出版社 1998 年版。

王泽鉴：《民法总则》，北京大学出版社 2009 年版。

王泽鉴：《侵权行为》，北京大学出版社 2009 年版。

王泽鉴：《民法思维：请求权基础理论体系》，北京大学出版社 2009 年版。

王泽鉴：《人格权法：法释义学、比较法、案例研究》，北京大学出版社 2013 年版。

王泽鉴：《债法原理》（第二版），北京大学出版社 2013 年版。

王涌：《私权的分析与建构》，北京大学出版社 2020 年版。

谢鸿飞：《合同法学的新发展》，中国社会科学出版社 2014 年版。

王瑞贺主编：《中华人民共和国反不正当竞争法释义》，法律出版社 2018 年版。

吴从周：《概念法学、利益法学与价值法学：探索一部民法方法论的演变史》，中国法制出版社 2011 年版。

魏振瀛：《民事责任与债分离研究》，北京大学出版社 2013 年版。

杨桢：《英美契约法》，北京大学出版社 1997 年版。

叶金强：《信赖原理的私法结构》，北京大学出版社 2014 年版。

尹田编著：《法国现代合同法》，法律出版社 1995 年版。

于林洋：《广告荐证的行为规范与责任解构》，中国书籍出版社 2013 年版。

张家勇：《为第三人利益的合同的制度构造》，法律出版社 2007 年版。

张家勇：《合同法与侵权法中间领域调整模式研究——以制度互动的实证分析为中心》，北京大学出版社 2016 年版。

张民安：《现代法国侵权责任制度研究》（第二版），法律出版社 2007 年版。

张新宝：《侵权责任法》，中国人民大学出版社 2010 年版。

张维迎：《博弈与社会》，北京大学出版社 2013 年版。

张强：《商法强制性规范研究》，法律出版社 2014 年版。

邹海林：《民法总则》，法律出版社 2018 年版。

卓泽渊：《法理学》（第二版），法律出版社 2016 年版。

朱广新：《信赖保护原则及其在民法中的构造》，中国人民大学出版社 2013 年版。

朱广新：《合同法总则研究》，中国人民大学出版社 2018 年版。

朱广新、谢鸿飞主编：《民法典评注·合同编·通则》，中国法制出版社 2020 年版。

《为民法而斗争：梁慧星先生七秩华诞祝寿文集》编委会：《为民法而斗争：梁慧星先生七秩华诞祝寿文集》，法律出版社2014年版。

［奥］伯恩哈德·A. 科赫、赫尔默特·考茨欧主编：《侵权法的统一：严格责任》，管洪彦译，法律出版社2012年版。

［德］埃尔温·多伊奇、汉斯-于根·阿伦斯：《德国侵权法》（第5版），叶名怡、温大军译，刘志阳校，中国人民大学出版社2016年版。

［美］大卫·奥格威：《一个广告人的自白》，林桦译，中信出版社2010年版。

［丹麦］阿尔夫·罗斯：《指令与规范》，雷磊译，中国法制出版社2013年版。

［英］丹宁勋爵：《法律的训诫》，杨百揆、刘庸安、丁健译，法律出版社2011年版。

［美］丹·B. 多布斯：《侵权法》（上册），马静、李昊、李妍、刘成杰译，中国政法大学出版社2014年版。

［美］戴维·G. 欧文主编：《侵权法的哲学基础》，张金海等译，北京大学出版社2016年版。

［德］迪特尔·梅迪库斯：《德国民法总论》，邵建东译，法律出版社2000年版。

［德］迪特尔·梅迪库斯：《德国债法分论》，杜景林、卢谌译，法律出版社2007年版。

［德］菲利普·黑克：《利益法学》，傅广宇译，商务印书馆2016年版。

［奥］海尔姆特·库齐奥主编：《侵权责任法的基本问题（第一卷）：德语国家的视角》，朱岩译，北京大学出版社2017年版。

［奥］海尔姆特·库齐奥主编：《侵权责任法的基本问题（第二卷）：比较法的视角》，张家勇、昝强龙、周奥杰译，北京大学出版社

2020年版。

［德］黑格尔：《法哲学原理》，范扬、张企泰译，商务印书馆1961年版。

［德］卡尔·拉伦茨：《法律行为解释之方法——兼论意思表示理论》，范雪飞、吴训祥译，邵建东校，法律出版社2003年版。

［德］卡尔·拉伦茨：《德国民法通论》（上册），王晓晔等译，法律出版社2003年版。

［德］卡尔·拉伦茨：《德国民法通论》（下册），王晓晔等译，法律出版社2003年版。

［德］卡尔·拉伦茨：《法学方法论》，陈爱娥译，商务印书馆2003年版。

［德］卡尔·拉伦茨：《法学方法论》，黄家镇译，商务印书馆2020年版。

［德］卡尔·恩吉施：《法律思维导论》（修订版），郑永流译，法律出版社2014年版。

［美］卡尔·卢埃林：《荆棘丛：我们的法律与法学》，王绍喜译，中国民主法制出版社2020年版。

［德］赖因哈德·齐默曼：《德国新债法：历史与比较的视角》，韩光明译，法律出版社2012年版。

［德］汉斯·布洛克斯、沃尔夫·迪特里希·瓦尔克：《德国民法总论》（第41版），张艳译，中国人民大学出版社2019年版。

［德］鲁道夫·冯·耶林：《为权利而斗争》，刘权译，法律出版社2019年版。

［美］尼尔·波兹曼：《娱乐至死》，章艳译，中信出版社2015年版。

［澳］皮特·凯恩：《法律与道德中的责任》，罗李华译，商务印书馆2008年版。

[澳] 皮特·凯恩：《阿蒂亚论事故、赔偿及法律》（第六版），王仰光、朱呈义、陈龙业、吕杰译，中国人民大学出版社2008年版。

[美] 理查德·A.波斯纳：《法理学问题》，苏力译，中国政法大学出版社2002年版。

[美] 盖多·卡拉布雷西：《事故与成本——法律与经济的分析》，毕竟悦、陈敏、宋小雅译，北京大学出版社2008年版。

[美] 罗伯特·考特、托马斯·尤伦：《法和经济学》（第六版），史晋川、董雪兵等译，上海人民出版社2012年版。

[美] 罗伯特·西奥迪尼：《影响力》（教材版），闾佳译，中国人民大学出版社2011年版。

[美] 约翰·D.泽莱兹尼：《传播法判例：自由、限制与现代传媒》，王秀丽译，北京大学出版社2007年版。

[美] 罗纳德·德沃金：《认真对待权利》，信春鹰、吴玉章译，中国大百科全书出版社1998年。

[美] W.V.O.蒯因：《词语和对象》，陈启伟、朱锐、张学广译，中国人民大学出版社2012年版。

[意] 罗道尔夫·萨科：《比较法导论》，费安玲、刘家安、贾婉婷译，商务印书馆2014年版。

[美] 曼昆：《经济学原理：微观经济学分册》（第6版），梁小民、梁砾译，北京大学出版社2012年版。

[美] 格瑞尔德·J.波斯特马主编：《哲学与侵权行为法》，陈敏、云建芳译，易继明校，北京大学出版社2005年版。

[加拿大] 欧内斯特·J.温里布：《私法的理念》，徐爱国译，北京大学出版社2007年版。

[日] 山本敬三：《民法讲义Ⅰ总则》（第三版），解亘译，北京大学出版社2004年版。

[日] 田山辉明:《日本侵权行为法》,顾祝轩、丁相顺译,北京大学出版社 2011 年版。

[德] 维尔纳·弗卢梅:《法律行为论》,迟颖译,法律出版社 2013 年版。

[英] 维特根斯坦:《哲学研究》,陈嘉映译,上海人民出版社 2001 年版。

[法] 伊夫·居荣:《法国商法》(第 1 卷),罗结珍、赵海峰译,法律出版社 2004 年版。

[美] 约翰·D. 泽莱兹尼:《传播法判例:自由、限制与现代传媒》,王秀丽译,北京大学出版社 2007 年版。

(二) 论文类

陈甦:《体系前研究到体系后研究的范式转换》,《法学研究》2011 年第 5 期。

陈甦:《司法解释的建构理念分析——以商事司法解释为例》,《法学研究》2012 年第 2 期。

陈甦:《商法机制中政府与市场的功能定位》,《中国法学》2014 年第 5 期。

陈洁:《证券市场先期赔付制度的引入与适用》,《法律适用》2015 年第 8 期。

崔建远:《免责条款论》,《中国法学》1991 年第 6 期。

曹登润:《虚假广告经营者责任初探》,《政治与法律》1993 年第 5 期。

蔡宏伟:《"法律责任"概念之澄清》,《法制与社会发展》2020 年第 6 期。

陈谦:《名人广告探析》,《东方论坛》1997 年第 2 期。

樊露露:《从特型演员到偶像明星的符号学解读》,《电影文学》2018 年第 2 期。

冯海波、赵克:《媒体在广告侵权中的责任探析:以重庆市第五中级人民法院审理的广告侵权纠纷案件为切入点》,《法律适用》2010 年第 5 期。

巩海滨、王旭:《证券市场先行赔付制度研究》,《财经法学》2018 年第 6 期。

黄武双:《不正当比较广告的法律规制》,《中外法学》2017 年第 6 期。

胡雪梅:《我国未成年人侵权责任承担制度之合理构建》,《法学》2010 年第 11 期。

梁慧星:《消费者法及其完善》,《工商行政管理》2000 年第 21 期。

李剑:《植入式广告的法律规制研究》,《法学家》2011 年第 3 期。

李新天、郑鸣:《论中国公众人物隐私权的构建》,《中国法学》2005 年第 5 期。

李一达:《言论抑或利益——美国宪法对商业言论保护的过去、现在和将来》,《法学论坛》2015 年第 5 期。

梁上上:《利益的层次结构与利益衡量的展开——兼评加藤一郎的利益衡量论》,《法学研究》2002 年第 1 期。

刘道远、王晓锦:《招股说明书要约性质研究》,《时代法学》2007 年第 6 期。

刘双舟、赵玉瑾:《互联网信息服务提供者的广告审查义务探析》,《中国市场监管研究》2018 年第 4 期。

刘瞻:《运动名人代言与企业适配度之探讨——以中国企业为例》,《体育与社会研究》2014 年第 6 期。

罗士俐:《虚假广告发布者侵权责任机制探讨——兼评〈广告法〉有关规定的不足》,《嘉兴学院学报》2016 年第 28 卷第 1 期。

钱翠华:《虚假广告的认定》,《人民司法》2007 年第 22 期。

秦前红、陈道英：《公司法人的言论自由——美国言论自由研究领域中的新课题》，《法商研究》2015 年第 3 期。

綦俊：《论广告进入契约的可能性及其实现》，《法商研究》2005 年第 1 期。

尚连杰：《缔约过失与欺诈的关系再造——以错误理论的功能介入为辅线》，《法学家》2017 年第 4 期。

宋亚辉：《广告代言的法律解释论》，《法学》2016 年第 9 期。

隋彭生：《论要约邀请的效力及容纳规则》，《政法论坛（中国政法大学学报）》2004 年第 1 期。

孙笑侠、郭春镇：《法律父爱主义在中国的适用》，《中国社会科学》2016 年第 1 期。

王纪平：《实施〈广告法〉，保证广告业健康发展》，《北京工商管理》1995 年第 4 期。

王发强：《对广告经营者、广告发布者应确立无过错连带责任》，《人民司法》2000 年第 9 期。

王利明：《公众人物人格权的限制和保护》，《中州学刊》2005 年第 2 期。

王利明：《〈侵权责任法〉的中国特色解读》，《法学杂志》2010 年第 2 期。

王利明：《民法上的利益位阶及其考量》，《法学家》2014 年第 1 期。

王利明：《民法典人格权编的亮点与创新》，《中国法学》2020 年第 4 期。

王敏、俞薇：《广告侵权赔偿案件的有关法律问题探讨》，《法学评论》1998 年第 2 期。

王绍喜：《广告代言中"名人"的法律认定》，《法律适用》2017 年第 17 期。

王绍喜:《禁止儿童代言广告的法理辨析与解释路径》,《时代法学》2018年第3期。

王绍喜:《美国法上虚假广告民事责任研究》,《中国社会科学院研究生院学报》2018年第4期。

王绍喜:《理财产品广告的法律规制》,《银行家》2018年第10期。

王绍喜:《广告营销中的儿童保护问题》,《市场监督管理》2019年第14期。

王绍喜:《论广告侵害未成年人身心健康的民事责任》,《人民司法》2020年第28期。

王福友、徐培译:《论产品代言人侵权责任》,《法学杂志》2012年第9期。

汪志刚:《德国法上的意见表达和事实陈述的区分》,《北方法学》2011年第3期。

姚辉、段睿:《产品代言人侵权责任研究》,《社会科学》2009年第7期。

姚辉、王毓莹:《论虚假广告的侵权责任承担》,《法律适用》2015年第5期。

姚志伟:《新广告法规中互联网广告概念的合理性辨析》,《湖南师范大学社会科学学报》2017年第6期。

杨彪:《广告法律规制的市场效应及其策略检讨》,《法学家》2016年第4期。

杨乐:《互联网广告主体及法律责任辨析》,《行政管理改革》2017年第4期。

杨立新:《论不真正连带责任类型体系及规则》,《当代法学》2012年第3期。

杨立新、韩煦:《我国虚假广告责任的演进及责任承担》,《法律适用》

2016 年第 11 期。

杨立新：《我国民法典人格权立法的创新发展》，《法商研究》2020 年第 4 期。

应飞虎、葛岩：《软文广告的形式、危害和治理——对〈广告法〉第 13 条的研究》，《现代法学》2007 年第 3 期。

于剑华：《商业广告中出演者的民事责任问题——来自日本法的启示》，《法学》2006 年第 8 期。

叶逸群：《互联网平台责任：从监管到治理》，《财经法学》2018 年第 5 期。

张保红：《产品代言人侵权责任论纲——来自三鹿事件的启示》，《法学评论》2009 年第 3 期。

张保红：《论虚假广告发布者侵权责任》，《河南财经政法大学学报》2015 年第 2 期。

张保红：《论广告经营者专家鉴证责任》，《河南大学学报》（社会科学版）2015 年第 4 期。

张民安、林泰松：《未成年人的过错侵权责任能力探究》，《法学评论》2011 年第 3 期。

张士鹏：《虚假广告民事责任研究》，博士学位论文，中国政法大学，2009 年。

左亦鲁：《公共对话外的言论与表达：从新〈广告法〉切入》，《中外法学》2016 年第 4 期。

张新宝：《从隐私到个人信息：利益再衡量的理论与制度安排》，《中国法学》第 3 期。

张新宝：《侵权责任法立法的利益衡量》，《中国法学》2009 年第 4 期。

章正彰：《我国侵权法中没有规定不真正连带责任》，《学术界》2011 年第 4 期。

郑晓剑：《比例原则在民法上的适用与展开》，《中国法学》2016 年第 2 期。

赵瞔：《名人广告探析》，《国际新闻界》2000 年第 4 期。

(三) 报纸类

陈甦：《明星广告的广告责任分析》，《人民法院报》2007 年 4 月 19 日第 5 版。

程远、张燕：《广告发布者对"二跳"广告的审查义务》，《中国工商报》2018 年 4 月 10 日第 8 版。

秦桂霞：《书名中的"最好"属于绝对化用语吗?》，《中国工商报》2015 年 10 月 20 日第 7 版。

姚志伟、曾玉锋：《对"二跳"广告页面违规问题的思考》，《中国工商报》2018 年 4 月 10 日第 8 版。

尹鸿：《公共性决定公共人物话语责任》，《人民日报》2010 年 12 月 9 日第 6 版。

张政、余晟、徐雁：《依法审理图片著作权案促进文化市场健康发展——杭州中院关于图片公司商业维权诉讼及审理情况的调研报告》，《人民法院报》2012 年 5 月 24 日第 8 版。

朱宁宁：《合同订立前的允诺应否值千金》，《法制日报》2019 年 1 月 8 日第 5 版。

二 英文类

(一) 著作类

Andrew Burrows, *A Casebook on Contract* (5th Edition), Portland, Oregon: Hart Publishing, 2016.

A. W. B. Simpson, *A History of the Common Law of Contract*, New York: Oxford University Press, 1975.

B. S. Markesinis and Hannes Unberath, *The German Law of Torts: A Comparative Treatise* (4th Edition), Portland, Oregon: Hart Publishing, 2002.

Bruce MacDougall, *Misrepresentation*, Toronto, Ontario: LexisNexis Canada Inc., 2016.

Cass R. Sunstein, *After the Rights Revolution: Reconceiving the Regulatory State*, New York: Harvard Univerisity, 1990.

C. Wadlow, *The Law of Passing-Off: Unfair Competition by Misrepresentation*, London: Sweet & Maxwell, 2011.

Colin Lockhart, *The Law of Misleading or Deceptive Conduct* (4th Edition), Chatswood, N. S. W.: LexisNexis Butterworths, 2015.

David Tan, *The Commercial Appropriation of Fame*, New York: Cambridge University Press, 2017.

E. A. Farnsworth, *Contracts* (4th Edition), New York: Aspen Publishers, 2004.

Franziska Weber, *The Law and Economics of Enforcing European Consumer Law*, Survey, England: Ashgate Publishing Limited, 2014.

Frauke Henning-Bodewig, *International Handbook on Unfair Competition*, München, Germany: Verlag C. H. Beck oHG, 2013.

Frauke Henning-Bodewig, *Unfair Competition Law, European Union and Member States*, The Hague, The Netherlands: Kluwer Law International, 2006.

Hazel Carty, *An Analysis of the Economic Torts*, New York: Oxford University Press, 2010.

Huw Beverley-Smith, Ansgar Ohly, Agnès Lucas-Schloetter, *Privacy,*

Property and Personality: *Civil Law Perspective on Commercial Appropriation*, New York: Cambridge University Press, 2005.

Iain Ramsay, *Consumer Law and Policy*: *Text and Materials on Regulating Consumer Markets* (3rd Edition), Oxford: Hart Publishing, 2012.

Janet O'Sullivan and Jonathan Hillard, *The Law of Contract* (7th Edition), New York: Oxford University Press, 2014.

J. Cartwright, *Misrepresentation*, *Mistake and Non-Disclosure* (4th Edition), London: Thomson Reuters (Professional) UK Limited, 2017.

John C. P. Goldberg & Benjamin C. Zipursky, *Recognizing Wrongs*, Cambridge, Massachusetts: Harvard University Press, 2020.

J. Beatson, A. Burrows & J. Cartwright, *Anson's Law of Contract* (30th Edition), New York: Oxford University Press, 2016.

J. Murphy, C. Witting & J. Goudkamp ed., *Street on Torts* (13th Edition), Oxford, UK: Oxford University Press, 2012.

Jules L. Coleman, *Risks and Wrongs*, New York: Cambridge University Press, 1992.

Karl Llewellyn, *The Case Law System in America*, edited by Paul Gewirtz and translated by Michael Ansaldi, Chicago: The University of Chicago Press, 1989.

K. R. Handley, Spencer Bower & Handley, *Actionable Misrepresentation* (5th Edition), London: LexisNexis, 2014.

Mateja Drovic, *European Law on Unfair Commercial Practices and Contract Law*, Portland, Oregon: Hart Publishing, 2016.

Michael Furmston, *Cheshire*, *Fifoot & Furmston's Law of Contract* (17th Edition), New York: Oxford University Press, 2017.

M. R. Brazier ed., *Clerk & Lindsell on Torts* (17th Edition), London:

Sweet & Maxwell, 1995.

Mindy Chen-Wishart, *Contract Law* (5th Edition), New York: Oxford University Press, 2015.

M. Jones, A. Dugdale, M. Simpson, *Clerk & Lindsell on Torts* (21st Edition), London: Sweet & Maxwell, 2014.

P. S. Atiyah, *The Rise and Fall of Freedom of Contract*, New York: Oxford University Press, 1979.

R. Posner, *Economic Analysis of Law*, New York: Wolters Kluwer, 1986.

Ronald Dworkin, *Law's Empire*, Cambridge, Massachusetts: Hart Publishing, 1986.

Richard A. Epstein, *Simple Rules for a Complex World*, Cambridge, Massachusetts: Harvard University, 1995.

R. M. Hilty, F. Henning-Bodewig, *Law Against Unfair Competition: Toward a New Paradigm in Europe?* New York: Springer-Verlag Berlin Heidelberg, 2007.

R. W. de Very, *Towards a European Unfair Competition Law: A Clash Between Legal Families*, Leiden, The Netherlands: Martinus Nijhoff Publishers, 2006.

Simon Deakin and Zoe Adams, *Markesinis and Deakin's Tort Law* (8th Edition), New York: Oxford University Press, 2019.

Stephen A. Smith, *Atiyah's Introduction to the Law of Contract* (6th Edition), New York: Oxford University Press, 2006.

Thomas M. William, *False Advertising and the Lanham Act: Litigating Section* 43 (a) (1) (B), New York: Oxford University Press, 2012.

Treitel & Peel, *The Law of Contract* (14th Edition), London Sweet & Maxwell, 2015.

W. V. Boom, A. Garde and O. Akseli ed., *The European Unfair Commercial Practices Directive*, Survey, England: Ashgate Publishing Limited, 2014.

W. Page Keeton, Dan B. Dobbs, Robert E. Keeton, David G. Owen, *Prosser and Keeton on the Law of Torts* (5th Edition), St. Paul, Minnesota: West Publishing Group, 1984.

(二) 论文类

A. H. Zudick, The Liability of the Product Endorser, *Miss. L. J*, No. 45, 1974.

Alan Kaminsky, Note, Defamation Law: Once a Public Figure Always a Public Figure, *Hofstra L. Rev*, No. 10, 1982.

B. Marshall, Holding Advertising Accountable for Misleading Statements: Principal or Accessorial Liability under the Trade Practice Act 1974 (Cth), *S. Cross U. L. Rev*, No. 9, 2005.

F. H. Bohlen, Misrepresentaton as Deceit, Negligence, or Warranty, *Harv. L. Rev*, No. 42, 1929.

Garrett J. Waltzer, Monetary Relief for False Advertising Claims Arising under Section 43 (a) of the Lanham Act, *UCLA L. Rev*, No. 34, 1987, pp. 965-968.

Gary S. Max, Section 43 (a) of the Lanham Act: A Statutory Cause of Action for False Advertising, *Wash. & Lee L. Rev*, No. 40, 1983, p. 402.

H. Beales, R. Craswell and S. C. Salop, The Efficient Regulation of Consumer Information, *J. L. & Econ*, No. 24, 1981.

Jay. S. Kogan, Celebrity Endorsement: Recognition of a Duty, *J. Marshall L. Rev*, No. 21, 1987.

Jean W. Burns, Confused Jurisprudence: False Advertising under the

Lanham Act, *B. U. L. Rev*, No. 79, 1999.

J. T. McCarthy, Lanham Act 43 (a): The Sleeping Giant is Now Awake, *Law & Contemp. Probs*, No. 59, 1996.

Kenneth B. Germain, Unfair Trade Practice under Section 43 (a) of the Lanham Act: You've Come a Long Way Baby – Too Far, Maybe, *Ind. L. J.*, No. 49, 1973, p. 99.

Lillian R. BeVier, Competitor Suits for False Advertising under Section 43 (a) of the Lanham Act: A Puzzle in the Law of Deception, *Va. L. Rev*, 78, 1992.

M. Handler, False and Misleading Advertising, *Yale L. J*, No. 39, 1929, p. 22.

Nat Stern, Unresolved Antitheses of the Limited Public Figure Doctrine, *Hous. L. Rev*, No. 33, 1996.

Note, Harnessing Madison Avenue: Advertising and Product Liability Theory, *Harv. L. Rev*, No. 107, 1994.

P. S. Atiyah, G. H. Treitel, Misrepresentation Act, *Mod. L. Rev*, No. 30, 1967.

R. H. Coase, Advertising and Free Speech, *J. Legal Stud*, No. 23, 1977, p. 1.

Richard Craswell, Interpreting Deceptive Advertising, *B. U. L. Rev*, No. 65, 1985.

Richard Craswell, Taking Information Seriously: Misrepresentation and Nondisclosure in Contract Law and Elesewhere, Va. L. Rev, No. 92, 2006.

W. J. Derenberg, Federal Unfair Competition Law at the End of the First Decade of the Lanham Act: Prologue or Epilogue, *N. Y. U. L. Rev*, No. 32, 1957.

W. L. Prosser, Misrepresentation and Third Persons, *Vand. L. Rev*, No. 19, 1966.

W. K. Lewis, Toward a Theory of Strict "Claim" Liability: Warranty Relief for Advertising Representations, *Ohio St. L. J*, 47, 1986.

三 案例

(一) 行政处罚案例

京工商延处字〔2017〕第 296 号。

京工商海处字〔2018〕第 495 号。

京工商海处字〔2018〕第 358 号。

京工商海处字〔2017〕第 1897 号。

京工商海处字〔2016〕第 2491 号。

京工商海处字〔2016〕第 2332 号。

京工商海处字〔2018〕第 2286 号。

京工商经开分处字〔2015〕第 480 号。

京工商经开分处字〔2015〕第 479 号。

京工商海处字〔2015〕第 847 号。

京工商海处字〔2018〕第 2189 号。

上海金红叶纸业违法广告案：沪工商检处字〔2016〕第 320201610042 号。

杭州方林富炒货店案：杭西市管罚处字〔2015〕第 534 号。

上海韩束化妆品公司虚假广告案：沪工商检处字〔2015〕第 320201510077 号。

(二) 中国法院案例

杭州方林富炒货店案：(2016) 浙 0106 行初 240 号。

梁某与小米科技有限责任公司买卖合同纠纷案：（2016）粤民申3192号。

梁某诉小米科技有限公司案：（2015）穗中法民二终字第346号。

宇文某诉上海五虹通讯科技有限公司案：（2017）京02民终10555号。

广东省广州市添乐企业管理有限公司诉三七互娱（上海）科技有限公司合同纠纷案：（2016）粤01民终17276号。

袁某与北京广盈房地产开发有限公司房屋买卖合同纠纷案：（2018）京03民终3112号。

周某与浙江江南大厦股份有限公司买卖合同纠纷案：（2014）浙嘉民终字第45号。

苏宁云商集团股份有限公司、苏宁云商集团股份有限公司苏宁采购中心网络购物合同纠纷案：（2017）粤01民终2391号。

广州医药集团有限公司诉广东加多宝饮料食品有限公司、彭碧娟虚假宣传纠纷上诉案：（2014）粤高法民三终字第482号。

王某诉与被上诉人沧州美凡电子商务有限公司和北京茅二酒业有限公司买卖合同纠纷案：（2017）京03民终7188号。

刘某与小米科技有限责任公司买卖合同纠纷案：（2015）沪一中民一（民）终字第4077号。

李某诉上海橡果网络技术有限公司等虚假广告纠纷案：（2007）一中民终字第904号。

查某诉东亚银行（中国）有限公司杭州分行合同纠纷案：（2014）杭下商外初字第9号。

姚某诉北京王府井百货集团双安商场有限责任公司买卖合同纠纷案：（2014）一中民终字第2624号。

张某诉河北燕赵资讯广告公司沧州分公司、河北燕赵资讯广告公司侵权纠纷案件：（2015）沧民终字第436号。

姚某与广州宝生园有限公司、浙江天猫网络有限公司产品质量纠纷案：（2014）粤高法民一提字第 52 号。

施某诉云南省人民广播电台虚假广告纠纷案：（2004）昆民六终字第 6 号。

张某与被告河北燕赵资讯广告公司、河北燕赵资讯广告公司沧州分公司侵权纠纷案：（2003）朝民初字第 2113 号。

马某与杨某名誉权纠纷案：（2014）深中法民终字第 253 号。

迈克尔·乔丹和乔丹体育股份有限公司纠纷案：（2016）最高法行再 26 号。

北京大学与邹某名誉纠纷案：（2012）海民初字第 20880 号。

郭某与方某名誉权纠纷案：（2014）穗中法民一终字第 4258 号。

孔某与南京广播电视集团（南京广播电视台）等名誉权纠纷案：（2015）一中民终字第 02203 号。

刘春洪与云南省昆明市西山区人民政府收回国有土地使用权纠纷案：（2017）最高法行申 8518 号。

江阴合德聚力投资咨询有限公司与江阴市奥美广告礼品有限公司广告合同纠纷：（2016）苏 0281 民初 8080 号。

华懋金融服务有限公司与中国中小企业投资有限公司委托投资纠纷上诉案：（2002）民四终字第 30 号。

李某与北京超市发连锁股份有限公司、徐某等生命权、健康权、身体权纠纷案：（2017）京 01 民终 8348 号。

刘某、天津是今晚传媒广告有限公司侵权责任纠纷案：（2019）津 01 民终 2556 号。

孙某与北京世纪卓越信息技术有限公司买卖合同纠纷案：（2014）朝民初字第 7461 号。

梁某等著作权权属、侵权纠纷案：（2015）京知民终字第 1147 号。

陈某商品房销售合同纠纷再审案件：（2017）最高法民申 3886 号。

太原探峰鑫隆开锁有限公司起诉被告杨某和山西龙采科技有限公司侵权纠纷案：（2019）晋 01 民终 2399 号。

格图（北京）科技有限公司与范某肖像权侵权纠纷案：（2019）京 03 民终 883 号。

加多宝（中国）饮料有限公司、广东加多宝饮料食品有限公司与广州医药集团有限公司、广州王老吉大健康产业有限公司虚假纠纷案：（2015）民申字第 2802 号。

宇文某与上海五虹通讯科技有限公司网络购物合同纠纷案：（2017）京 02 民终 10555 号。

（三）外国案例

American Home Products Corp. v. Abbott Laboratories.

BASF Corporation v. Old World Trading Company，F. 3d，No. 41，1994.

Central Hudson Gas & Eletric Corp. v. Public Service Commission of New York，U. S. 564，No. 447，1980.

Coca-Cola Company v. Tropicana Products, Inc. , F. Supp, No. 538, 1982.

New York Times Co. v. Sullivan，U. S 254，No. 376，1964.

Skil Corporation v. Rockwell International Corporation，F. Supp，No. 375，1974.

U-Haul International Inc. v. Jartran, Inc. , F. Supp, No. 522，1981.

U-Haul International v. Jartran, Inc. , F. 2d（9th Cir），No. 793，1986.

Valentine v. Christensen，U. S. ，No. 316，1942.

Virgina State Board of Pharmacy v. Virginia Citizens Consumer Council Inc. , U. S. 558，No. 425，1976.

Von Hannover v. Germany 59320/00 [2004] ECHR 294.

后　记

在工作了十余年后回到中国社会科学院读博，最初的想法只是为了提高自己的理论研究水平。而之所以有提升理论研究水平的想法，可能与我平时断断续续地撰写一些理论文章有关，而这在某种程度上又与我的学术追求相关。对我而言，读博既是熟悉的，又是陌生的。说熟悉是因为在研究生毕业时我曾考虑过到国外去读博，并一度为此撰写了研究计划。说陌生是因为对于博士研究能否给我带来学术刺激和理论提升，我心里着实没有底。

回顾读书期间的点点滴滴，可以说我很享受这四年的学习和生活。对我而言，学习是一种快乐，阅读成为一种习惯。我想，这或许就是古人所说的"学而不厌"吧。因此，每当看到各种谈论读博痛苦的文章时，我不免一笑。在我看来，如果对自己的选择懵懵懂懂或者明知不适合自己而非要去做（在现实中这种情况并不少见），那么痛苦自然是无法避免的。对我而言，博士学习平淡，富有收获。在学业上，我有幸接触到了中国社会科学院很多富有学养的老师，通过努力我在很多课程上都取得了非常理想的成绩，被评为"中国社会科学院研究生院优秀研究生"，毕业论文也被评为"中国社会科学院研究生院优秀博士学位论文"。尽管已经过了看重成绩和荣誉的年龄，但这至少说明了我对学业的认真与专注。让我感到有些得意的是，面对英语读写课的"杀手"艾德文老师，在"免修不免试"的情况下，我最终仍然拿到 94 分的高分。中国社会科学院"放养式"的管理，让我更从容地按照自己的兴趣去阅读和研究。经过大量的文献阅读，我知道了如何寻找一篇论文的闪光点，如何评判一本书的得失。对于论文，我尝试了不同的写作方法。在博士就读期间，我终于完成了美国现实主义法学代表人物卡尔·卢埃林经典作品《荆棘丛：我们的法律与法学》一书的翻译，了结了多年前的一个愿望。

本书在我博士论文的基础上修改而成。它是我在博士阶段提交的一份答卷，凝聚了我的导师陈甦老师的心血。记得 2015 年 9 月第一次和陈老师讨论博士论文选题时，陈老师即建议我以广告法作为研究题目。尽管我在企业工作接触了大量的广告业务，且代表所在单位参加过全国人大法工委组织的广告法修改的座谈会，但坦白地说，我当时对将广告法作为研究主题是有些忐忑不安的，不仅是因为我自己对于民商法的基础理论更感兴趣，而且担心这一"小法"难以写出一篇高质量的博士论文。所幸的是，在阅读文献资料的过程中，在与陈老师的无数次探讨中，通过不断地琢磨我国广告法的体系和脉络，我逐渐地认识到广告法上民事责任的特殊意义，并决定以此作为博士论文的题目。在学习期间，陈老师不仅鼓励我大胆地进行广告法的理论探索，而且建议我每个月撰写一篇广告法案例。等到写作博士论文时，我才知道围绕博士选题的主题式研究和撰写案例的真正意义，才明白陈老师的用心良苦。事后来看，陈老师其实是启发我通过理论梳理去寻找有价值的研究题目，通过撰写广告法案例去深入把握广告执法实践和司法实践。让我受益最多的是陈老师的评论和点拨，常常让我有茅塞顿开、柳暗花明的感觉。陈老师的为人为学，值得我终身学习！

本书的写作得到了中国社会科学院法学所多位老师的支持和帮助。

感谢参加博士论文开题的各位老师：陈甦老师、陈洁老师、邹海林老师、赵磊老师和廖凡老师。感谢陈洁老师在我读书期间给予的关心、支持与指导。感谢赵磊老师的关心和帮助。感谢朱广新老师提出的重点突出广告的特殊性和考虑到中国国情的建议。感谢中国社会科学院研究生院龚赛红老师提供的帮助。同时，感谢中国社会科学院大学（研究生院）提供宝贵的出版资助。

我的博士论文于2019年5月11日通过答辩，答辩委员会由中国社会科学院法学研究所的崔勤之研究员、陈洁研究员、清华大学法学院的梁上上教授、北京大学法学院的蒋大兴教授、北京交通大学法学院的陈世荣教授组成。感谢答辩委员会各位老师对我博士论文的进一步修改和完善所提供的宝贵建议和意见，它们大部分已体现在本书中。感谢校外评阅人中国人民大学法学院叶林教授、北京师范大学法学院林艳琴教授对我的博士论文进行了认真的评阅，并提出宝贵的修改意见。我还要感谢韩世远教授和张家勇教授，他们的博士论文是我在博士论文写作过程中翻阅最多的。可以说，这两本出版的博士论文不仅为我提供了论证思路和启发，也提供了精神上的认同和支持。

国家法官学院的吴光荣教授是我的研究生同窗，由于学术上的共同兴趣和相似的实践经历，我们俩一直保持着密切的沟通。每每有一点研究心得，我总是先与光荣进行交流，并听取他的评论意见，在此对光荣表示感谢。在澳大利亚墨尔本大学工作的江旻博士从澳大利亚给我带回来了相关的合同法资料，在此表示感谢。与博士同窗赵晓光、金韬、张兰兰、张彬、鲁小江、徐聪、吴刚、陈森、蔡宏伟等人在"小院"的聚餐和畅叙，让人无比怀念。我还要感谢学长周维明博士、同门博士师妹邢坤和赵新驰的关心。

最后，我要感谢我的家人。感谢我父母的养育之恩，他们善良朴实，多年来通过辛勤的劳动支撑起了整个大家庭。从他们身上，我看到了中国农民吃苦耐劳的优良品质。特别值得一提的是，我的妻子陈立华十几年如一日，对我从事研究的想法给予了充分的理解与支持，为我创造了一个理想的环境。如果没有她的支持，很难想象我能过着"书斋式的生活"，专注于论文的写作。感谢我的岳父、岳母在生活方面所提供的诸多关照。感谢我的女儿王乐君小朋友，她既聪颖，又善良体贴，常常让我无比感动。

博士毕业意味着一个阶段的结束，也象征着一个新的开始。我希望自己能坚持理想，走在不断接近理想的路上。

2019 年 4 月 6 日初稿

2020 年 7 月 6 日修订

2020 年 12 月 16 日定稿

中国社会科学院大学优秀博士学位论文出版资助项目书目

- 元代刑部研究
- 埃及经济转型、社会结构与社会流动研究
- 与时俱化：庄子时间观研究
- 广告法上的民事责任

  葛颇彝语形态句法研究

  杨绛的人格与风格

  越南海洋战略与中越海洋合作研究